Paulo Coelho

Hippie

Aus dem Brasilianischen von
Maralde Meyer-Minnemann

Diogenes

Titel der 2018 bei Companhia das Letras, Ltda.,
São Paulo, erschienenen Originalausgabe:
›Hippie‹
Copyright © 2018 by Paulo Coelho
Karte als Vor- und Nachsatz © by Christina Oiticica
This edition published by arrangements with
Sant Jordi Asociados Agencia Literaria S. L. U., Barcelona, Spain
All rights reserved
www.santjordi-asociados.com
http://paulocoelhoblog.com
Covermotiv: Illustration von Alceu Nunes
© Alceu Nunes

Alle deutschen Rechte vorbehalten
Copyright © 2018
Diogenes Verlag AG Zürich
www.diogenes.ch
800/18/852/1
ISBN 978 3 257 07049 1

Gegrüßet seist du, Maria, ohne Sünde empfangen, bete für uns, die wir uns an dich wenden. Amen.

Und es ward ihm angesagt: Deine Mutter und deine Brüder stehen draußen und wollen dich sehen. Er aber antwortete und sprach zu ihnen: Meine Mutter und meine Brüder sind diese, die Gottes Wort hören und tun.

Lukas 8, 20–21

Ich dachte, dass meine Reise ihr
Ende gefunden, bis zum letzten Bereich
meines Könnens – dass der Pfad vor mir
geschlossen sei, dass der Vorrat erschöpft
und die Zeit gekommen, um Schutz zu
finden in stiller Verborgenheit.
Aber ich finde: Kein Ende kennt dein
Wille mit mir. Wenn alte Worte auf der
Zunge sterben, dann brechen neue Melodien
im Herzen aus; und wo die alte
Spur verloren ist, da wird ein neues Land
mit seinen Wundern offenbar.

Rabindranath Tagore

*Für Kabir, Rumi, Tagore, Paulus von Tarsus,
Hafez, die mich begleiten, seit ich sie
entdeckt habe, die den Teil meines Lebens
geschrieben haben, den ich im Buch erzähle –
oft mit ihren Worten.*

Was in diesem Buch berichtet wird, habe ich selbst erlebt. Namen, Angaben zu Personen wie auch die Chronologie der Ereignisse habe ich verändert, einige Szenen verkürzt wiedergegeben, aber alles Dargestellte entspricht wirklich Geschehenem. Ich erzähle in der dritten Person, damit jede Figur erkennbar eine eigene Stimme haben kann.

Im September 1970 befanden sich zwei Orte im Wettstreit um das Privileg, als Mittelpunkt der Welt zu gelten: Piccadilly Circus in London und der Dam in Amsterdam. Allerdings sahen dies nicht alle Menschen so. Die meisten hätten auf die Frage wohl geantwortet: das Weiße Haus in Washington und der Kreml in Moskau. Denn die meisten Menschen bezogen ihre Informationen aus Presse, Radio und Fernsehen, also durch bereits damals vollkommen überholte Kommunikationsmittel, die niemals mehr die Bedeutung haben würden wie zur Zeit ihrer Erfindung.

Im September 1970 waren Flugtickets sehr teuer, was nur einer Elite erlaubte zu reisen. Zu dieser Elite gehörte natürlich nicht die überwältigende Mehrzahl aller Jugendlichen, die in den herkömmlichen Kommunikationsmitteln nur auf ihr Äußeres reduziert wurden: lange Haare, bunte Kleidung, ungewaschen – eine glatte Lüge, aber diejenigen, die Zeitung lasen, kannten ja keine dieser Jugendlichen, und die Erwachsenen glaubten jeder angeblichen Nachricht, die imstande war, jene herabzuwürdigen, die sie für eine »Bedrohung der Gesellschaft und der guten Sitten« hielten. Mit ihrer schlimmen Zügellosigkeit und der »freien Liebe« brachten sie in ihren Augen eine ganze Generation von fleißigen jungen Männern und Frauen in Gefahr, die versuchten, es im Leben zu etwas zu bringen. Jenseits der überholten Kommunikationsmittel verfügte diese immer größer werdende Menge junger Menschen jedoch über ein eigenes System der Nachrichtenverbreitung, das für diejenigen, die nicht dazugehörten, nicht wahrnehmbar war.

Der »Unsichtbaren Zeitung« lag nichts daran, das neue Volkswagenmodell oder die neuen Waschmittel, die überall auf der Welt herausgebracht wurden, bekannt zu machen oder zu kommentieren. Ihre Nachrichten beschränkten sich auf die Frage, welches die Route für die nächste Reise ebenjener unverschämten, schmutzigen Jugendlichen sein würde, die die »freie Liebe« praktizierten und Kleidung trugen, die kein Mensch mit gutem Geschmack anziehen würde. Die jungen Frauen trugen Blumen im geflochtenen Haar, lange Röcke, bunte Blusen, keine Büstenhalter, dazu bunte Ketten aus unterschiedlichsten Materialien; die jungen Männer, seit Monaten unrasiert, das Haar lang, trugen zerschlissene Jeans – sie hatten natürlich meist nur diese eine, denn Jeans waren überall auf der Welt teuer, außer in den USA, wo sie mittlerweile nicht mehr die typischen Hosen von Fabrik- und Feldarbeitern waren, sondern auch von allen Jugendlichen bei riesigen Konzerten in San Francisco und anderswo getragen wurden.

Die »Unsichtbare Zeitung« war entstanden, weil die jungen Leute sich bei diesen Konzerten darüber austauschten, wo sie sich als Nächstes treffen und wie sie die Welt entdecken könnten – ohne in einen Touristenbus steigen zu müssen, in dem Reiseleiter auf die immer gleiche Weise Landschaften kommentierten, während sich die Jüngeren langweilten und die Alten schliefen. Und so wurde von

Mund zu Mund weitergegeben, wo das nächste Konzert stattfinden und welches die nächste angesagte Reiseroute sein würde.

Und auch aus finanziellen Gründen wurde niemand ausgeschlossen, denn das wichtigste Buch dieser Gemeinschaft hieß *Europe On Five Dollars a Day*, geschrieben von Arthur Frommer. Darin konnten alle erfahren, wo man für wenig Geld unterkommen konnte, was man gesehen haben musste, wo man preiswert essen und welches die Treffpunkte und Orte waren, an denen man Live-Musik hören konnte. Das einzige Manko war, dass Frommer damals seinen Reiseführer auf Europa beschränkt hatte. Gab es denn keine anderen interessanten Orte? Wollten die Leute lieber nach Paris als nach Indien reisen? Aber die »Unsichtbare Zeitung« machte auch eine Route in Südamerika bekannt, nämlich die in die alte, hoch in den Anden gelegene Ruinenstadt Machu Picchu, wobei aber allen eingeschärft wurde, nicht mit Nicht-Hippies darüber zu sprechen. Andernfalls hätte der Ort schon bald eine Invasion von Barbaren mit Fotoapparaten und von Reiseleitern zu befürchten, die den Touristen langatmig erklärten, wie die Indios mit ihren primitiven Mitteln eine so gut versteckte Stadt hatten bauen können.

Aber gerechterweise sollte noch ein anderes Buch erwähnt werden, das zwar nicht so populär war wie Frommers Buch, aber von Leuten verschlungen wurde, die bereits ihre sozialistische, marxistische, anarchistische Phase hinter sich hatten. Es hieß *Aufbruch ins dritte Jahrtausend* und entstammte der Feder des Franzosen Louis Pauwels und des in der Ukraine geborenen Mathematikers, Ex-Spions und unermüdlichen Erforschers des Okkultismus Jacques Bergier. Dieses Buch wurde von all jenen gelesen, die von der marxistischen Bewegung enttäuscht und davon überzeugt waren, dass die Behauptung, Religion sei »das Opium des Volkes«, nur von jemandem stammen könne, der nichts vom Volk und noch weniger von Opium verstand. Denn zum Glauben dieser schlechtgekleideten Jugendlichen gehörten Gott, Götter, Göttinnen, Engel und dergleichen. Und Pauwels und Bergier waren zudem von der Existenz von Alchimisten und Magiern überzeugt. Das Buch wurde zwar nie zu einem großen Verkaufserfolg, denn es war extrem teuer – dafür wurde jedes Exemplar von mindestens zehn Personen gelesen. Da in Pauwels' und Bergiers Buch Machu Picchu vorkam, wollten alle dorthin, nach Peru.

*

So trafen sich dort bald junge Leute aus aller Welt, zumindest aus dem Teil der Welt, in dem es, anders als etwa in der Sowjetunion, Reisefreiheit gab. Sie begaben sich auf die sogenannten »Hippie-Trails«, obwohl viele von ihnen gar nicht wussten, was das Wort »Hippie« genau bedeutete, aber das war letztlich auch uninteressant. Vielleicht bedeutete es ja auch so etwas wie »großer Stamm ohne Anführer« oder »Outlaws, die keine Überfälle machen«.

Um reisen zu können, brauchten die Jugendlichen Reisepässe, jene kleinen von der Regierung gelieferten Heftchen, die mit dem Geld (gleichgültig ob viel oder wenig) in eine am Gürtel befestigte Tasche gesteckt wurden und zwei Zwecke erfüllten. Der erste war natürlich, dass man damit Grenzen überschreiten konnte – solange einen die Grenzbeamten nicht zurückschickten, weil sie sich von dem beeinflussen ließen, was sie in den Zeitungen lasen. Diesen Nachrichten zufolge handelte es sich bei den ungewohnt aussehenden Menschen mit den langen Haaren, den Blumen und Glasperlenketten, die da vor ihnen auftauchten, um Drogensüchtige, die sich im Zustand ständiger Ekstase befanden.

Der zweite Zweck des Reisepasses war, seinen Inhabern bei extremer Geldknappheit zu helfen. Die besagte »Unsichtbare Zeitung« lieferte stets Informationen über die Orte, an denen Reisepässe verkauft werden konnten. Der Preis richtete sich nach dem Land: Ein Pass aus Schweden, wo alle blond, groß und blauäugig waren, gehörte nicht zu den beliebtesten. Aber ein brasilianischer Pass war auf dem Schwarzmarkt ein Vermögen wert – weil Brasilien ein Land war, in dem es neben blonden, großen und helläugigen auch große und kleine Schwarze mit dunklen Augen, Orientalen mit Mandelaugen, Mulatten, Indios gab, kurz und gut, weil Brasilien ein riesiger Schmelztiegel von Kulturen war, was den Pass zu einem der begehrtesten des Planeten machte.

Hatte er seinen Pass verkauft, ging der ursprüngliche Inhaber des Reisepasses zum Konsulat seines Landes, mimte dort den Verzweifelten, der überfallen und dem alles gestohlen worden war, allem voran Geld und Pass. Die Konsulate der reicheren Länder boten Pass und Rückflugtickets an. Die Konsulate armer Länder, bei denen es sich oft um Militärdiktaturen handelte, stellten regelrechte Verhöre an, um herauszufinden, ob der Antragsteller womöglich auf der Liste gesuchter »Terroristen« stand. Wurde festgestellt, dass das Mädchen oder der Junge sauber war, mussten ihnen die Konsulate wohl oder übel einen neuen Pass ausstellen. Rückflugtickets jedoch boten sie keine an, weil kein Interesse an Personen bestand, die womöglich im Heimatland die lokale, im Respekt vor Gott, Familie und dem Besitz erzogene Jugend negativ beeinflussen würden.

*

Doch zurück zu den Reiserouten der Hippies: Nach Machu Picchu war Tiahuanaco in Bolivien dran. Dann Lhasa in Tibet, wo die Einreise äußerst schwierig war, weil es, der »Unsichtbaren Zeitung« zufolge, einen Krieg zwischen den Mönchen und den chinesischen Soldaten gab. Genaues wusste man zwar nicht, aber niemand wollte riskieren, eine endlos weite Reise anzutreten, um am Ende Gefangener der Mönche oder der Soldaten zu werden. Indien wurde das nächste Ziel. Die Beatles, die sich im April 1968 getrennt hatten und die für viele Jugendliche zu den großen Philosophen der Epoche gehörten, hatten nämlich kurz zuvor verkündet, dass die größte Weisheit des Planeten in Indien zu finden sei. Das allein genügte, damit junge Menschen aus der ganzen Welt auf der Suche nach Weisheit, Wissen und Erleuchtung dorthin reisten.

Damals kursierte allerdings das Gerücht, Maharishi Mahesh Yogi habe Mia Farrow, die auf Einladung der Beatles in seinem Ashram zu Gast war, Avancen gemacht, obwohl die Filmschauspielerin gerade nach Indien gekommen war, um sich dort von sexuellen Traumata heilen zu lassen, die sie wie ein schlechtes Karma verfolgten. Angeblich, so das Gerücht weiter, habe sie in der großen Höhle des Gurus meditiert, als dieser sie zum Sex nötigte. Als Mia ihnen tränenüberströmt von dem Vorfall erzählte, packten George Harrison und John Lennon umgehend die Koffer, und als der Erleuchtete kam und fragte, was da los sei, war Lennons Antwort: *»If you're so cosmic, you'll know why.«*

*

Im September 1970 herrschten plötzlich die Frauen – besser gesagt, die jungen weiblichen Hippies hatten das Sagen. Mit Äußerlichkeiten wie etwa modischer Kleidung konnten die Männer – das wurde ihnen immer klarer – bei diesen Frauen nicht mehr punkten. Immer öfter verlegten sich die Hippiemänner deshalb darauf, ihr Inneres nach außen zu kehren, ihre Sensibilität und gelegentlich auch einmal Schwäche zu zeigen. Sie waren nun nicht mehr automatisch die Beschützer.

Auch in der Liebe wurde ihnen die Initiative streitig gemacht. Die Hippie-Frauen warteten nicht darauf, dass ein Mann sie ansprach, sondern wählten sich ihre Männer aus. Sie dachten nicht ans Heiraten, sondern wollten von ihnen nur intensiven, kreativen Sex und eine vergnügliche Zeit. Zudem beanspruchten sie, bei allem und jedem das letzte Wort zu haben. Und als die »Unsichtbare Zeitung« die Nachricht von der sexuellen Belästigung Mia Farrows durch den indischen Guru und John Lennons Reaktion darauf verbreitete, entschieden diese jungen Frauen sich gegen die Indienroute und stattdessen für eine neue. Diese verlief von Amsterdam über die Türkei, den Libanon, Iran, Irak, Afghanistan, Pakistan und einen nördlichen (vom Tempel Maharishis weit entfernten) Zipfel Indiens nach Kathmandu.

Eine dreiwöchige, fast zehntausend Kilometer weite Reise in einem Bus – für nur einhundert Dollar.

Karla saß auf dem Dam in Amsterdam und fragte sich, ob und wann jemand kommen würde, der sie bei diesem magischen Abenteuer begleiten würde. Sie hatte ihren Job in Rotterdam aufgegeben und war, da sie jeden Cent umdrehen musste, statt wie sonst mit dem Zug diesmal per Anhalter hergekommen, was sie trotz der kurzen Strecke fast einen Tag gekostet hatte. Sie hatte von dem Hippie-Trail der Frauen nach Nepal in einer der vielen alternativen Zeitungen gelesen, die wie Pilze aus dem Boden schossen und von Idealisten gemacht wurden, denen es egal war, wenn sich davon nur wenige Exemplare verkauften – Hauptsache, sie brachten ihre Message an den Mann beziehungsweise die Frau.

Karla wartete einen Tag, zwei Tage, eine Woche. Dann wurde sie allmählich nervös. Sie hatte Dutzende junger Männer aus der ganzen Welt angesprochen. Diese waren aber nur daran interessiert, mitten auf dem Dam um einen Obelisken herumzuhocken, den (neben einer Frau mit Kind und zwei Hunden) insgesamt sechs männliche Figuren zierten.

Dass sie keinen Begleiter fand, lag keineswegs an der Länge der geplanten Route. Die meisten kamen von weit her, aus den USA, Lateinamerika oder Australien, und hatten viel Geld für überteuerte Flugtickets und zur Bestechung von Grenzposten ausgegeben, die sie sonst in ihre Herkunftsländer zurückgeschickt hätten. Wenn sie schließlich Amsterdam erreichten, hockten sie sich einfach nur noch auf den Platz und rauchten Marihuana, was sie hier anders als in ihren Herkunftsländern ungehindert unter den Augen der Polizei tun konnten. Währenddessen wurden sie im wahrsten Sinne des Wortes belagert von Anhängern der zahlreichen Sekten und Kulte, die es in Amsterdam gab. Wenigstens konnten sie dabei eine Weile die Vorwürfe vergessen, die sie sich zu Hause tagaus, tagein hatten anhören müssen: Junge, warum gehst du nicht endlich zur Uni und lässt dir diese langen Zotteln abschneiden. Wir, deine Eltern, müssen uns ja sonst vor den anderen (wer immer damit gemeint war) schämen, dass wir dich nicht ordentlich erzogen haben. Und was du da hörst, ist nun wirklich keine Musik. Und such dir endlich eine Arbeit. Nimm dir ein Vorbild an deinen Geschwistern, sie sind jünger als du, verdienen schon ihr eigenes Geld und pumpen uns nicht wie du ständig an.

Weit weg vom ewigen Gezeter ihrer Eltern konnten sie sich endlich als freie Menschen fühlen. Europa war für sie ein sicherer Hort – solange sie nicht auf die abwegige Idee kamen, hinter den Eisernen Vorhang und in ein kommunistisches Land zu fahren. Und sie waren glücklich, weil man auf Reisen alles lernt, was man für den Rest seines Lebens braucht.

»Ich weiß, du möchtest, dass ich fertigstudiere, aber ein Diplom kann ich auch später noch machen, jetzt muss ich Erfahrungen sammeln, Vater.«

Keinem Vater leuchtete diese Denkweise ein, und deshalb blieb den jungen Männern nichts anderes übrig, als Geld zu sparen, dies oder das zu verkaufen und sich heimlich auf den Weg zu machen.

Karla war also von freien Menschen umgeben, die entschlossen waren, Dinge auszuprobieren, die sie anderswo nicht gewagt hätten.

Warum nicht im Bus nach Kathmandu fahren?

Weil es nicht Europa ist, gaben die jungen Männer zurück. Wir kennen das doch gar nicht.

Aber wenn etwas passiert, können wir immer noch aufs Konsulat gehen und um ein Ticket zurück nach Hause bitten. (Karla kannte zwar keinen einzigen Fall, in dem einem solchen Ansinnen stattgegeben worden wäre, aber das war die Legende, und eine Legende wird zur Wahrheit, wenn sie nur häufig genug wiederholt wird.)

Karla war verzweifelt, weil derjenige, den sie in Gedanken ihren »Begleiter« nannte, einfach nicht auftauchen wollte. Jeden Tag gab sie Geld für einen Schlafplatz aus, wo sie doch einfach im Magic Bus (wie der offizielle Name des Busses nach Kathmandu lautete) hätte schlafen können. Deshalb beschloss Karla, eine Wahrsagerin zu konsultieren, an deren Laden sie auf dem Weg zum Dam immer vorbeikam.

Als sie eintrat, war der Laden leer.

Im September 1970 glaubte eigentlich jeder, über übernatürliche Kräfte zu verfügen oder zumindest dabei zu sein, welche zu entwickeln. Karla war jedoch ein rationaler Mensch, auch wenn sie jeden Tag meditierte und davon überzeugt war, allmählich ihr Drittes Auge – jenen unsichtbaren Punkt zwischen den Augen – zu finden. Doch weil dieses Dritte Auge – oder ihre Intuition – regelmäßig versagt hatte, war sie bisher immer an die falschen Männer geraten.

Mittlerweile hatte Karla überlegt, mit einer Gefähr*tin* loszuziehen, diese Idee aber als selbstmörderisch gleich wieder verworfen, da die Reise durch viele Länder führte, in denen zwei allein reisende Frauen schief angesehen und schlimmstenfalls, wie ihre Großmutter unkte, als »weiße Sklavinnen« verkauft werden würden (die Bezeichnung hatte zwar für Karla durchaus etwas Erotisches, aber am eigenen Leibe wollte sie die Erfahrung nicht machen).

Die Wahrsagerin hieß Leyla, war nur wenig älter als Karla und ganz in Weiß gekleidet. Sie empfing sie mit dem seligen Lächeln derer, die mit einem höheren Wesen in Verbindung stehen, und einer tiefen Verbeugung. Karla sah sich um, wählte einen der bereitstehenden Stühle und setzte sich. Da lobte sie die Frau, weil sie ausgerechnet den »Kraftort« im Raum ausgewählt hatte. Karla redete sich ein, dass sie es tatsächlich allmählich schaffte, ihr Drittes Auge zu öffnen, aber ihr Unterbewusstsein warnte sie, dass Leyla vermutlich zu allen Kunden dasselbe sagte.

Leyla entzündete ein Weihrauchstäbchen – »kommt aus Nepal«, sagte sie, aber Karla wusste, dass die Räucherstäbchenproduktion zusammen mit der von Batikhemden und den Peace- oder Flower-Power-Aufnähern zur florierenden niederländischen Hippie-Industrie gehörte. Leyla nahm ein Kartenspiel und begann zu mischen. Sie bat Karla abzuheben, legte drei Karten aus und begann sie zu deuten.

Karla unterbrach sie.

»Dafür bin ich nicht hergekommen. Ich möchte nur wissen, ob ich jemanden finde, der mich an den Ort begleitet, von dem Sie sagten, dass von dort die Weihrauchstäbchen kommen.« Und sie betonte *»von dem Sie sagten,* *dass von dort die Weihrauchstäbchen kommen«*, weil sie kein schlechtes Karma wollte. Hätte sie *»ich will an eben jenen Ort«* gesagt, hätte sie sich womöglich in einer der Vorstädte Amsterdams wiedergefunden, in der wahrscheinlich die Weihrauchstäbchenfabrik lag.

Leyla lächelte, obwohl sich die Schwingungen im Raum vollkommen geändert hatten – innerlich kochte sie vor Zorn, in einem so feierlichen Augenblick unterbrochen worden zu sein.

»Ja, selbstverständlich werden Sie dorthin fahren.«

»Und wann?«

»Noch vor Ende des morgigen Tages.«

Beide hielten überrascht inne.

Karla spürte plötzlich, dass ihr Gegenüber die Wahrheit sagte, weil deren Tonfall auf einmal positiv und eindringlich war, so als würde die Stimme aus einer anderen Dimension kommen. Leyla ihrerseits war erschrocken – sie trat nicht jedes Mal in diese Welt ein, die zugleich unwirklich und wahr zu sein schien. Sie fürchtete manchmal, dafür bestraft zu werden, dies ganz ohne besondere Vorbereitungen zu tun. Und nachts rechtfertigte sie sich in ihren Gebeten damit, dass sie dies alles nur tue, um ihren Kunden mehr Zuversicht bei der Verwirklichung ihrer Träume zu geben.

Karla erhob sich vom »Kraftort«, bezahlte und ging hinaus, um vor dem Mann, der kommen würde, dort zu sein. »Vor Ende des morgigen Tages« war vage, es konnte ja auch heute sein. Ihr Begleiter würde kommen. Sie musste sich nur noch etwas gedulden.

Sie ging zu ihrem Platz auf dem Dam zurück, schlug das Buch auf, das sie gerade las und das bis jetzt nur wenige kannten – was ihm Kultstatus verlieh. Es hieß *Der Herr der Ringe*, geschrieben von einem gewissen J. R. R. Tolkien. Darin ging es um mythische Orte wie den, den sie besuchen wollte. Sie gab vor, nichts zu hören, wenn die jungen Männer sie unter einem fadenscheinigen Vorwand in einen belanglosen Flirt zu verwickeln versuchten.

Paulo und der Argentinier hatten über alles geredet, worüber man auch nur ansatzweise reden konnte, und schauten jetzt über das flache Land, ohne wirklich dort zu sein – mit ihnen reisten Erinnerungen, Namen, Sehenswürdigkeiten und vor allem die riesengroße Angst vor dem, was an der niederländischen Grenze passieren könnte, die noch etwa zwanzig Minuten entfernt war.

Paulo schlug den Jackettkragen hoch, um sein langes Haar zu verstecken.

»Hältst du die Grenzbeamten wirklich für so blöd, dass sie darauf reinfallen, Paulo?«

Paulo gab auf. Er fragte den Argentinier, ob er denn keine Angst habe.

»Klar hab ich Angst. Vor allem, weil ich schon zwei Einreisestempel für die Niederlande habe. Dann werden sie misstrauisch. Das kann doch nur eines heißen.«

Drogenhandel, dachte Paulo. Aber waren Drogen in Holland denn nicht frei zugänglich?

»Natürlich nicht. Der Besitz von Opiaten wird streng bestraft. Dasselbe gilt für Kokain. LSD ist natürlich nicht kontrollierbar, weil man nur eine Buchseite oder ein Stück Stoff in die Mischung zu tauchen braucht und es dann schnipselweise verkaufen kann.« Er hielt kurz inne, schien nachzudenken und schüttelte den Kopf. »Aber alles, was sie sonst bei einem finden, kann einen ins Gefängnis bringen.«

Paulo fragte nicht weiter, obwohl er wahnsinnig neugierig war, zu erfahren, ob der Argentinier tatsächlich etwas bei sich hatte. Doch allein die Tatsache, dass er es wüsste, würde ihn zum Komplizen machen. Er war schon einmal festgenommen worden, obwohl er vollkommen unschuldig gewesen war – in einem Land, in dem auf den Flughäfen auf vielen Türen Aufkleber mit der Aufschrift prangten: »Brasilien – liebe es oder verlasse es.«

Wie immer, wenn man einen Gedanken aus dem Kopf verbannen will, weil er negativ aufgeladen ist, kam die Erinnerung an das, was 1968 geschehen war, wie zum Trotz mit aller Macht hoch. Paulo bekam Herzrasen, und von einem Moment auf den anderen war alles, was zwei Jahre zuvor in einem Restaurant in Ponta Grossa geschehen war, wieder da.

E r war soeben von seiner ersten langen Reise auf dem Hippie-Trail zurückgekommen, der damals gerade in Mode kam. Er war mit seiner elf Jahre älteren Freundin unterwegs gewesen. Sie, Tochter aus adligem Haus, geboren und aufgewachsen im kommunistischen Jugoslawien, hatte eine gute Erziehung genossen und sprach vier Sprachen. Nach ihrer Flucht nach Brasilien hatte sie einen Millionär geheiratet, sich jedoch von ihm getrennt, als sie herausfand, dass er sie mit ihren dreiunddreißig Jahren zu alt fand und mit einer Neunzehnjährigen betrog. Sie nahm sich einen ausgezeichneten Anwalt, der eine Abfindung für sie herausschlug, die ihr erlaubte, für den Rest ihres Lebens nicht mehr arbeiten zu müssen. Mit ihr hatte Paulo einen Teil der Reise nach Machu Picchu im sogenannten »Todeszug« zurückgelegt, der sich sehr von dem unterschied, in dem er sich jetzt befand.

»Warum nennt man ihn ›Todeszug‹?«, hatte die Freundin den Schaffner gefragt. »Wir kommen nicht gerade an vielen Schluchten vorbei.«

»Ursprünglich wurde der Zug zum Transport von Leprakranken und von Opfern einer schweren Gelbfieberepidemie benutzt, die die Region von Santa Cruz heimgesucht hatte.«

»Ich hoffe doch, dass die Waggons ordentlich desinfiziert wurden.«

»Seither wurden in der Gegend kaum mehr Tote gefunden. Es sei denn den einen oder anderen Minenarbeiter, weil einer der Kumpel eine alte Rechnung zu begleichen hatte.«

Bei den erwähnten Bergarbeitern handelte es sich um die Arbeiter, die Tag und Nacht in den Bleiminen Boliviens arbeiteten. Nun, sie befanden sich hier jetzt in einer zivilisierteren Welt, und Paulo hoffte, dass an diesem Tag niemand auf den Gedanken kam, alte Rechnungen zu begleichen.

*

Sie erreichten La Paz, die auf 3640 Meter Höhe gelegene Hauptstadt des Landes. Da sie mit dem Zug hinaufgefahren waren, spürten sie die Auswirkung der dünneren Luft nicht sehr. Als sie ausstiegen, sahen sie jedoch einen jungen Hippie leicht desorientiert am Boden sitzen. Sie fragten ihn, was los sei. »Ich kriege keine Luft.« Ein Passant riet ihm, Cocablätter zu kauen, das sei in den Anden ein probates Mittel, um mit der Höhenluft fertig zu werden; Cocablätter seien im Übrigen auf den Straßenmärkten frei verkäuflich. Der junge Mann fühlte sich jedoch schon bald wieder besser und bat sie, ihn jetzt allein zu lassen. Er wolle noch am selben Tag nach Machu Picchu aufbrechen.

*

Die Dame am Empfang im Hotel, das sie ausgewählt hatten, bat Paulos Freundin zur Seite, sagte ein paar Worte und machte dann den Eintrag ins Register. Sie gingen hinauf aufs Zimmer und schliefen umgehend ein, allerdings fragte Paulo noch, was die Dame am Empfang gesagt habe.

»Kein Sex in den ersten beiden Tagen.«

Das leuchtete ihm ein. Sie waren ohnehin zu erschöpft, um überhaupt irgendetwas zu tun.

Sie blieben zwei Tage ohne Sex, aber auch ohne die »soroche« genannte Begleiterscheinung des Sauerstoffmangels in der bolivianischen Hauptstadt.

Sowohl er als auch seine Freundin schrieben dies der therapeutischen Wirkung der Coca-Blätter zu, doch hatte es damit überhaupt nichts zu tun. Den »soroche« bekommen nur Menschen, die aus Meereshöhe plötzlich mehrere tausend Meter hochfliegen, ohne dem Organismus Zeit zu geben, sich an die Höhe zu gewöhnen. Die beiden dagegen hatten sieben lange Tage gebraucht, um im »Todeszug« hinaufzufahren. Was nicht nur viel besser war, um sich an die örtlichen Gegebenheiten zu gewöhnen, sondern auch sehr viel sicherer, als mit dem Flugzeug zu kommen. Schließlich hatte Paulo auf dem Flughafen von Santa Cruz de la Siera ein Denkmal zu Ehren der »Heldenhaften Piloten der Luftfahrtgesellschaft Lloyd Aéreo Boliviano« gesehen, »die ihre Leben in Erfüllung ihrer Pflicht verloren hatten«.

In La Paz trafen sie weitere Hippies, die als Mitglieder eines globalen Stammes, der sich der gegenseitigen Verantwortung und Solidarität bewusst war, stets das bekannte Symbol der Campaign for Nuclear Disarmament zeigten. Da in Bolivien alle bunte Ponchos, Jacken, Pullover und Mäntel trugen, waren die Hippies allein wegen der auf ihre

Jacke oder Hose aufgenähten CND-Zeichen von den Einheimischen zu unterscheiden.

Die ersten Hippies, denen sie in La Paz begegneten, waren zwei Deutsche und eine Kanadierin. Paulos Freundin, die Deutsch sprach, wurde gleich zu einem Spaziergang durch die Stadt eingeladen, wohingegen er und die Kanadierin einander zunächst nur anschauten, ohne recht zu wissen, was sie sagen sollten. Als die zwei Deutschen und Paulos Freundin nach einer halben Stunde von ihrem Spaziergang zurückkamen, beschlossen sie, gleich aufzubrechen und hier nicht weiter Geld auszugeben. Stattdessen würden sie zum höchstgelegenen Süßwassersee der Welt fahren, mit dem Schiff bis zum anderen Ende und von dort, bereits auf peruanischem Boden, direkt nach Machu Picchu reisen.

Alles wäre planmäßig verlaufen, wären sie nicht in der Nähe des erwähnten Titicacasees auf ein uraltes Monument gestoßen, das als das »Sonnentor« bekannt war. Um das Monument herum saßen mehrere Hippies, die einander an den Händen hielten, wie in einer Zeremonie, die die Freunde nicht stören wollten. Zugleich hätten sie aber gern auch an dem Ritual teilgenommen.

Ein Mädchen sah sie und forderte die vier durch eine Kopfbewegung auf, sich zu ihnen zu setzen.

Das Sonnentor war mit prächtigen Reliefs geschmückt, die Geschichten aus einer bereits vergessenen und dennoch gegenwärtigen Zeit erzählten, Geschichten, die erinnert und erneut erzählt werden wollten. Das Tor war aus einem einzigen Stein gehauen. In der Mitte über der Türöffnung, wo ein möglicherweise durch einen Blitzschlag oder durch ein Erdbeben entstandener Riss durchlief, war eine Gottheit dargestellt, die zwei Schlangenzepter in den Händen hielt. Rechts und links davon waren Engel zu sehen, die verlorenen Symbole einer Kultur, die, den Einheimischen zufolge, zeigten, wie die Welt wiederhergestellt werden kann, falls sie von der Gier des Menschen zerstört werden sollte. Paulo, der durch das Tor den Titicacasee sehen konnte, begann plötzlich zu weinen, als würde er in einem geistigen Kontakt mit dessen Erbauern stehen – Menschen, die den Ort vor dem Ende ihrer Arbeit eilig verlassen hatten, weil sie etwas fürchteten oder weil jemand erschienen war, der sie aufgefordert hatte, mit dem Bau aufzuhören. Das Hippiemädchen, das sie in die Runde eingeladen hatte, lächelte – sie hatte ebenfalls Tränen in den Augen. Die anderen hielten stumme Zwiegespräche mit den ursprünglichen Bewohnern, um herauszufinden, was diese dorthin geführt hatte. Sie respektierten das Mysterium.

Wer Magie erlernen will, muss damit beginnen, um sich zu schauen. Alles, was Gott den Menschen sagen wollte, hat er vor ihnen ausgebreitet in Form der sogenannten Sonnentradition.

Die Sonnentradition ist demokratisch – sie wurde nicht für Wissenschaftler, Priester oder Auserwählte geschaffen, sondern für ganz gewöhnliche Menschen. Die Kraft liegt in allen kleinen Dingen, die Teil des Weges eines jeden Menschen sind: Die Welt ist ein Klassenzimmer, und die Höchste Liebe wird deine Lehrerin sein, denn sie weiß, dass du lebst.

Und alle schwiegen. Sie horchten auf etwas, das sie nicht ganz verstanden, von dem sie aber wussten, dass es die Wahrheit war. Eines der Mädchen sang ein Lied in einer Sprache, die Paulo nicht verstand. Der älteste unter den jungen Männern erhob sich, breitete die Arme aus und sprach ein Gebet:

Der Herr, der Erhabene, gebe uns
Einen Regenbogen für jeden Sturm
Ein Lächeln für jede Träne
Eine Segnung für jede Schwierigkeit
Einen Freund für jeden Augenblick der Einsamkeit
Eine Antwort auf jedes Gebet.

Und genau in diesem Augenblick ertönte die Sirene eines Schiffs – eines Schiffs, das ursprünglich in England gebaut worden war, dann demontiert und per Schiff bis nach Peru gebracht und in Einzelteilen auf Maultieren bis auf die 3800 Meter Höhe transportiert wurde, wo sich der See befindet.

Alle begaben sich an Bord und damit auf die nächste Etappe der Reise nach Machu Picchu, der alten verlorenen Stadt der Inkas.

Dort angekommen, verbrachten sie unvergessliche Tage – denn nur jene, die Kinder Gottes waren, im Geiste frei und bereit, sich dem Unbekannten angstfrei zu stellen, gelangten hierher.

Sie schliefen in den verlassenen Häusern ohne Dach und schauten in die Sterne, liebten sich, aßen, was sie als Proviant mitgebracht hatten, badeten jeden Tag nackt im Fluss, der unterhalb des Berges fließt, und spekulierten darüber, ob die Götter Astronauten gewesen sein könnten, die in dieser Region auf der Erde gelandet waren. Alle hatten das Buch *Erinnerungen an die Zukunft* des Schweizer Autors Erich von Däniken gelesen, der die Zeichnungen der Inkas dahingehend interpretierte, dass sie die Sternreisenden zeigten. Ebenso wie sie Lobsang Rampa gelesen hatten, den Mönch aus Tibet, der von der Öffnung des Dritten Auges sprach. Dann waren sie auf dem Hauptplatz von Machu Picchu, und ein Engländer erzählte allen, jener Mönch heiße in Wahrheit Cyril Henry Hoskins und sei der Sohn eines Klempners aus England. Seine wahre Identität sei erst kürzlich entdeckt und seine Echtheit vom Dalai Lama in Abrede gestellt worden.

Die gesamte Gruppe war ziemlich enttäuscht, vor allem weil sie wie Paulo davon überzeugt war, dass es zwischen den Augen eine Drüse namens Zirbeldrüse gab, deren wahre Nützlichkeit von den Wissenschaftlern noch nicht entdeckt worden war. Für sie gab es das Dritte Auge wirklich – wenn auch nicht so, wie Lobsang Cyril Rampa Hoskins es beschrieben hatte.

Am dritten Morgen beschloss Paulos Freundin, zurück nach Hause zu reisen; dass Paulo sie begleiten würde, stand für sie außer Frage. Ohne sich zu verabschieden oder zurückzublicken, brachen sie vor Sonnenaufgang auf und fuhren zwei Tage in einem Bus voller Menschen, Haustiere, Essen und Kunsthandwerk am westlichen Hang der Cordilleren hinab. Danach stand für Paulos Freundin auch fest, dass sie nie wieder eine Busreise machen würde, die länger als einen Tag dauerte.

Von Lima aus fuhren sie per Anhalter nach Santiago de Chile. Die Welt war noch ein sicherer Ort, und die Autos nahmen das Pärchen mit, obwohl die beiden den Fahrern mit ihrer bunten Kleidung etwas merkwürdig vorkamen. Nach einer Nacht, in der sie gut und lange geschlafen hatten, baten sie jemanden, ihnen auf einer Landkarte die Route nach Brasilien über einen Tunnel, der Chile dereinst mit Argentinien verbinden würde, aufzuzeichnen. Sie fuhren wieder per Anhalter, weil Paulos Freundin das Geld, das sie noch hatten, für einen allfälligen ärztlichen Notfall sparen wollte – sie war immer vorsichtig, immer die Vernünftigere. Ihre praktisch ausgerichtete kommunistische Erziehung, die sie nie völlig verleugnen konnte, ließ sie nie ganz entspannt sein.

Drüben in Brasilien beschlossen sie auf ihren Vorschlag hin, noch einen Zwischenstopp einzulegen.

»Lass uns nach Vila Velha fahren. Das soll ein ganz phantastischer Ort sein.«

Sie konnten nicht voraussehen, in was für einen Albtraum sie dort geraten würden.

Sie wussten nicht, dass ihnen die Hölle bevorstand.

Sie waren nicht auf das vorbereitet, was sie erwartete.

Sie hatten bereits verschiedene phantastische Orte besucht, wenn auch bei einigen schon jetzt absehbar war, dass sie nicht mehr lange phantastische Orte bleiben würden. Am Ende würden sie von Horden von Touristen zerstört werden, die nur daran dachten, Souvenirs zu kaufen, und daran, die Schönheit dieser Orte mit dem zu vergleichen, was sie zu Hause hatten.

Aber wie seine Freundin es formuliert hatte, gab es keinen Raum für Zweifel, kein Fragezeichen am Ende des Satzes, sondern es war nur eine schlichte Ansage: Selbstverständlich werden wir nach Vila Velha fahren, diesem phantastischen Ort. Eine geologische Stätte mit eindrucksvollen, vom Wind geschaffenen Steinskulpturen – die die Verwaltung der nahegelegenen Stadt unbedingt für den Tourismus erschließen wollte. Der Name Vila Velha war allgemein bekannt. Aber den meisten wäre zuerst wohl die im Staat Espírito Santo gelegene Stadt am Meer eingefallen und nicht das in Paraná gelegene Vila Velha mit seinem Parque Estudal bei Ponte Grossa. Dieses Vila Velha war zwar interessant, aber erheblich mühsamer zu erreichen.

Paulo und seine Freundin waren die einzigen Besucher des Parks und tief beeindruckt von dem, was die Natur schaffen kann. Die Felsformationen waren bekannt als ›Die Schildkröte‹, ›Das Kamel‹, ›Der Kelch‹, obwohl man zu ihren Formen auch ganz anderes assoziieren konnte. So wie für Paulos Freundin das besagte Kamel wie ein Granatapfel und für Paulo selbst wie eine Orange aussah. Anders als das, was sie in Tihuanaco gesehen hatten, ließen diese Skulpturen aus Arenit jede nur mögliche Deutung zu.

Vom Park aus fuhren sie per Anhalter in die nahe Stadt. Da sie nun bald zu Hause sein würden, entschied die Freundin (sie entschied immer alles), dass sie und Paulo nun nicht mehr sparen müssten, sondern sich zum ersten Mal seit vielen Wochen ein gutes Hotel leisten und sich abends ein Essen mit reichlich Fleisch gönnen könnten! Die Region war für ihr gutes Fleisch bekannt. Seit La Paz hatten sie keines mehr gegessen, weil es ihnen überall viel zu teuer war.

Sie checkten in einem wirklich guten Hotel ein, gönnten sich ein Bad, liebten sich und gingen dann hinunter zum Empfang, um sich ein Rodizio-Restaurant empfehlen zu lassen, in dem sie nach Herzenslust Fleisch essen könnten.

Während sie noch auf den Rezeptionisten warteten,

kamen zwei Männer herein und forderten sie barsch auf, ihnen nach draußen zu folgen. Beide hatten die Hände in den Taschen, als hielten sie eine Waffe und wollten, dass dies ganz deutlich wurde.

»Keine Panik«, sagte die Freundin, weil sie überzeugt war, dass sie gerade überfallen wurden. »Ich habe oben ja einen Brillantring.«

*

Aber die Männer hatten sie schon am Arm gepackt und schoben sie nach draußen, wo das Paar voneinander getrennt wurde. Auf der menschenleeren Straße standen zwei Wagen ohne Nummernschilder und zwei weitere Männer, von denen der eine nun seine Waffe auf das Paar richtete.

»Keine Bewegung. Wir müssen euch durchsuchen.«

Rüde begannen sie die beiden abzutasten. Die Freundin öffnete den Mund, um etwas zu sagen. Paulo dagegen war einfach nur starr vor Angst. Er konnte gerade noch kurz zur Seite schauen, ob jemand Zeuge dieser Szene war und am Ende hoffentlich die Polizei rufen würde.

»Halt den Mund, du Nutte«, sagte einer von ihnen. Die Männer rissen dem Paar die Gürteltaschen, in denen sich Pass und Geld befanden, weg und bugsierten Paulo und seine Freundin jeweils auf den Rücksitz eines der geparkten Wagen. Alles ging so schnell, dass Paulo nicht mitbekam, was mit seiner Freundin geschah – und er wusste auch nicht, was mit ihm geschah.

Dann war da noch ein fünfter Mann.

»Zieh dir das über«, sagte er und reichte ihm eine Art

Kapuze, die er ihm, als Paulo nicht schnell genug reagierte, über den Kopf stülpte. »Leg dich auf den Boden!«

Paulo tat, was man ihm befahl. Sein Gehirn reagierte schon nicht mehr. Der Wagen brauste los. Er hätte gern gesagt, dass seine Familie Geld habe und jedes Lösegeld bezahlen würde, aber er bekam noch immer kein Wort heraus.

Der Zug wurde allmählich langsamer, was wahrscheinlich bedeutete, dass sie die niederländische Grenze erreicht hatten.

»Ist bei dir alles okay?«, fragte der Argentinier.

Paulo nickte und suchte fieberhaft nach einem neuen Gesprächsthema, um von seinen Erinnerungen loszukommen. Es war mehr als ein Jahr vergangen, seit sie in Vila Velha gewesen waren, und meistens gelang es ihm, die Dämonen in seinem Kopf in Schach zu halten. Aber sobald er irgendwo das Wort POLIZEI sah, und sei er nur auf der Uniform eines Grenzpolizisten, kehrte die alte Panik zurück. Anders als sonst, wenn er die Geschichte, die zu solchen Panikattacken führte, seinen Freunden erzählte, hatte er jetzt keinen emotionalen Abstand, sondern erlebte in Gedanken alles noch einmal.

»Wenn sie uns an der Grenze nicht reinlassen, ist das kein Problem. Wir bleiben in Belgien und reisen woanders ein«, fuhr der Argentinier fort.

Doch Paulo war plötzlich nicht mehr daran interessiert, sich weiter mit ihm zu unterhalten – die Paranoia kehrte zurück. Was, wenn der Argentinier nun wirklich harte Drogen bei sich hatte? Und wenn die Grenzbeamten zum Schluss kamen, dass Paulo sein Komplize war, und sie ihn ins Gefängnis steckten, bis er seine Unschuld beweisen konnte?

Der Zug hielt. Es war noch nicht die Grenze, sondern ein kleiner Bahnhof im Nirgendwo, in dem fünf Leute ein- und zwei ausstiegen. Als der Argentinier merkte, dass Paulo keine Lust zu reden hatte, überließ er diesen seinen Gedanken, aber er war besorgt. Paulos Gesichtsausdruck hatte sich vollkommen verändert. Der Argentinier beschränkte sich darauf, noch einmal zu fragen: »Ist bei dir wirklich alles okay?«

»Ich versuche nur gerade, meine Dämonen zu vertreiben.«

Der Argentinier verstand und sagte nichts weiter.

Paulo wusste, dass in Europa so etwas, wie er es erlebt hatte, nicht geschehen würde. Oder vielmehr nur in der Vergangenheit geschehen war. Damals waren die Menschen in die Gaskammern geschickt worden oder hatten sich vor Massengräbern aufreihen und zusehen müssen, wie die Reihe vor ihnen von einem Erschießungskommando exekutiert wurde – ohne eine Reaktion zu zeigen. Sie hatten nicht versucht zu fliehen oder ihre Mörder anzugreifen.

Der Grund für diese Passivität ist ganz einfach: Die Panik ist so groß, dass die Menschen gar nicht mehr richtig da sind. Das Gehirn blockiert alles, es gibt keine Angst, nur ein merkwürdiges Gefühl der Unterwerfung unter das, was mit einem geschieht. Die Gefühle verschwinden, und man gerät in eine Art Limbus. Die Ärzte bezeichnen diesen Zustand als »vorübergehende stressbedingte Schizophrenie« oder *reduced affect display*.

Möglicherweise um die Gespenster der Vergangenheit endgültig zu bannen, durchlebte Paulo die alte Geschichte noch einmal bis zu ihrem Ende.

D er Mann auf dem Rücksitz wirkte menschlicher als die anderen, von denen sie im Hotel angesprochen worden waren.

»Mach dir keine Sorgen, wir werden euch nicht töten. Leg dich auf den Boden des Wagens.«

Paulo machte sich überhaupt keine Sorgen. Sein Verstand hatte schlicht ausgesetzt. Ihm war so, als sei er in eine parallele Wirklichkeit eingetreten, sein Hirn weigerte sich, zu akzeptieren, was gerade geschah. Er fragte nur:

»Kann ich mich an Ihrem Bein festhalten?«

Selbstverständlich, antwortete der Mann. Paulo hielt sich an ihm fest, vielleicht fester, als er dachte, vielleicht tat er ihm auch weh, doch der andere reagierte nicht, ließ ihn gewähren. Er konnte sich offenbar vorstellen, was Paulo gerade fühlte, und möglicherweise war es ihm gar nicht recht, diesen lebendigen jungen Mann diese Erfahrung machen zu lassen. Aber auch er befolgte nur Befehle.

*

Paulo kam die Fahrt im Wagen ewig vor. Und je länger sie unterwegs waren, umso überzeugter war Paulo, dass er auf dem Weg zu seiner Hinrichtung war. Ihm wurde allmählich klar, was gerade geschah – er war von Paramilitärs gefangen genommen und galt nun offiziell als verschwunden. Aber was interessierte das jetzt noch?

Der Wagen hielt. Paulo wurde brutal herausgezerrt und durch eine Art Flur geschubst. Dann stolperte er plötzlich über etwas – vermutlich über eine Schwelle. »Langsamer bitte«, bat er.

Da bekam er den ersten Faustschlag auf den Kopf.

»Halt den Mund, du Terrorist!«

Paulo fiel zu Boden. Sie befahlen ihm, aufzustehen und sich ganz auszuziehen, nur die Kapuze musste er auf dem Kopf behalten. Er tat, was sie ihm befahlen. Da wurde er wieder geschlagen. Da er nicht wusste, woher die Schläge kamen, konnte sein Körper sich nicht darauf vorbereiten und die Muskeln sich nicht zusammenziehen. Entsprechend war der Schmerz intensiver, als Paulo es je bei Schlägereien erlebt hatte, in die er in seiner Jugend verwickelt gewesen war. Erneut fiel er hin, und anstatt mit Schlägen wurde er nun mit Fußtritten traktiert. Diese dauerten etwa zehn oder fünfzehn Minuten, bis eine Stimme befahl, damit aufzuhören.

Er war bei Bewusstsein, wusste aber nicht, ob etwas gebrochen war, weil er sich vor Schmerzen nicht bewegen konnte. Dennoch befahl ihm die Stimme, die die Fußtritte beendet hatte, aufzustehen. Und begann, ihm dann Fragen über Guerillakämpfer zu stellen, über Komplizen, darüber, was er in Bolivien gemacht habe, ob er mit den Genossen von Che Guevara in Verbindung stehe, wo die Waffen versteckt seien. Und die Stimme drohte damit, ihm ein Auge auszureißen, wenn Gewissheit darüber entstehe, dass er darin verwickelt war. Eine andere Stimme, die des »guten Polizisten«, sagte das Gegenteil: Paulo solle lieber den Überfall gestehen, der auf eine Bank in der Region verübt worden sei – dann wäre alles vorbei, und Paulo würde zwar wegen seiner Verbrechen in ein Gefängnis kommen, aber nicht weiter geschlagen werden.

Erst als er mühsam aufstand, war der Zustand von Lethargie weg. Er spürte wieder das, was er immer für die wichtigste Eigenschaft des Menschen gehalten hatte: Selbsterhaltungstrieb. Er musste aus dieser Situation herauskommen. Er musste sagen, dass er unschuldig war.

Sie forderten ihn auf, alles zu erzählen, was er in der vergangenen Woche gemacht hatte. Paulo erzählte es in allen Einzelheiten, obwohl er sicher war, dass sie noch nie von Machu Picchu gehört hatten.

»Verlier keine Zeit damit, uns etwas vorzumachen«, sagte der »böse Polizist«. »Wir haben die Karte in deinem Hotelzimmer gefunden. Du und die Blonde, ihr seid am Ort des Überfalls gesehen worden.«

Karte?

Durch einen Spalt unter der Kapuze zeigte der Mann die Zeichnung, die in Chile jemand gemacht hatte und auf der angegeben war, wo der Tunnel durch die Anden gebaut werden sollte.

»Die Kommunisten glauben, dass sie die nächsten Wahlen gewinnen werden. Und dass Salvador Allende Moskaus Gold dazu benutzen wird, um ganz Lateinamerika zu korrumpieren. Aber da irren die sich. Welche Position nimmst du in der Allianz ein, die sich gerade bildet? Und welches sind deine Kontakte in Brasilien?«

Paulo flehte, schwor, dass nichts davon wahr sei, dass er nur reiste, um die Welt kennenzulernen. Und er fragte auch, was sie mit seiner Freundin vorhatten.

»Ach, du meinst die, die von Jugoslawien, einem kommunistischen Land, geschickt wurde, um der Demokratie in Brasilien ein Ende zu bereiten? Sie bekommt gerade die Behandlung, die sie verdient«, war die Antwort des »bösen Polizisten«.

Die Angst drohte zurückzukehren, doch Paulo musste sich im Griff behalten. Er musste unbedingt herausfinden, wie er diesem Alptraum entkommen konnte. Er musste aufwachen.

*

Jemand stellte einen Kasten mit Stromkabeln und einer Kurbel zwischen seine Füße. Ein anderer meinte, das heiße »das Telefon«: Man brauche nur zwei Metallklammern an den Körper zu klemmen und an der Kurbel zu drehen, und Paulo würde einen Schock bekommen, »dem kein Mann widerstehen kann«.

Und plötzlich, als er durch den Spalt unterhalb der Kapuze diese Maschine sah, fiel ihm der einzige Ausweg ein, der ihm noch blieb. Er legte jede Unterwürfigkeit ab und sagte laut:

»Sie glauben, ich hätte Angst vor Elektroschocks? Sie glauben, ich hätte Angst vor Schmerzen? Keine Sorge – ich werde mich selber foltern. Ich war nicht nur einmal, sondern sogar dreimal in einer Irrenanstalt. Ich habe bereits jede Menge Elektroschocks bekommen, da kann ich die Arbeit gut selber machen. Ich nehme an, das wissen Sie. Ich denke, Sie wissen alles über mein Leben.«

Daraufhin begann er, seinen Körper bis aufs Blut zu zerkratzen, und schrie, dass sie ja alles wüssten, dass es ihm egal sei, wenn sie ihn töteten, er glaube an die Reinkarnation und würde kommen und sie holen. Sie und ihre Familien, sobald er aus der anderen Welt zurück sei.

Jemand kam und hielt seine Hände fest. Alle schienen erschrocken über das, was er da tat, obwohl niemand ein Wort sagte.

»Hör auf damit, Paulo«, sagte der »gute Polizist«. »Kannst du mir erklären, was es mit der Karte auf sich hat?«

Paulo sprach mit der Stimme eines Menschen, der gerade einen Anfall erlitt. Schreiend schilderte er, was in Santiago passiert war. Sie hätten Hilfe gebraucht, um den Tunnel zu finden, der Chile und Argentinien verband.

»Und meine Freundin? Wo ist meine Freundin?«

Er schrie immer weiter und immer lauter, in der Hoffnung, dass seine Freundin ihn hören würde. Der »gute Polizist« versuchte, ihn zu beruhigen. Offensichtlich hatte am Anfang der »Bleiernen Jahre« die Repression noch nicht ihre ganze Brutalität entfaltet.

Er forderte den wie Espenlaub zitternden Paulo auf, sich gefälligst zu beruhigen. Falls er unschuldig sei, gebe es keinen Grund zur Sorge, sie müssten nur erst einmal alles nachprüfen, was er gesagt habe. Also müsse er noch eine Zeitlang dortbleiben. Der Mann sagte nicht, wie lange, bot Paulo jedoch immerhin eine Zigarette an. Paulo bekam mit, wie die Männer den Raum verließen. Offenbar waren sie nicht mehr an ihm interessiert.

»Warte, bis auch ich draußen bin und du mich an die Tür klopfen hörst«, sagte der »gute Polizist«. »Dann kannst du die Kapuze abnehmen. Jedes Mal, wenn danach jemand kommt und an die Tür klopft, setzt du sie wieder auf. Sobald wir alle notwendigen Informationen haben, wirst du freigelassen.«

»Und meine Freundin?«, brüllte Paulo wieder.

Das hatte er nicht verdient. Auch wenn er ein noch so schlechter Sohn gewesen war, auch wenn er seinen Eltern Kopfschmerzen bereitet hatte, das hier verdiente er nicht. Er war unschuldig, aber wenn er in diesem Augenblick eine Waffe in der Hand gehabt hätte, wäre er imstande gewesen, auf alle zu schießen. Es gibt nichts Grauenhafteres, als für etwas bestraft zu werden, was man nie getan hat.

»Keine Sorge. Wir sind keine vergewaltigenden Monster. Wir wollen nur die vernichten, die versuchen, unser Land zu zerstören.«

Der Mann ging hinaus, klopfte an die Tür, und Paulo nahm die Kapuze ab. Er befand sich in einem schalldichten Raum, daher die Türschwelle, über die er beim Herein-kommen gestolpert war. Auf der rechten Seite gab es eine große Einwegscheibe, die wohl dazu diente, von der anderen Seite die Gefangenen zu überwachen. Es gab zwei oder drei Einschusslöcher in der Wand, und an einem davon klebten sogar noch ein paar Haare. Aber Paulo musste so tun, als ginge ihn das alles nichts an. Er blickte an seinem Körper hinab, auf die blutigen Wunden, die er sich selbst zugefügt hatte. Tastete sich überall ab und stellte fest, dass nichts ge-brochen war – sie waren Meister darin, keine bleibenden Spuren zu hinterlassen –, und möglicherweise hatte sie des-halb seine Reaktion so erschreckt.

Er stellte sich vor, dass der nächste Schritt der Männer darin bestehen würde, mit Rio de Janeiro in Kontakt zu treten, um eine Bestätigung für seine Geschichte mit den Einweisungen in die Psychiatrie und den Elektroschocks zu erhalten. Sie würden auch die Geschichte seiner Freundin überprüfen. Ihr ausländischer Pass würde sie möglicherweise schützen oder aber für ihre Verurteilung sorgen, weil sie aus einem kommunistischen Land kam.

Hätte er gelogen, würden sie ihn ohne Unterbrechung viele Tage lang foltern. Aber da er die Wahrheit gesagt hatte, würden sie vielleicht zum Schluss kommen, dass er tatsächlich nur ein drogenkonsumierender Hippie aus reichem Hause war, und ihn laufenlassen.

Er hatte nicht gelogen, und er konnte nur hoffen, dass sie es schnell herausfinden würden.

E r wusste nicht, wie viel Zeit vergangen war – es gab keine Fenster, das Licht brannte die ganze Zeit, und das einzige Gesicht, das er zu sehen bekam, war das des Fotografen des Folterzentrums. Kaserne? Polizeiwache? Der Fotograf hatte ihn aufgefordert, die Kapuze abzunehmen, ihm die Kamera vors Gesicht gehalten, damit man auf dem Foto nicht sehen konnte, dass er nackt war, machte noch ein Foto im Profil und ging dann ohne ein weiteres Wort hinaus.

Sogar das Klopfen an der Tür gehorchte keiner erkennbaren Regel – manchmal folgte auf das Frühstück nach einer kurzen Pause gleich das Mittagessen, und bis zum Abendessen verging eine lange Zeit. Wenn er zur Toilette musste, klopfte er, bereits mit der Kapuze auf dem Kopf, an die Tür, bis sie, wahrscheinlich durch die Einwegscheibe, sahen, was er wollte. Manchmal versuchte er mit dem Mann zu reden, der ihn zur Toilette führte, aber er bekam keine Antwort. Nur Schweigen.

Er schlief die meiste Zeit. Irgendwann (am Tag oder nachts?) versuchte er, seine Erfahrung im Meditieren zu nutzen oder sich auf etwas Höheres zu konzentrieren. Er erinnerte sich, dass San Juan de la Cruz von der dunklen Nacht der Seele gesprochen hatte. Und er erinnerte sich auch daran, dass Mönche jahrelang in Höhlen in der Wüste oder in den Bergen des Himalaya verbrachten. Er könnte ihrem Beispiel folgen und das, was gerade geschah, dazu nutzen, zu einem besseren Menschen zu werden. Er hatte sich überlegt, dass der Rezeptionist des Hotels sie beide wahrscheinlich denunziert hatte. Es gab Augenblicke, da wäre er, sobald er freikam, gern dorthin zurückgegangen, um ihn umzubringen. Dann wieder fand er, dass die beste Art, Gott zu dienen, war, ihm aus dem Grunde seines Herzens zu vergeben, denn er hatte nicht gewusst, was er tat.

Aber Vergeben ist eine äußerst schwierige Kunst. Auch wenn er auf allen seinen Reisen immer versucht hatte, mit dem Universum in Kontakt zu treten – in seiner augenblicklichen Situation gelang es ihm nicht wirklich. Er hatte sich schon so viel gefallen lassen müssen. Die Kommentare jener, die ihn immer wegen seiner langen Haare auslachten. Die ihn mitten auf der Straße fragten, wann er zuletzt gebadet habe. Die meinten, seine bunte Kleidung zeige, dass er sich seiner sexuellen Orientierung nicht sicher sei, und ihn fragten, wie viele Männer er schon im Bett gehabt habe. Die sagten, er solle aufhören, sich herumzutreiben, die Drogen aufgeben und sich eine ordentliche Arbeit suchen. Daran mitarbeiten, das Land aus der Krise zu holen.

Der Hass auf alle, die ihn schon ungerecht behandelt hatten, der Wunsch nach Rache und die Unfähigkeit zu vergeben, beeinträchtigten seine Konzentrationsfähigkeit. Seine Meditation wurde ständig von trüben, wenn auch seiner Meinung nach gerechtfertigten Gedanken gestört. Wie zum Beispiel: War seine Familie benachrichtigt worden?

Er selbst hatte ihnen nicht gesagt, wann er zurückkommen wollte, also würden sie sich über eine längere Abwesenheit nicht wundern. Dafür, dass Paulo versuchte, aus der Gleichförmigkeit ihres Lebens als frustriertes Mitglied der besseren Gesellschaft auszubrechen, gaben seine Eltern seiner elf Jahre älteren Freundin die Schuld, da sie in ihren Augen versuchte, ihn für ihre unaussprechlichen Begierden auszunutzen. Für sie war sie eine Ausländerin im falschen Land, eine, die junge Männer manipulierte, die eine Ersatzmutter brauchten statt einer echten Gefährtin. Paulos Eltern wünschten sich, dass ihr Sohn wie viele seiner Freunde – und wie alle seine Feinde, wie der Rest der Welt – seinen Weg ging, ohne irgendjemandem Probleme zu bereiten, ohne aufzufallen, so dass keiner sie bezichtigen konnte, ihr Kind schlecht erzogen zu haben. Paulos Schwester absolvierte mit Bravour ein Studium als Chemieingenieurin, aber das war für die Eltern kein Grund, stolz auf sie zu sein. Ihnen ging es vielmehr darum, dass sie wie alle anderen Frauen möglichst unauffällig sein sollte.

Nach einer Zeit, die Paulo nicht abschätzen konnte, begann er zu finden, dass er genau das verdiente, was gerade geschah. Einige seiner Freunde hatten sich dem bewaffneten Kampf angeschlossen und wussten, was sie erwartete. Paulo hatte nichts dergleichen getan, aber trug dennoch die Konsequenzen – das musste eine Strafe der Götter, nicht der Menschen sein. Wegen all der Traurigkeit, die er hervorgerufen hatte, musste er nackt auf dem Boden einer Zelle mit drei Einschusslöchern in der Wand sitzen. Und wenn er in sich ging, dann fand er keine Kraft, keinen spirituellen Trost, keine Stimme, die mit ihm sprach wie am Sonnentor.

Meistens schlief er. Immer in der Hoffnung, aus einem Alptraum zu erwachen. Aber er wachte immer am selben

Ort und auf demselben Fußboden auf. Meinte immer, das Schlimmste wäre schon vorbei, aber dann schreckte er doch wieder schweißgebadet auf, wenn er das Klopfen an der Tür hörte. Vielleicht hatten sie nichts von dem, was er erzählt hatte, bestätigt gefunden und würden ihn nun wieder und noch mehr foltern.

Jemand klopfte an die Tür – Paulo hatte gerade zu Abend gegessen, aber er wusste ja inzwischen, dass sie ihm jetzt auch das Frühstück servieren könnten, um ihn noch mehr zu desorientieren. Er setzte die Kapuze auf, und die Tür wurde von jemandem geöffnet, der irgendwelche Sachen auf den Boden warf.

»Zieh dich an. Aber behalt die Kapuze auf.«

Es war die Stimme des »guten Polizisten« oder des »guten Folterers«, wie er ihn in Gedanken lieber nannte. Er blieb vor Paulo stehen, während dieser Kleidung und Schuhe anzog. Als er fertig war, nahm der Mann seinen Arm, bat ihn, auf die Türschwelle zu achten (über die er so viele Male gegangen war, wenn er zur Toilette musste, aber vielleicht wollte der andere einfach nur etwas Nettes sagen), und Paulo erinnerte sich daran, dass die einzigen Wunden, die er hatte, er sich selbst zugefügt hatte.

Sie gingen etwa drei Minuten, und die andere Stimme sagte: »Im Hof wartet ein Variant.«

Wie das, eine Variante? Später erfuhr er, dass ein Variant ein Automodell war, aber zunächst hielt er es für ein Codewort für »das Erschießungskommando steht bereit« oder etwas Ähnliches.

Als sie vor dem Wagen standen, wurden Paulo unter der

Kapuze ein Blatt Papier und ein Kugelschreiber hingehalten. Paulo war bereit, alles zu unterschreiben, was sie wollten, in der Hoffnung, ein schriftliches Geständnis würde diese Isolation, die ihn in den Wahnsinn zu treiben drohte, beenden. Aber der »gute Folterer« erklärte, dass es sich bei dem Papier um die Liste seiner Habseligkeiten handelte, die im Hotel gefunden worden waren. Die Rucksäcke lägen im Kofferraum.

Die Rucks*äcke*!! Aber Paulo war so betäubt, dass er den Plural völlig überhörte.

Er tat, wie ihn geheißen. Nun ging auf der anderen Seite des Hofes eine Tür auf. Durch einen Spalt in der Kapuze sah Paulo das Kleid – ihr Kleid! Sie war es, und nun kam sie sogar zu ihm herüber. Er sah, wie man ihr ebenfalls ein Dokument zur Unterschrift hinhielt, hörte, wie sie sich weigerte und zuerst lesen wollte. Ihr Tonfall zeigte, dass sie zu keiner Zeit in Panik geraten war, sondern im Gegenteil ihre Gefühle vollkommen unter Kontrolle hatte. Und siehe da, ihr Bewacher ließ zu, dass sie das Papier las. Als sie fertig war, setzte sie ihre Unterschrift darunter, und dann berührte ihre Hand sofort Paulos.

»Körperkontakt ist verboten«, sagte der »gute Folterer«.

Sie kümmerte sich nicht darum, und Paulo, der fürchtete, dass sie deswegen nun wieder hineingebracht und bestraft werden würden, versuchte, seine Hand wegzuziehen, doch sie hielt sie nur umso fester.

Der »gute Folterer« forderte sie auf, hinten einzusteigen, warf die Autotüren zu und gab dann die Anweisung loszufahren. Paulo fragte seine Freundin, ob es ihr gutgehe, und erhielt als Antwort eine einzige Anklagerede. Jemand auf dem Vordersitz lachte, und Paulo bat seine Freundin inständig, BITTE still zu sein, sie könnten später darüber reden, oder dort, wohin man sie jetzt brachte – vielleicht in ein echtes Gefängnis. Doch seine Freundin redete einfach weiter. »Niemand legt uns Dokumente zum Unterzeichnen vor, in denen es heißt, dass uns unsere Sachen zurückgegeben wurden, wenn nicht die Absicht bestünde, uns freizulassen«, meinte sie. Der Mann auf dem Vordersitz lachte wieder – tatsächlich waren es aber zwei Lacher. Der Fahrer war nicht allein.

»Es heißt immer, Frauen wären mutiger und intelligenter als Männer«, sagte einer von ihnen. »Das haben wir hier bei den Gefangenen auch schon festgestellt.«

Diesmal war es der Fahrer, der seinen Begleiter bat, den Mund zu halten. Nachdem der Wagen noch eine ganze Weile gefahren war, hielt er an, und der Mann neben dem Fahrer forderte Paulo und seine Freundin auf, ihre Kapuzen abzunehmen.

Es war einer der Männer, die das Paar im Hotel festgenommen hatten – diesmal lächelte er. Er stieg aus, öffnete ihnen die Tür und ging dann zum Kofferraum und holte ihre Rucksäcke heraus. Zu Paulos Überraschung reichte er sie ihnen, statt sie ihnen vor die Füße zu werfen.

»Ihr könnt gehen. Wenn ihr vorn an der nächsten Kreuzung links abbiegt, seid ihr in zwanzig Minuten am Bahnhof.«

Damit stieg er wieder in den Wagen, und die beiden Männer fuhren langsam davon, als hätten sie nichts mit dem zu tun, was geschehen war. Das war die neue Realität im Land: Diese Männer und ihresgleichen hatten das Sagen, und niemand konnte sich irgendwo beschweren.

Paulo schaute seine Freundin an, die seinen Blick erwiderte. Sie umarmten sich stumm und küssten sich lange. Dann zogen sie los Richtung Bahnhof. Paulo fand es zu gefährlich, an diesem Ort zu bleiben. Seine Freundin dagegen wirkte völlig angstfrei, und die letzten Tage – Wochen, Monate? – schienen spurlos an ihr vorbeigegangen zu sein, so als hätte sie ihre Traumreise nur eben kurz unterbrochen –, und auf einmal überstrahlten die positiven gemeinsamen Erinnerungen alles eben erst Erlebte. Paulo ging schnell und verkniff sich, seiner Freundin Vorwürfe zu machen, weil er ja nur ihr zuliebe mitgegangen war, um sich diese vom Wind geschaffenen Skulpturen anzusehen. Wären sie einfach weitergefahren, grummelte er innerlich, wäre nichts von alldem geschehen. Doch letztlich musste er zugeben, dass weder seine Freundin noch ihn selbst irgendeine Schuld traf.

Auf einmal kam ihm die ganze Situation fast lächerlich vor. Er fühlte sich ganz schwach, bekam fürchterliche Kopfschmerzen und musste sich gegen eine Mauer lehnen. Er ließ den Rucksack zu Boden gleiten.

»Weißt du, was mit dir los ist?«, fragte seine Freundin und lieferte gleich selbst die Antwort. »Ich kenne das, mir ist das Gleiche während des Zweiten Weltkriegs passiert, als mein Land bombardiert wurde. Durch den Schockzustand verengen sich die Gefäße, und wenn der Schock abklingt und die Gefäße sich wieder weiten, kommt es zu Kopfschmerzen. Du wirst sehen, in zwei bis drei Stunden geht's dir schon viel besser. Lass uns am Bahnhof Aspirin kaufen.«

Sie nahm seinen Rucksack, forderte Paulo auf, sich auf sie zu stützen, und setzte sich dann in Bewegung, erst langsam, dann schneller.

Was für eine Frau! Mit ihr würde er so gerne weiterreisen.

Und so schlug er ihr später vor, ihn zu den beiden neuen Mittelpunkten der Welt zu begleiten, nämlich dem Piccadilly Circus in London und dem Dam in Amsterdam. Doch seine Freundin teilte seinen Wunsch nicht, und er fiel aus allen Wolken, als sie sagte, sie habe das Reisen gründlich satt. Und wenn sie ganz ehrlich sei, liebe sie ihn auch nicht mehr. Es sei besser, jeder gehe seiner Wege.

Der Zug hielt. Draußen war das gefürchtete Schild zu sehen. In mehreren Sprachen stand dort: ZOLL.

Zollbeamte stiegen ein und gingen durch die Waggons. Paulo blieb ruhig, die Austreibung der Dämonen war zu Ende. Doch plötzlich schoss ihm ein Satz aus der Bibel, genauer gesagt aus dem Buch Hiob, durch den Kopf: »Denn was ich gefürchtet habe, ist über mich gekommen, und was ich sorgte, hat mich getroffen.«

Er musste sich beherrschen – jedermann kann Angst riechen.

Obwohl – was konnte schon groß passieren? Wie hatte sein argentinischer Reisegefährte noch gesagt? Schlimmstenfalls würden sie nicht ins Land gelassen werden und müssten es woanders versuchen. Und falls es an anderen Grenzübergängen ebenfalls nicht klappen sollte, blieb ihm ja statt des Dams in Amsterdam immer noch der andere Mittelpunkt der Welt – der Piccadilly Circus.

Paulo spürte auf einmal eine ungeheure innere Ruhe. Ihm war endlich klargeworden, dass wir letztlich allem, was uns widerfährt, ohne Angst begegnen müssen, weil alles zum Leben gehört. Wir können nicht wählen, was mit uns geschieht, aber wir können wählen, wie wir damit umgehen.

Und er spürte auch, dass er bis zu diesem Augenblick nicht so gelebt hatte. Vielmehr hatte er sich von Leid, Ungerechtigkeit, Verzweiflung und Ohnmacht so auffressen lassen, dass daraus eine Art Geschwür geworden war, das in seinem Astralleib Metastasen gebildet hatte. Aber jetzt war er frei.

Er fing neu an.

Die Zollbeamten kamen in das Abteil, in dem Paulo zusammen mit dem Argentinier saß. Wie er es befürchtet hatte, baten die Beamten sie beide auszusteigen. Draußen war es kühl, obwohl es noch nicht ganz dunkel war.

Aber die Natur hat einen Zyklus, der sich in der menschlichen Seele wiederholt: Die Pflanze bringt die Blüte hervor, damit die Bienen kommen und durch deren Bestäubung eine Frucht entstehen kann. Die Frucht produziert Samen, aus denen sich erneut Pflanzen entwickeln, die ihrerseits wieder Blüten hervorbringen, die die Bienen herbeirufen, die die Pflanze bestäuben und dazu beitragen, dass Früchte entstehen, und so geht es bis zum Ende der Zeit.

Sei willkommen, Herbst, du Zeit der Ernte, du Augenblick, in dem die Schrecken der Vergangenheit losgelassen werden können und so Neues möglich wird.

Etwa zehn junge Männer und Frauen wurden in das Zollbüro geführt. Niemand sagte etwas, während sie warteten. Paulo setzte sich möglichst weit weg vom Argentinier – der das bemerkte und sich Paulo nicht aufdrängte. Möglicherweise begriff er in diesem Augenblick, dass der Junge aus Brasilien ihn irgendwie verdächtigte. Eben hatte er noch gesehen, wie sich über Paulos Gesicht ein dunkler Schatten legte, doch jetzt strahlte er wieder – vielleicht war »strahlen«

etwas übertrieben, aber wenigstens war die große Traurigkeit verschwunden.

*

Die jungen Leute wurden einzeln in einen Nebenraum
gerufen – doch die Wartenden erfuhren nicht, was drinnen
gesprochen wurde, da die Aufgerufenen den Nebenraum
durch eine andere Tür wieder verließen. Paulo wurde als
Dritter hereingerufen.

Hinter einem Tisch saß ein Beamter in Uniform, der ihn
aufforderte, ihm seinen Pass auszuhändigen, und dabei in
einem großen Ordner blätterte.

»Es war schon immer mein großer Traum –«, begann
Paulo, wurde aber vom Beamten zurechtgewiesen, ihn nicht
bei der Arbeit zu unterbrechen.

Paulos Herz begann schneller zu schlagen, er kämpfte mit
sich, stellte sich vor, dass tatsächlich sein Herbst gekommen
war und die welken Blätter zu fallen begannen, und hoffte,
dass es wie in der Natur auch in seinem Seelenleben einen Zyklus gab, der es ermöglichte, dass aus ihm, Paulo, der sich als
psychisches Wrack empfand, ein neuer Mensch hervorging.

Negative Schwingungen ziehen negative Schwingungen
an, also versuchte er, sich zu beruhigen, vor allem nachdem
er bemerkt hatte, dass der Beamte einen Ring im Ohr trug,
etwas, was in jedem ihm bekannten Land undenkbar war.
Paulo versuchte sich abzulenken, indem er den Blick von
dem mit Akten vollgetürmten Schreibtisch zu den Wänden
des Raumes schweifen ließ, an denen ein Foto der Königin
und ein Plakat mit einer Windmühle hingen. Der Beamte

legte den Ordner weg und fragte ihn nicht einmal, was er in den Niederlanden wolle – er wollte nur wissen, ob Paulo genug Geld für die Rückreise in sein Heimatland bei sich habe.

Paulo bestätigte dies – er hatte bereits gelernt, dass dies die wichtigste Voraussetzung war, um in jedwedes Land einzureisen, und hatte ein sündhaft teures Ticket nach Rom, wo er ursprünglich gelandet war, gekauft, auch wenn der Rückflug für ein Datum in einem Jahr gebucht war. Er führte die Hand an die Tasche, die im Gürtel versteckt war, bereit, nachzuweisen, was er gesagt hatte, aber der Beamte sagte, dies sei nicht notwendig, er wolle nur wissen, wie viel Geld er bei sich habe.

»Etwa eintausendsechshundert Dollar. Vielleicht etwas mehr, ich weiß nicht genau, was ich für das Bahnticket ausgegeben habe.«

Er war mit eintausendsiebenhundert Dollar, die er als Lehrer an einer Schauspielschule verdient hatte, nach Europa aufgebrochen. Das billigste Flugticket war das nach Rom gewesen, wo er dann durch die »Unsichtbare Zeitung« erfahren hatte, dass die Hippies sich dort für gewöhnlich auf der Piazza di Spagna trafen. Er hatte in Parks übernachtet, sich von Panini und Eis ernährt und hätte in Rom bleiben können – wo er eine Spanierin aus Galicien getroffen hatte, mit der er sich sofort anfreundete und die schnell seine Geliebte wurde. Er hatte schließlich den Bestseller seiner Generation gekauft, der für sein Leben in Europa ganz sicher unverzichtbar sein würde: *Europe on Five Dollars a Day*. Während der Tage, die er auf der Piazza di Spagna verbracht hatte, war ihm aufgefallen, dass nicht nur die Hippies, sondern auch ganz normale Leute, sogenannte Spießer, dieses

Buch benutzten, in dem neben touristischen Sehenswürdig-keiten die billigsten Hotels und Restaurants der jeweiligen Stadt aufgeführt waren.

Mit diesem Buch würde er auch in Amsterdam nicht ver-loren sein. Er hatte beschlossen, zu seinem ersten Ziel auf-zubrechen, als die Spanierin ihm eröffnete, sie werde nach Athen weiterreisen.

*

Er machte noch einmal einen Versuch, sein Geld zu zeigen, aber da wurde ihm schon sein Pass gestempelt und zurück-gegeben. Der Beamte fragte ihn, ob er irgendwelches Obst oder Gemüse mit sich führe. Paulo hatte zwei Äpfel dabei, und der Beamte forderte ihn auf, sie vor dem Bahnhof in einen Mülleimer zu werfen.

»Und wie komme ich jetzt nach Amsterdam?«, fragte Paulo.

Ihm wurde gesagt, dass er einen Nahverkehrszug nehmen müsse, der in einer halben Stunde abfahren werde – seine in Rom gekaufte Fahrkarte gelte bis zu seinem Endziel.

Der Beamte wies auf eine andere Tür als die, durch die er hereingekommen war, und Paulo fand sich an der frischen Luft wieder. Und während er auf den Zug nach Amsterdam wartete, machte er sich überrascht und glücklich klar, dass man ihm erstmals geglaubt hatte, was er gesagt hatte.

Er war wirklich in einer ganz anderen Welt angekommen.

Karla hatte diesmal nicht den ganzen Nachmittag damit vertan, auf dem Dam herumzusitzen, zumal es zu regnen begonnen und die Wahrsagerin versichert hatte, die Person, die sie erwartete, werde erst am nächsten Tag kommen. Stattdessen war sie ins Kino gegangen, um *2001: Odyssee im Weltraum* zu sehen. Zwar interessierte sie sich nicht besonders für Science-Fiction-Filme, aber alle hatten behauptet, es handele sich um ein Meisterwerk, das sie sich nicht entgehen lassen dürfe.

Der Film war tatsächlich ein Meisterwerk. Zudem half er ihr, die Wartezeit auszufüllen, und der Schluss des Filmes zeigte, was sie schon lange wusste: Die Zeit hat keinen Anfang und kein Ende. Wir werden geboren, wachsen heran, werden älter, sterben. Wie es schon in der Bibel heißt: Du bist Erde und sollst zu Erde werden. Und früher oder später werden wir in einer anderen Person reinkarniert. Auch wenn Karla aus einer lutherischen Familie stammte, hatte sie doch eine Zeitlang mit dem Katholizismus geliebäugelt. Während der Messe, die sie hin und wieder besuchte, gab es diesen Satz, den sie schon aus dem lutherischen Gottesdienst kannte, zu dem sie mit ihren Eltern ging, und der es ihr besonders angetan hatte: »Ich glaube an die Auferstehung des Fleisches und das ewige Leben. Amen.«

Die Auferstehung des Fleisches – sie hatte einmal versucht, mit einem Pfarrer über diese Passage zu sprechen, und ihn nach der Reinkarnation gefragt. Doch er sagte, dass es in dem Satz aus dem Glaubensbekenntnis nicht *darum* gehe. Worum es denn dann gehe, hatte sie gefragt. Seine – vollkommen idiotische – Antwort war gewesen, sie besitze noch nicht die nötige Reife, um dies zu verstehen. Von diesem Augenblick an hatte sie sich ganz allmählich vom Christentum entfernt.

»Amen«, wiederholte sie jetzt, während sie zum Hotel zurückging. Sie lauschte angestrengt in sich hinein, für den Fall, dass Gott sich an sie wandte, um mir ihr zu reden. Nachdem sie sich von der christlichen Kirche entfernt hatte, machte sie sich daran, nacheinander im Hinduismus, Taoismus, Buddhismus, in afrikanischen Kulturen und bestimmten Yogaschulen nach einer Antwort auf die Frage nach dem Sinn des Lebens zu suchen. Ein Dichter hatte vor vielen Jahrhunderten gesagt: »Das Licht des Lebens erfüllt das ganze Universum. Das Feuer der Liebe brennt und ermöglicht Erkenntnis.«

Da Liebe in ihrem Leben etwas Kompliziertes war, so kompliziert, dass sie es immer vermied, darüber nachzudenken, war sie zu dem Schluss gekommen, dass Erkenntnis auch in ihr selber lag – was übrigens auch die Gründer dieser Religionen predigten. Jetzt wurde alles, was sie sah, und alles, was sie tat, zu einem Akt der Dankbarkeit dafür, am Leben zu sein. Das reichte.

Der schlimmste Mord ist der, der an unserer Lebensfreude begangen wird.

＊

Sie ging in einen Coffee-Shop – wo man alle Sorten Marihuana und Haschisch kaufen konnte –, doch sie trank nur einen Kaffee und unterhielt sich ein wenig mit einer anderen jungen Holländerin, die wie sie nur einen Kaffee trank und die irgendwie deplatziert wirkte. Sie hieß Wilma. Gemeinsam überlegten sie, ins Paradiso zu gehen, verwarfen den Gedanken aber gleich wieder, vielleicht weil es an diesem Abend kein interessantes Konzert gab und auch, weil die Drogen, die man dort bekommen konnte, nicht besonders gut waren. Für Touristen mochte das Paradiso zwar interessant sein, nicht aber für jemanden, der sie immer zur Hand hatte.

»Eines Tages, in ferner Zukunft«, sagte Karla, »werden die Regierungen zu dem Schluss kommen, dass die beste Art, das Drogenproblem in den Griff zu bekommen, ist, alle Drogen freizugeben.« Ein großer Teil des Mythos von Haschisch bestehe darin, dass er verboten und deshalb begehrt sei.

»Nur hat an einer wirklichen Lösung des Drogenproblems niemand ein Interesse«, meinte Wilma. Die Regierenden verdienen Milliarden mit der Repression. »Sie spielen sich als Retter der Gesellschaft und der Familie auf. So gesehen ist es ein gutes politisches Programm – mit den Drogen Schluss zu machen. Doch sobald dieses Problem gelöst ist, welches können sie dann an dessen Stelle setzen? Mit der Armut Schluss machen vielleicht? Daran glaubt wohl niemand mehr.«

Karla sagte dazu nichts, und beide Frauen schauten schweigend in ihre Tassen. Karla dachte über den Film nach, den sie am Nachmittag gesehen hatte, und über das Buch

Der Herr der Ringe und ließ ihr Leben im Geiste Revue passieren. Sie hatte noch nie etwas wirklich Außergewöhnliches erlebt. Sie war in eine puritanische Familie hineingeboren worden, in eine protestantische Schule gegangen, kannte die Bibel in- und auswendig, hatte ihre Jungfräulichkeit noch als Heranwachsende mit einem ebenfalls jungfräulichen Holländer verloren, war eine Zeitlang durch Europa getrampt, hatte mit zwanzig eine Arbeit gefunden (inzwischen war sie dreiundzwanzig). Ihr Leben erschien ihr langweilig und gleichförmig. Um ihre Eltern zu ärgern, war sie zum Katholizismus konvertiert und aus dem gleichen Grund von zu Hause ausgezogen. Sie hatte eine Reihe von Freunden gehabt, aber ihre intimen Beziehungen dauerten immer nur zwischen zwei Tagen und zwei Monaten. Sie fand, dass Rotterdam mit seinen grauen Straßen, seinen Kränen und seinem Hafen an ihrem öden Leben schuld war. Hätte sie sich allerdings die Mühe gemacht, sich einmal im Hafen umzusehen, hätte sie bemerkt, dass dieser zweifellos interessantere Geschichten zu bieten gehabt hätte als die, die ihre Freunde für gewöhnlich erzählten.

Nur ein Mal hatte sie sich aus ihrer Routine gelöst, nämlich als sie sich hoffnungslos in einen zehn Jahre älteren Franzosen verliebte. Sie hatte sich eingeredet, dass sie es schaffen würde, aus ihrer überwältigenden Liebe zu ihm auch eine überwältigende gegenseitige Liebe zu machen. Dabei wusste sie sehr gut, dass der Franzose nur an Sex interessiert war. Eine Woche später verließ sie ihn, in Paris, weil sie zu dem Schluss gekommen war, dass es keinen Grund gab, warum Liebe in ihrem Leben überhaupt eine wichtige Rolle spielen sollte. Zudem sagte sie sich, dass

Liebe ohnehin eine Art Krankheit sei, weil alle Leute, die sie kannte, früher oder später die Liebe zu etwas ganz anderem zähmten: heiraten, Kinder kriegen, kochen, nicht mehr allein fernsehen, ins Theater gehen und verreisen müssen. Und beim Aufziehen der Kinder nicht mitbekommen, dass der Partner oder die Partnerin sie betrog, sich einreden können, dass Kinder die einzige Daseinsberechtigung seien, was aus ihnen wurde und wie erfolgreich ihr Leben verlief. Ansonsten war nur wichtig, mit wem man abends in welches Restaurant ging.

Damit ließ sich für ein paar weitere Jahre das Gefühl verlängern, auf dieser Erde nützlich zu sein, bis die Kinder früher oder später auszogen. Zurück blieb ein leeres Haus, in das nur sonntags wieder Leben einkehrte, wenn nämlich die ganze Familie um den Tisch versammelt war und alle so taten, als wäre alles wunderbar. Dabei warfen sie mit unsichtbaren Messern aufeinander. Ich verdiene übrigens mehr als du, meine Frau ist Architektin, wir haben gerade ein Haus gekauft, so eins könnt ihr euch nicht vorstellen …

Vor zwei Jahren hatte Karla dann eingesehen, dass es die völlige Freiheit im Leben nicht gab. Sie hatte begonnen, über den Tod nachzudenken, damit geliebäugelt, in ein Kloster einzutreten und zu diesem Zweck ein Kloster der barfüßigen Karmeliterinnen besucht, die überhaupt keinen Kontakt zur Außenwelt haben. Der Mutter Oberin, die sie empfing, sagte sie, sie sei getauft, habe Christus entdeckt und wolle bis zum Ende ihres Lebens seine Braut sein. Diese riet ihr, sich ihr Vorhaben erst einen Monat lang zu überlegen, bevor sie einen so weitreichenden Entschluss fasse. Während dieses Monats hätte sie dann Zeit genug, sich vorzustellen, wie sie in einer Zelle leben, von morgens bis abends beten, immer dieselben Worte wiederholen und am Ende vielleicht feststellen würde, dass sie außerstande wäre, ein solches Leben zu führen, in dem die Rituale sie möglicherweise um den Verstand brächten.

Die Mutter Oberin hatte recht behalten. Karla kehrte nie mehr in das Kloster zurück. So schlimm ein Leben in absoluter Freiheit auch war, es erlaubte ihr zumindest, Dinge zu entdecken, die sie noch tun konnte.

Ein Matrose aus Bombay – ein ausnahmsweise ausgezeichneter Liebhaber – führte sie dann in die orientalische Mystik ein. Sie begann sich vorzustellen, dass es ihr Schicksal sei, weit weg zu gehen, in einer Höhle im Himalaya zu leben, wo vielleicht irgendwann die Götter mit ihr reden würden. Sie würde all das zurücklassen, was sie jetzt umgab und ihr langweilig vorkam, sterbenslangweilig.

Sie fragte Wilma, wie *sie* denn Amsterdam finde.

»Langweilig. Sterbenslangweilig.« Ganz genau. Nicht nur Amsterdam, sondern die Niederlande insgesamt. Von der Wiege bis zum Grab gab es ein Leben in Sicherheit. Es gab ein Königshaus, aber in letzter Zeit nur Königinnen – die Königinmutter Wilhelmina, die regierende Königin Juliana und Kronprinzessin Beatrix. Während in den USA die Frauen ihre Büstenhalter verbrannten und Gleichberechtigung einforderten, lebte Karla – die keinen Büstenhalter trug, obwohl ihre Brüste nicht gerade klein waren – in einem Land, in dem diese Gleichberechtigung schon lange und ohne viel Lärm erkämpft worden war. Schon Karlas Vorfahren waren überzeugt gewesen, dass in Wahrheit Frauen die Macht innehaben. Sie beherrschen ihre Männer und ihre Kinder, ihre Präsidenten und ihre Könige, die ihrerseits allen den Eindruck vermitteln wollen, dass sie ausgezeichnete Generäle, Staatschefs oder Unternehmer sind.

Männer. Sie glauben, sie beherrschen die Welt, und sind doch außerstande, einen Schritt zu tun, ohne beständig ihre Lebensgefährtin, Geliebte, Freundin oder Mutter um deren Meinung zu fragen.

Karla musste einen radikalen Schritt wagen, ein bislang unerforschtes inneres oder äußeres Land entdecken und aus diesem Überdruss ausbrechen, der ihre Kräfte Tag für Tag aufzehrte.

Sie hoffte, dass die Wahrsagerin recht hatte. Doch selbst wenn die angekündigte Person nicht wie versprochen am nächsten Tag käme, würde Karla dennoch nach Nepal reisen, allein, selbst auf die Gefahr hin, zu einer »weißen Sklavin« gemacht und an den dicken Sultan eines Landes verkauft zu werden, in dem Harems üblich waren. Obwohl sie ihre Zweifel daran hatte, dass sie dies mit einer Holländerin machen würden, die gelernt hatte, sich zu verteidigen.

Nachdem sie sich für den nächsten Tag mit Wilma im Paradiso verabredet hatte, verabschiedete sie sich von ihr und ging zu ihrer Schlafstätte, wo sie die Nächte der ewiggleichen Tage in Amsterdam verbrachte. Ihr Weg führte durch Gassen, die so eng waren, dass sie keine Bürgersteige hatten. Dabei horchte sie angespannt auf irgendein Zeichen. Sie wusste nicht, was sie erwartete, aber Zeichen sind nun einmal so, sie kommen überraschend und versteckt in ganz alltäglichen Dingen.

Feiner Regen auf ihrem Gesicht holte sie in die Realität

zurück. Sie spürte, dass sie lebte, vollkommen ungefährdet durch dunkle Gassen ging, in denen sie Drogendealern aus Surinam begegnete, die im Dunkeln tätig waren. Für Konsumenten waren diese allerdings eine echte Gefahr, weil sie Teufelsdrogen anboten: Kokain und Heroin.

Sie überquerte einen Platz – anders als in Rotterdam schien es in Amsterdam an jeder Ecke einen Platz zu geben. Der Regen wurde stärker, dennoch lächelte sie.

Sie betete stumm, ohne protestantische oder katholische Worte, dankbar für das Leben, über das sie sich noch kurz zuvor beklagt hatte. Sie liebte den Himmel und die Erde, die Bäume und die Tiere, bei deren Anblick sich schon die Widersprüche in ihrer Seele lösten und ein tiefer Friede alles einhüllte. Kein Friede infolge fehlender Herausforderungen, sondern ein innerer Friede, der sie auf ein Abenteuer vorbereitete, das zu erleben sie fest entschlossen war, unabhängig davon, ob sie eine Begleitung fand oder nicht. Denn sie wusste, dass die Engel sie begleiteten und Lieder sangen, die sie nicht hören konnte, die aber ihr Gehirn in Schwingungen versetzten und es von unreinen Gedanken befreiten, sie mit ihrer Seele in Kontakt treten ließen und »ich liebe dich« zu ihr sagten, obwohl sie die wahre, gegenseitige Liebe noch nicht kennengelernt hatte.

Plötzlich begann sie sich dafür schuldig zu fühlen, weil es ihr so gutging. Sie lebte in einem Land, auf dessen Gesetze sie stolz war und das die größte Konzentration an Museen weltweit besaß. Und sie war auch stolz auf ihre Vorfahren, die zur See gefahren waren, obwohl die meisten Menschen sich nur an die Spanier und Portugiesen als große Seefahrernationen erinnerten.

Die Niederländer hatten im Laufe der Geschichte nur ein einziges schlechtes Geschäft gemacht: Sie hatten die Insel Manhattan an die Amerikaner verkauft. Aber niemand ist vollkommen.

Der Nachtwächter öffnete die Tür zur Schlafstätte. Karla trat ein und versuchte, so wenig Lärm wie möglich zu machen. Bevor sie einschlief, dachte sie an das Einzige, was ihr Land nicht zu bieten hatte: Berge.

Ja, sie würde zu den Bergen reisen, weit weg von diesen weiten Ebenen, die die Niederländer dem Meer abgetrotzt hatten.

*

Karla beschloss, früher als sonst aufzustehen. Sie war schon um elf Uhr vormittags angezogen und bereit auszugehen, wohingegen ihre normale Aufstehzeit ein Uhr nachmittags war. Heute war der Tag, an dem sie der Wahrsagerin zufolge demjenigen begegnen würde, auf den sie wartete. Leyla konnte sich nicht geirrt haben, denn sie beide waren gestern in eine geheimnisvolle Trance gefallen. Was Leyla gesagt hatte, waren nicht ihre eigenen Worte gewesen, sondern die einer größeren Seele, die durch sie sprach.

Noch waren nicht viele Leute auf dem Dam; der größte Andrang begann gewöhnlich erst nachmittags. Aber Karla sah endlich – ein neues Gesicht.

Er trug die Haare lang wie alle anderen, eine Jacke ohne viele Aufnäher (bis auf einen einzigen, auffälligen: eine Fahne und darüber die Aufschrift »Brasilien«), eine in Südamerika angefertigte bunte Tasche, die er quer übergehängt hatte. Solche Taschen waren ebenso wie Ponchos und Mützen, die die Ohren bedeckten, unter den jungen Weltreisenden gerade in Mode. Er rauchte eine Zigarette, denn als sie nah an ihm vorbeiging, roch sie nichts außer Tabak.

Er war intensiv damit beschäftigt, nichts zu tun, schaute auf das Gebäude am anderen Ende des Platzes und auf die Hippies ringsum.

Er hätte sicher gern jemanden angesprochen, aber seine Blicke verrieten, dass er schüchtern war – sogar äußerst schüchtern.

Sie setzte sich in sicherem Abstand so hin, dass sie ihn im Auge behalten und er nicht weggehen konnte – nicht bevor sie versucht hatte, ihn zu einer Reise nach Nepal zu bewegen. Wenn er schon durch Brasilien und durch andere südamerikanische Länder gereist war, worauf seine Tasche hinwies, wieso sollte er dann nicht daran interessiert sein, noch weiter zu reisen? Er musste etwa so alt sein wie sie, wenig Erfahrung haben, und es würde nicht schwer sein, ihn zu überzeugen. Ob er hübsch oder hässlich war, dick oder dünn, groß oder klein, war für sie ohne Bedeutung. Ihr war nur wichtig, jemanden zu haben, der sie auf ihrem Abenteuer begleitete.

Paulo war die schöne Hippie-Frau bereits aufgefallen, die so nah an ihm vorbeigekommen war. Und wäre da nicht seine lähmende Schüchternheit gewesen, hätte er vielleicht gewagt, sie anzulächeln. Aber er brachte den Mut dazu nicht auf. Die junge Frau wirkte abwesend. Vielleicht wartete sie ja auf jemanden oder wollte nur dasitzen und den Vormittag genießen, an dem zwar keine Sonne schien, es jedoch auch nicht zu regnen drohte.

Paulo konzentrierte sich wieder auf das Gebäude, dem er gegenübersaß, einem wahren architektonischen Wunderwerk, das *Europe on Five Dollars a Day* als einen königlichen Palast beschrieb, der auf 13 659 Pfählen gebaut war (dem Reiseführer zufolge war sogar die ganze Stadt auf Pfählen errichtet, obwohl Paulo sich nicht recht vorstellen konnte, wie). Das Palasttor war unbewacht, und Touristen gingen hinein oder kamen heraus – endlose Schlangen. Es war genau die Art von Sehenswürdigkeit, die er niemals besichtigen würde.

Wir spüren immer, wenn uns jemand anschaut. Paulo wusste, dass die schöne Hippie-Frau, die außerhalb seines Sichtfeldes saß, die Augen fest auf ihn gerichtet hatte. Er drehte sich zu ihr um, und tatsächlich war sie da und schaute ihn an, begann aber in einem Buch zu lesen, sobald ihre Blicke sich getroffen hatten.

Was tun? Eine halbe Stunde lang überlegte Paulo, ob er aufstehen und sich neben sie setzen sollte – was man in Amsterdam (wenn auch nicht anderswo in den Niederlanden, wo man die Privatsphäre des anderen respektierte) und speziell in der Hippieszene erwartete, wo Leute ohne sich dafür zu entschuldigen oder Erklärungen abzugeben einfach so Kontakt miteinander aufnahmen, nur weil sie Lust auf eine Unterhaltung hatten. Nach einer halben Stunde, in der er sich tausendmal gesagt hatte, er hätte überhaupt nichts zu verlieren, es wäre ja weder das erste noch das letzte Mal, dass er sich eine Abfuhr einhandelte, erhob er sich und ging zu ihr. Sie hatte den Blick fest auf ihr Buch gerichtet.

Karla sah, dass er näher kam. Er setzte sich neben sie und sagte das Blödsinnigste, was man sagen kann:

»Entschuldige …«

Sie sah ihn nur an, wartete auf den Rest des Satzes, der aber nicht kam. Es vergingen fünf Minuten peinlichen Schweigens, bis sie beschloss, die Initiative zu ergreifen.

»Was soll ich entschuldigen?«

»Nichts.«

Aber zum Glück sagte er jetzt nicht so was Dröges wie »Ich hoffe, ich habe dich nicht gestört« oder »Was für ein Gebäude ist das dort vorn?« oder »Wie hübsch du bist!« oder »Aus welchem Land kommst du?« oder »Wo hast du dieses Kleid gekauft?« oder etwas ähnlich Schwachsinniges.

Sie beschloss, etwas nachzuhelfen, denn ihr Interesse an ihm war größer, als der junge Mann ahnen konnte.

»Warum hast du die Landesfahne von Brasilien auf dem Ärmel?«

»Für den Fall, dass ich anderen Brasilianern begegne – ich

komme nämlich von dort. Ich kenne niemanden hier, und da dachte ich, vielleicht lerne ich so andere, interessante Leute kennen.«

Hatte der junge Mann mit den schwarzen Augen, der eigentlich intelligent wirkte, tatsächlich den Atlantik überquert, um im Ausland mit anderen Brasilianern abzuhängen?

Das wäre wirklich der Gipfel der Absurdität! Doch Karla wollte ihm eine zweite Chance geben. Sie könnte weiter mit ihm reden und später auf das Thema Nepal zu sprechen kommen, oder ihn für immer abschreiben und sich mit der Begründung, sie hätte noch eine Verabredung, woanders hinsetzen oder auch einfach gehen.

Dass sie weiter neben Paulo – so hieß der junge Mann – sitzen blieb, sollte ihr Leben vollkommen verändern.

Denn so ist es mit der Liebe – obwohl sie das Letzte war, an das Karla in diesem Augenblick gedacht hätte. Paulo und Karla blieben nebeneinander sitzen, und die Wahrsagerin behielt recht. Die innere und die äußere Welt trafen einander ganz schnell. Möglicherweise fühlte auch Paulo das, aber er war ganz offensichtlich zu schüchtern, um es auszusprechen, oder vielleicht wollte er auch nur einen Joint rauchen oder sah in Karla nur eine potenzielle Bettgefährtin, die mit ihm in den Vondelpark ging, um Sex zu haben, und sich anschließend von ihm verabschiedete, als sei außer einem Orgasmus nichts Besonderes gewesen.

Wie sollte man nach ein paar Minuten merken, wie jemand ist oder nicht ist? Selbstverständlich merken wir, wenn uns jemand abstößt, und gehen sofort auf Distanz. Aber das war bei Karla in Bezug auf Paulo ganz und gar nicht der Fall. Der junge Brasilianer war mager, aber sein Haar wirkte gepflegt, und er roch angenehm nach Seife, was darauf schließen ließ, dass er am Morgen geduscht hatte.

Von dem Augenblick an, in dem er sich neben sie gesetzt hatte, fühlte Karla sich wohl. Sie war nicht mehr allein. Und ihm ging es ebenso. Sie gehörten zusammen, ohne dass darüber ein Wort verloren wurde, und es war beiden nicht bewusst. Die verborgenen Gefühle waren noch nicht offenbar geworden. Es war dies der Augenblick, in dem viele Beziehungen, die sich zu einer großen Liebe entwickeln könnten, scheiterten, bevor sie begannen. Entweder weil die Seelen, die sich hier begegneten, bereits wussten, wohin sie gemeinsam gehen würden, und genau das ihnen Angst machte. Oder weil wir so konditioniert sind, dass wir den Seelen nicht die Zeit geben, einander kennenzulernen, weil wir immer auf der Suche nach »etwas Besserem« sind und so die Chance unseres Lebens verpassen.

Karla ließ ihre innere Welt zu Wort kommen oder ihre Seele. Manchmal werden wir jedoch von ihnen in die Irre geführt, weil auch auf die Seele nicht immer Verlass ist. Weil sie manchmal etwas akzeptiert, was es in Wahrheit gar nicht gibt, weil sie versucht, dem Verstand zu gefallen, und absichtlich nicht das beachtet, was Karla für immer wichtiger hielt: die innere Erkenntnis. Ihr scheinbares Ich, das, was man zu sein glaubt, ist nur ein begrenztes und dem wahren Ich fremd. Deshalb haben die Menschen so viel Mühe, zu verstehen, was ihre Seele ihnen sagen will. Und deshalb auch versuchen alle immer, sie zu kontrollieren, damit sie genau das tut, was sie nach Meinung der Menschen tun soll. Aber nur ohne eine solche Kontrolle können alle Wünsche und

Hoffnungen für die Zukunft erfüllt werden. Wer sagen will: »Ich habe endlich die Liebe meines Lebens gefunden«, darf keine Angst davor haben, allein in einem Altersheim zu enden.

Sie konnte sich nicht weiter selber täuschen. Sie war sich ihrer Gefühle nicht sicher und versuchte deshalb, ohne viele Rechtfertigungen und Erklärungen die Dinge einfach auf sich wirken zu lassen. Ihr war bewusst, dass sie endlich den Schleier lüften musste, der ihr Herz bedeckte, aber sie wusste nicht wie und würde das auch nicht so schnell herausbekommen. Ideal wäre, Paulo auf Distanz zu halten, bis sie genauer wusste, wie sie beide sich in den nächsten Stunden oder Tagen oder Jahren verhalten würden – nein, in Jahren dachte sie nicht, denn ihr Ziel war immer noch eine Höhle bei Kathmandu, wo sie allein sein und in Kontakt mit dem Universum treten könnte.

Ihm, Paulo, dagegen hatte sich seine Seele noch nicht offenbart, und er wusste nicht, ob diese junge Frau vielleicht
von einem Augenblick zum anderen wieder verschwinden
würde. Er wusste auch nicht, was er noch sagen sollte, und
deshalb schwieg er. Karla schwieg ebenfalls. Beide hatten
das Schweigen akzeptiert und starrten vor sich hin, ohne
wirklich etwas zu sehen. Und während die Menschen um
sie herum hungrig aufstanden und in Schnellimbissen und
Restaurants verschwanden oder sich von vollbesetzten
Straßenbahnen nach Hause zum Mittagstisch fahren ließen,
schauten Paulo und Karla weiter ins Leere und waren mit
ihren Gefühlen in einer anderen Dimension.

»Möchtest du Mittag essen gehen?«

Paulo, der die Frage als Einladung verstand, reagierte
freudig überrascht. Wie kam ein so hübsches junges Mädchen bloß auf die Idee, einfach so mit ihm essen zu gehen?
Sein Aufenthalt in Amsterdam ließ sich wahrlich gut an.

Er hatte nichts weiter geplant, und oft, wenn die Dinge
ungeplant und unerwartet geschehen, sind sie am Ende an-
genehmer und chancenreicher. Sich einfach mit einer Fremden zu unterhalten, ohne sofort nur an eine romantische
Beziehung zu denken, ließ alles sich natürlich entwickeln.

War sie solo? Wie kam es, dass sie sich für ihn interessierte? Und was musste er tun, damit das möglichst lange so blieb?

Nichts. Ihm fiel nichts ein, was er sagen oder tun könnte. Obwohl Paulo gerade erst etwas gegessen hatte, wollte er sehr gern mit Karla zu Mittag essen. Er hoffte nur, dass sie kein zu teures Restaurant aussuchen würde, sein Geld musste schließlich noch ein weiteres Jahr, nämlich bis zu dem Datum auf seinem Rückflugticket, reichen.

Pilger, du bist durcheinander, beruhige dich.
Nicht alle, die gerufen wurden, sind auserwählt.
Nicht jeder schläft mit einem Lächeln auf den Lippen.
Nicht jeder wird sehen, was du gerade siehst.

Selbstverständlich müssen wir teilen und uns mitteilen. Selbst wenn es dabei um Informationen geht, die alle bereits kennen, ist es wichtig, nicht der Täuschung zu erliegen, das Ende der Reise allein erreichen zu können. Wer trotzdem allein aufbricht, wird ein leeres, vollkommen uninteressantes Paradies erreichen und schon bald an Langeweile sterben.

Wir können nicht einfach die Lichter, die unseren Weg beleuchten, an uns nehmen und davontragen.

Tun wir dies, tragen wir zwar viel Licht in unserem Gepäck, doch niemand wird uns auf unserem Weg folgen und uns Gesellschaft leisten können.

Paulo fiel es schwer, sich zu beruhigen – er musste alles genau registrieren, was er um sich herum sah. Straßen, auf denen man nicht ständig angehalten und kontrolliert wurde, eine Revolution ohne Waffen, eine Welt, die – unabhängig vom Alter der Menschen und von ihren religiösen und politischen Überzeugungen – plötzlich wieder jung war und von vorn anfing. Die Sonne war aufgegangen, als wollte sie eine Zeit der Erneuerung ankündigen, in der sich alle Menschen veränderten. In naher Zukunft würden sie nicht mehr von der Meinung der anderen abhängig sein, sondern nach ihren eigenen Überzeugungen leben.

Orange gekleidete Menschen, die mitten auf der Straße tanzten und sangen, daneben auch völlig bunt gekleidete Menschen. Ein junges Mädchen, das lächelnd Rosen an Passanten verteilte und dadurch ein Strahlen auf deren Gesichter zauberte. Ja, das Morgen würde besser sein, kein Zweifel, trotz allem, was zu Hause in Lateinamerika oder anderswo geschah. Man konnte nicht in die Vergangenheit zurückkehren und wieder zulassen, dass Moralismus, Heuchelei und Lüge das Leben der Menschen bestimmten. Paulo erinnerte sich daran, wie er im Zug seine inneren Dämonen ausgetrieben hatte, und an die vielstimmige Kritik, die er sich zu Hause immer hatte anhören müssen. Er erinnerte sich daran, wie seine Eltern seinetwegen gelitten hatten, und hätte sie am liebsten sofort angerufen, um zu sagen:

Macht euch keine Sorgen, ich bin glücklich, und bald werdet ihr endlich begreifen, dass ich nicht dazu geboren wurde, auf die Universität zu gehen, ein Diplom zu machen und mir eine Anstellung zu suchen. Ich bin dazu geboren, frei zu sein. Ich werde immer irgendwie klarkommen, werde immer irgendetwas zu tun haben und immer irgendwie Geld verdienen. Irgendwann werde ich vielleicht heiraten und eine Familie gründen, aber jetzt ist nicht der Augenblick dafür. Jetzt ist die Zeit des Suchens, die Zeit, nur in der Gegenwart zu leben, im Hier und Jetzt, mit der Fröhlichkeit eines

Kindes, dem Jesus das Himmelreich zuerkannt hat. Falls es notwendig sein sollte, kann ich als Bauer arbeiten, und ich werde das klaglos tun, weil es mir erlauben wird, in Kontakt mit der Erde, der Sonne und dem Regen zu sein. Falls es notwendig sein sollte, werde ich mich eines Tages auch in ein Büro einschließen lassen und auch dies klaglos tun, weil ich andere Menschen an meiner Seite haben werde. Wir werden eine Gruppe bilden, und die wird herausfinden, wie gut es ist, sich gemeinsam an einen Tisch zu setzen und zu reden, zu beten, zu lachen und die immer gleiche Arbeit hinter sich zu lassen. Falls es notwendig sein sollte, allein zu bleiben, bleibe ich eben allein. Falls ich mich verliebe und beschließe zu heiraten, werde ich auch heiraten, denn ich bin sicher, dass meine Frau die Liebe meines Lebens sein und meine Freude als die größte Segnung entgegennehmen wird, die ein Mann einer Frau geben kann.

*

Sie schlenderten gemeinsam durch Amsterdam. Unvermittelt blieb die junge Frau stehen und kaufte an einem Stand Blumen, die sie zu zwei lockeren Kränzen band und einen davon ihm und einen sich selbst aufs Haar setzte. Weit davon entfernt, lächerlich zu sein, war dies eine Geste, die kleinen Siege im Leben zu feiern, ähnlich wie einst die Griechen ihre Sieger und Helden anstatt sie mit Gold zu überhäufen mit Lorbeerkränzen geschmückt hatten. Kränze mochten irgendwann welken und vergehen, aber dafür wogen sie nicht so schwer wie echte, königliche Kronen und mussten auch nicht ständig bewacht werden.

Viele, denen Karla und Paulo begegneten, trugen ebenfalls Blumen im Haar. Einige spielten Blockflöte, andere Geige, Gitarre oder Sitar. Ein bunter Klangteppich lag über allem, der ganz selbstverständlich zu dieser bürgersteiglosen Straße passte, auf der sie gerade entlanggingen und auf der wie überall hier viele Fahrräder unterwegs waren. Paulo kam es so vor, als verginge die Zeit mal langsam, mal noch schneller, und er fürchtete, dass sie immer noch schneller werden könnte und dann der Traum plötzlich zu Ende sein würde.

Denn er fühlte sich auf dieser Straße tatsächlich wie in einem Traum – allerdings einem Traum, der von Personen aus Fleisch und Blut bevölkert war. Alle redeten in den unterschiedlichsten Sprachen miteinander und lächelten die schöne Frau an seiner Seite an. Und sie lächelte zurück, was er zuerst eifersüchtig, dann voller Stolz registrierte – schließlich war ja er der Glückliche, den sie auserwählt hatte.

Einige boten Weihrauchstäbchen, Armbänder, bunte Jacken feil, die wahrscheinlich in Peru oder Bolivien hergestellt worden waren, und er hätte ihnen am liebsten alles abgekauft, weil sie sein Lächeln erwiderten und ihn nicht wie die Verkäufer in den Läden zum Kaufen drängten. Wenn er ihnen etwas abkaufte, würde ihnen das vermutlich eine weitere Nacht, einen weiteren Tag im Paradies, ermöglichen – obwohl ihm klar war, dass sie alle ohnehin Überlebenskünstler waren. Aber er musste auch lernen, wie man in dieser Stadt überleben konnte, bis das Flugticket in seiner Tasche, die er mit dem Gummiband um die Taille und unter seiner Hose trug, eines fernen Tages schwer zu wiegen beginnen und ihm bedeuten würde, dass es Zeit war, aus seinem Traum zu erwachen und in die Realität zurückzukehren.

In eine Realität, die mancherorts in den Straßen und Parks in Form von Fotos zu Tage trat, die andere junge Leute auf kleinen Tischen ausstellten und die die Grausamkeiten zeigten, die gerade in Vietnam begangen wurden. Eins davon zeigte beispielsweise einen General, der kaltblütig einen Vietcong erschoss. Die jungen Leute forderten die Passanten auf, ein Protestschreiben zu unterzeichnen, was ausnahmslos alle taten.

In diesem Augenblick wurde Paulo klar, dass die Zeit der Erneuerung erst an ihrem Anfang stand und es noch lange dauern würde, bis die ganze Welt davon erfasst würde. Doch jeder dieser jungen Menschen würde nie vergessen, was sie hier gerade erlebten, und wenn sie dereinst in ihre Länder zurückkehrten, würden sie die Botschaft von Frieden und Liebe mitnehmen und dort verkünden. Denn diese neue Welt war möglich, eine Welt frei von Unterdrückung, von Hass, von Männern, die ihre Frauen schlugen, von Folterern, die Menschen kopfüber aufhängten, um sie langsam zu töten …

Sosehr sich Paulo über die Ungerechtigkeit in der Welt empörte, so war doch für ihn jetzt eine Zeit des Ausruhens gekommen, in der er wieder neue Energie tanken musste. Einen Großteil seiner Jugend hatte er in ständiger Angst verbracht. Doch jetzt schien der Augenblick gekommen, angesichts des unbekannten Weges, der vor ihm lag, neuen Mut zu fassen.

*

Sie gingen in einen der zig Läden, die Pfeifen, bunte Schals, orientalische Bilder und Aufnäher verkauften. Paulo erstand, was er gesucht hatte: ein paar sternförmige Buttons, die er an seine Jacke heften würde, wenn er an seinem Schlafplatz war.

In einem der vielen Parks sah er drei junge Frauen mit nackten Oberkörpern und geschlossenen Augen, der Sonne zugewandt, in einer Yogastellung. Inzwischen neigte sich der Tag dem Abend zu, und aus den Büros strömten auch viele ältere Leute, von denen sich jedoch keiner nach den jungen Frauen umdrehte – denn Nacktheit wurde hier weder bestraft noch unterdrückt, jeder war Herr seines Körpers und machte damit, was er wollte.

Und die T-Shirts waren wandelnde Botschaften mit Fotos der neuen Idole – Jimi Hendrix, Jim Morrison, Janis Joplin – und den Botschaften der Zeit der Erneuerung:

Heute ist der erste Tag vom Rest deines Lebens.

Ein einfacher Traum ist mächtiger als tausend Wirklichkeiten.

Jeder Traum braucht einen Träumer.

Eine dieser Botschaften weckte Paulos besondere Aufmerksamkeit:

Der Traum ist etwas Spontanes und daher gefährlich für jene, die nicht den Mut haben zu träumen.

Genau. Das war es, was das System nicht tolerierte, doch am Ende würde der Traum siegen, und zwar noch bevor die Amerikaner in Vietnam besiegt werden würden.

Er glaubte das. Er hatte sich dafür entschieden, ein freies, verrücktes Leben zu führen, und wollte es jetzt intensiv ausleben. Er wollte hierbleiben, bis ihn eine innere Stimme aufforderte, etwas zu tun, das half, die Welt zu verändern. Sein Traum war, Schriftsteller zu werden, doch es war noch zu früh dafür, und er bezweifelte, dass Bücher genug Macht hätten, aber er würde sein Bestes tun, um aufzuzeigen, was die anderen noch nicht sahen.

Eines war für ihn sicher: Es gab kein Zurück, es gab jetzt nur noch den Weg des Lichts.

*

Er traf ein Paar aus Brasilien, Tiago und Tabita, die seinen Aufnäher mit der brasilianischen Flagge bemerkt hatten und sich als Landsleute zu erkennen gaben.

»Wir sind Kinder Gottes«, sagten sie und luden ihn ein, sie zu besuchen.

Aber alle seien doch Kinder Gottes, antwortete Paulo.

Ja schon, gaben Tiago und Tabita zurück, aber sie beide seien dem Kult Children of God beigetreten, dessen Gründer eine Erleuchtung gehabt habe. Wäre es nicht interessant für ihn, mehr darüber zu erfahren?

Paulo nahm sich fest vor, bei ihnen vorbeizuschauen – wenn Karla ihn, bevor der Tag endete, verließ, hätte er schon neue Freunde.

*

Sobald sie sich ein wenig entfernt hatten, packte Karla den Aufnäher auf seiner Jacke und riss ihn ab.

»Du hast doch gerade Sterne gekauft. Die sind viel schöner als Flaggen. Wenn du möchtest, helfe ich dir, sie zu einem ägyptischen Kreuz oder einem Friedenszeichen zu arrangieren und an deiner Jacke zu befestigen.«

»Das hättest du nicht tun dürfen. Du hättest mich selber entscheiden lassen sollen, ob ich den Aufnäher auf dem Ärmel weiterhin tragen möchte oder nicht. Jetzt weiß ich jedenfalls, wie du tickst! Falls du glaubst, du könntest über mich bestimmen und mich kontrollieren, weil du denkst, ich sei von dir abhängig, weil ich hier bis jetzt nur dich kenne, dann trennen wir uns am besten hier und jetzt. Ein billiges Restaurant finde ich auch ohne dich.«

Seine Stimme war schroff geworden. Aber Karla gefiel überraschenderweise seine Reaktion. Paulo war keiner dieser Schwachköpfe, die brav taten, was man ihnen sagte. Und er war offensichtlich doch nicht so unerfahren, wie sie ihn eingeschätzt hatte.

Sie gab ihm den Aufnäher zurück.

»Dann bewahre ihn eben irgendwo auf. Es ist unhöflich, in einer Sprache loszureden, die nicht alle verstehen, und es zeugt von einem Mangel an Phantasie, von so weit herzukommen, nur um mit Leuten zu reden, die du auch zu Hause treffen kannst. Wenn du wieder Portugiesisch sprichst, spreche ich eben Niederländisch, und das war's dann.«

*

Das Restaurant war nicht nur billig: es war GRATIS! Dieses magische Wort macht gemeinhin alles gleich noch schmackhafter.

»Wer unterhält das hier? Die niederländische Regierung?«, wollte Paulo wissen.

»Die Regierung lässt zwar nicht zu, dass auch nur einer

ihrer Bürger Hunger leidet, aber in diesem Fall kommt das Geld von George Harrison, der wie wir der Hare-Krishna-Bewegung angehört«, beantwortete statt Karla einer der orange gekleideten Anwesenden Paulos Frage.

Karla hörte der Erklärung leicht genervt zu. Der zuletzt schweigend zurückgelegte Fußmarsch hatte bestätigt, was die Wahrsagerin am Tag zuvor gesagt hatte: Dieser junge Mann war der perfekte Begleiter für die Reise nach Nepal. Er redete nicht viel, versuchte nicht, ihr seine Meinung aufzudrängen, konnte aber gut für seine Meinung einstehen, wie die kleine Irritation mit dem Aufnäher gezeigt hatte. Jetzt musste sie nur noch den richtigen Augenblick abpassen, um das Thema Nepal anzusprechen.

Sie gingen ans Büffet, nahmen sich von den unterschiedlichen vegetarischen Köstlichkeiten und hörten, wie der orange gekleidete junge Mann von eben auch anderen Neuankömmlingen erklärte, wer die Betreiber des Restaurants waren. Wahrscheinlich gab es viele Hare-Krishna-Anhänger, und es war vermutlich nicht schwer, junge Leute, besonders hier im Westen, davon zu überzeugen, sich ihnen anzuschließen, da viele von ihnen gerade von allem fasziniert waren, was aus Indien und anderen fernöstlichen Ländern kam.

»Ihr seid auf dem Weg hierher sicher schon vielen von uns begegnet«, sagte ein deutlich älterer Glaubensgenosse mit weißem Bart und so verklärtem Gesichtsausdruck, als hätte er noch nie im Leben gesündigt. »Der ursprüngliche Name unserer Glaubensbewegung ist sehr kompliziert, also könnt ihr uns einfach Hare Krishna nennen, denn als solche sind wir bekannt. Wir glauben, dass ein ständiges Wiederholen von *Hare Krishna / Hare Rama* unseren Geist allmählich leert und Platz für neue Energie schafft. Wir glauben, dass alles eins ist, dass wir eine kollektive Seele haben und jeder Tropfen Licht in unserer Seele schließlich die dunklen Stellen ringsum erleuchten wird. So. Und wer möchte, kann am Ausgang ein Exemplar des *Bhagavad Gita* mitnehmen und eine Karteikarte als Aufnahmeantrag ausfüllen. Es wird euch an nichts fehlen – weil das der Erleuchtete vor dem großen Kampf versprochen hat, als einer der Krieger Schuldgefühle hatte, weil er an einem Bruderkrieg teilnahm. Der Erleuchtete sagte: Nur der Körper ist vergänglich; der unvergängliche, ungeborene, ewige Geist im Menschen aber kann nicht getötet werden. Unsere Pflicht als Krieger ist es, einen gerechten Kampf zu führen.«

Er holte ein Exemplar des betreffenden Buches und blätterte darin. Paulo betrachtete den Guru interessiert, und Karla schaute ebenso interessiert Paulo an. Sie erinnerte sich daran, das alles schon einmal gehört zu haben. »O Sohn Kuntis, entweder wirst du auf dem Schlachtfeld getötet werden und die himmlischen Planeten erreichen, oder du wirst siegen und so das irdische Königreich genießen. Erhebe dich daher und kämpfe mit Entschlossenheit.«

Der Guru schlug das Buch zu.

»Das müssen wir tun. Anstatt Zeit damit zu verlieren zu sagen, ›dies ist gut‹ oder ›dies ist schlecht‹, müssen wir unser Schicksal erfüllen. Das Schicksal hat euch heute hierhergeführt. Wer möchte, kann nach dem Essen mit uns hinaus auf die Straße gehen, um zu tanzen und zu singen.«

Paulos Augen leuchteten.

»Du hast doch nicht etwa vor, mit ihnen zu gehen?«, fragte Karla.

»Doch. Ich habe noch nie auf der Straße getanzt und gesungen.«

»Wusstest du, dass die Hare Krishna Sex nur in der Ehe erlauben und dann auch nur, um Kinder zu zeugen, nicht um Lust zu empfinden? Glaubst du, dass eine Gruppe, die sich für erleuchtet hält, etwas so Schönes ablehnen, verneinen und verurteilen kann?«

»Ich denke nicht an Sex, sondern an Tanz und Musik. Ich habe schon lange keine Musik mehr gehört und gesungen und spüre gerade, wie sehr mir beides fehlt.«

»Ich kann dich heute Abend zum Singen und Tanzen mitnehmen. Aber lass jetzt den Unsinn.«

Warum war das Mädchen so sehr an ihm interessiert? Sie könnte doch jeden Mann haben, den sie wollte und wann sie wollte.

»Kennst du *The House of the Rising Sun*?«, fragte er Karla unvermittelt.

Seine Frage konnte auf dreierlei Art interpretiert werden: Die erste wäre, ob sie den gleichnamigen Song von The Animals kenne. Die zweite, ob sie wisse, was der Song aussagte. Und die dritte, ob sie gern dorthin gehen wolle.

»Lass den Unsinn«, lautete Karlas einziger Kommentar.

Dieser Junge, von dem sie anfangs gedacht hatte, er sei so intelligent, charmant, schweigsam und einfach zu kontrollieren, schien alles falsch zu verstehen – zumal er unter *The House of the Rising Sun* offenbar einen Club verstand, wo es harte Drogen zu kaufen gab. Doch auch wenn sie es nicht wahrhaben wollte, sie brauchte ihn mehr als er sie.

»Also gut. Du gehst mit ihnen, und ich folge euch in sicherer Entfernung. Wir treffen uns später.«

Am liebsten hätte sie hinzugefügt, ›ich habe meine Hare-Krishna-Phase schon hinter mir‹, beherrschte sich aber, um denjenigen, den sie sich als Reisebegleiter ausgeguckt hatte, nicht zu vergraulen.

Was für eine Freude, aus voller Kehle zu singen und diesen orangegekleideten Menschen hinterherzutanzen, die Glöckchen anschlugen und innerlich Frieden gefunden zu haben schienen. Außer Paulo schlossen sich noch fünf andere der Gruppe an, und während sie durch die Straßen tanzten, kamen immer weitere hinzu. Hin und wieder vergewisserte sich Paulo durch einen Blick über die Schulter, dass die Holländerin ihm auch tatsächlich weiter folgte. Er wollte sie nicht verlieren, er fühlte sich auf geheimnisvolle Weise zu ihr hingezogen. Ja, Karla folgte in sicherem Abstand und vermied es deutlich, als zu den Mönchen oder angehenden Mönchen gehörig angesehen zu werden. Sie lächelte Paulo jedes Mal zu, wenn ihre Blicke sich begegneten.

Das unsichtbare Band zwischen ihnen wurde immer fester.

Unwillkürlich fühlte Paulo sich an eine Sage aus seiner Kindheit, *Der Rattenfänger von Hameln*, erinnert, dessen Hauptfigur sich an der Stadt, die er von ihrer Rattenplage befreite, die ihm aber den versprochenen Lohn schuldig blieb, dadurch rächte, dass er mit seiner Flöte sämtliche Kinder verzauberte und sie mit seiner Musik über alle Berge entführte. Etwas Ähnliches passierte jetzt mit ihm:

Er wurde wieder zu einem Kind und tanzte mitten auf der Straße. Alles war so anders als noch vor ein paar Jahren, als er sich in Bücher über Magie versenkte, komplizierte Rituale durchführte und meinte, sich so den wahren Avataren nähern zu können. Wer weiß, vielleicht war ihm das ja auch gelungen. Aber das Tanzen und Singen jetzt half, einen ähnlichen Bewusstseinszustand zu erreichen.

Durch das ständige Wiederholen des Mantras und des Herumspringens gelangte er zusehends in einen Zustand, in dem Verstand, Logik und seine unmittelbare Umgebung keine Bedeutung mehr hatten – sein Kopf war vollkommen leer, und er kam nur hin und wieder in die Wirklichkeit zurück, um zu überprüfen, ob Karla ihnen weiterhin folgte. Ja, sie war dort, und obwohl er sie erst seit drei Stunden kannte, wünschte er sich bereits, dass sie lange in seinem Leben bleiben würde.

Er spürte, dass es ihr genauso ging – sonst hätte sie ihn im Restaurant einfach stehenlassen.

Er verstand die Worte Krishnas an den Krieger Arjuna vor dem Kampf jetzt besser. Es war nicht genau das, was im Buch stand, sondern in Paulos Seele:

»*Kämpfe, weil es nottut zu kämpfen, weil dir eine Schlacht bevorsteht.*
Kämpfe, weil du in Harmonie mit dem Universum bist, mit den Planeten, den explodierenden Sonnen und den schrumpfenden Sternen, die für immer erlöschen.
Kämpfe, um dein Schicksal zu erfüllen, ohne an Gewinn oder finanziellen Verdienst, an Verlust oder Strategien, an Siege oder Niederlagen zu denken.

Versuche nicht, dich selber zu beschenken, sondern die Höhere Liebe, die nichts schenkt außer einem kurzen Kontakt mit dem Kosmos und als Gegenleistung vollkommene Hingabe verlangt – ohne Zweifel, ohne Fragen, allein durch den Akt des Liebens und nichts weiter. Eine Liebe, die niemandem etwas schuldet und zu nichts verpflichtet ist, die sich allein an der Tatsache erfreut, dass es sie gibt und sie sich offenbaren kann.«

*

Der Hare-Krishna-Zug erreichte jetzt den Dam und begann den Platz zu umrunden. Paulo beschloss, sich hier von den Hare Krishna zu trennen, damit sich das junge Mädchen, das ihm gefolgt war, wieder zu ihm gesellen konnte. Sie wirkte jetzt anders in seiner Gegenwart, entspannter, unbefangener. Die Sonne war jetzt nicht mehr so warm, er würde kaum mehr barbusige Mädchen sehen, aber so wie bei vielem, was er sich vorstellte, kam am Ende alles ganz anders. Beide bemerkten jetzt helle Lichter links von dem Platz, an den sie sich gesetzt hatten. Und da sie nichts weiter zu tun hatten, beschlossen sie, nachzuschauen, was da los war.

Scheinwerfer beleuchteten ein nacktes Model, das eine Tulpe hielt, die gerade noch ihre Scham bedeckte. Der Hintergrund war der Obelisk auf dem Dam. Ganz offensichtlich fand hier gerade ein Fotoshooting statt. Doch was genau und wozu?, wollte Karla von einem der geschäftig hin und her gehenden Beleuchtungsassistenten wissen.

»Ein Poster für die Tourismuswerbung«, lautete die Antwort.

»Sind das die Niederlande, die den Ausländern verkauft werden? Sind die Leute hier auf der Straße etwa nackt?«

Der Assistent ging weg, ohne weiter auf ihre Frage einzugehen. Da wurde das Shooting unterbrochen, und Karla wandte sich an einen anderen Assistenten, während die Maskenbildnerin hinzutrat, um die rechte Brust des Models nachzuschminken. Karla wiederholte ihre Frage. Der leicht gestresste Mann bat sie, nicht zu stören, aber Karla wusste, was sie wollte.

»Sie wirken angespannt. Worüber machen Sie sich Sorgen?«

»Über das Licht. Die Helligkeit nimmt schnell ab, und gleich liegt der Dam im Dunkeln«, war die Antwort des Assistenten, der die junge Frau loswerden wollte.

»Du bist nicht von hier, stimmt's? Der Herbst beginnt, und die Sonne wird noch bis um sieben Uhr scheinen. Außerdem habe ich die Macht, die Sonne anzuhalten.«

Der Mann schaute sie überrascht an. Sie hatte erreicht, was sie wollte: Aufmerksamkeit.

»Warum macht ihr ein Poster mit einer nackten Frau, die eine Tulpe vor ihre Scham hält? Sind das die Niederlande, die ihr der Welt verkaufen wollt?«

Spürbar verärgert stieß er hervor:

»Welche Niederlande? Wer sagt denn, dass du in den Niederlanden bist? Meinst du etwa das Land, in dem die Häuser niedrige, mit Spitzengardinen verhängte Fenster zur Straße haben, damit jeder sehen kann, was drinnen vorgeht, damit niemand sündigt, damit das Leben einer jeden Familie ein

93

offenes Buch ist? Ein Land, das vom Calvinismus beherrscht wird, demzufolge bis zum Beweis des Gegenteils alle Sünder sind und in dem allein die Gnade Gottes einige Erwählte retten kann? Du bist von hier und hast das nicht begriffen?«

Er zündete sich eine Zigarette an und sah, dass die eben noch angriffslustige junge Frau jetzt eingeschüchtert schwieg.

»Dies hier sind nicht die Niederlande, junge Frau, dies hier ist Amsterdam, mit Prostituierten in den Fenstern und Drogen auf den Straßen – von einer unsichtbaren Mauer umgeben. Wehe denen, die es wagen, diese Vorstellungen aus der Stadt in den Rest des Landes hinauszutragen. Sie werden nicht nur schlecht empfangen werden, sondern nicht einmal ein Hotelzimmer bekommen, wenn sie nicht anständig angezogen sind. Das weißt du doch, oder? Also geh weiter und lass uns arbeiten.«

Doch wer dann wegging, war nicht etwa Karla, sondern der Beleuchter. Karla sah aus, als hätte sie gerade einen Schlag ins Gesicht erhalten. Paulo versuchte sie zu trösten, aber sie sagte leise, wie zu sich selbst:

»Genau so ist es. Er hat recht. Genau so ist es.«

Wieso war es genau so? Der Zollbeamte an der Grenze hatte doch auch einen Ohrring getragen!

»Es gibt eine unsichtbare Mauer um die Stadt herum«, entgegnete sie. »Ihr wollt verrückt sein? Na schön, hier findet ihr einen Ort, wo jeder fast alles tun und lassen kann, was er möchte. Doch darf diese Grenze nur ja nie überschritten werden, denn sonst wird man entweder wegen Drogenhandels festgenommen, auch wenn man nur Konsument ist, oder wegen sexueller Belästigung. Sitte und

Moral müssen aufrechterhalten werden, oder dieses Land wird niemals vorankommen.«

Paulo war überrascht. Er entfernte sich ein wenig.

»Wir treffen uns hier wieder um neun – ich hatte dir ja versprochen, dich mitzunehmen, um RICHTIGE Musik zu hören und um zu tanzen.«

»Aber das musst du doch nicht ...«

»Doch, muss ich wohl. Lass mich nicht sitzen, mich hat noch nie ein Mann sitzen lassen.«

Karla hatte ihre Zweifel. Jetzt bedauerte sie, nicht beim Tanzen und Singen auf der Straße mitgemacht zu haben, weil sie Paulo dabei bestimmt nähergekommen wäre.

»Ich glaube seit je, was die Leute mir sagen, und am Ende bin ich enttäuscht«, meinte er. »Geht dir das etwa nicht so?«

Natürlich erging es ihr auch so, aber mit ihren dreiundzwanzig Jahren konnte sie sich besser behaupten. Wenn man anderen Menschen nicht vertraut, hat man nur eine einzige Option – jemand zu werden, der immer in der Defensive lebt, nicht liebt, keine Entscheidungen treffen kann, immer den anderen die Schuld dafür gibt, wenn etwas schiefläuft. Aber was war gut daran, so zu leben?

Wer Selbstvertrauen hat, vertraut auch anderen. Weil er weiß, dass er, wenn er verraten werden sollte – und er wird verraten werden, so ist nun mal das Leben –, selbstbewusst damit umgehen kann. Ein Teil dessen, was das Leben lebenswert macht, ist genau das: Risiken eingehen.

Bei dem Nachtclub mit dem vielversprechenden Namen Paradiso, in den Karla Paulo eingeladen hatte, handelte es sich in Wirklichkeit um ... eine Kirche. Eine Kirche aus dem 19. Jahrhundert, die einer lokalen religiösen Gruppe Zuflucht gewährt hatte, die schon Mitte der fünfziger Jahre merkte, dass sie nicht viele Menschen anzog, obwohl sie eine Art Reformkirche war. 1965 hatten die letzten Gläubigen wegen zu hoher Renovierungskosten das Gebäude aufgegeben. Zwei Jahre später wurde es von Hippies besetzt, die dort im Hauptschiff einen perfekten Ort für Diskussionen, Vorträge, Konzerte und politische Aktivitäten fanden ... bis sie von der Polizei hinausgeworfen wurden.

Doch da die Kirche weiterhin leerstand, kehrten die Hippies in großer Zahl zurück. Ein Treffen zwischen Vertretern der Langhaarigen und gutgekleideten Vertretern der Stadtverwaltung führte dazu, dass den jungen Leuten erlaubt wurde, an der Stelle, an der ursprünglich der Altar gestanden hatte, eine Bühne zu bauen, solange sie Steuern auf jede verkaufte Eintrittskarte zahlten und die Glasfenster im hinteren Teil pfleglich behandelten.

Die Steuern wurden natürlich nie gezahlt – die Organisatoren behaupteten nämlich, die kulturellen Anlässe seien ausnahmslos defizitär, was niemand in Frage stellte. Jedenfalls wurde eine neuerliche Vertreibung nicht ins Auge gefasst. Andererseits wurden die Glasfenster immer sorgfältig geputzt, jeder allerkleinste Riss sofort restauriert, so dass sie weiterhin die Herrlichkeit und Schönheit des Königs der Könige zeigten. Wenn die Hippies gefragt wurden, wieso sie so sorgsam mit den Fenstern umgingen, sagten die dafür Verantwortlichen:

»Weil sie schön sind. Und es so viel Mühe gemacht hat, sie zu entwerfen, zu zeichnen, herzustellen und einzusetzen – wir sind hier, um unsere Kunst zu zeigen, und respektieren die Kunst derer, die uns vorangegangen sind.«

*

Als Karla und Paulo hineingingen, tanzten die Leute zu den gerade populären Musikstücken. Aufgrund der hohen Decke war die Akustik nicht die allerbeste, aber was machte das schon? Hatte Paulo etwa auch nur einen Gedanken an die Akustik verschwendet, als er mit den Hare-Krishna-Anhängern auf der Straße gesungen und getanzt hatte? Wichtig war doch in erster Linie, dass alle sich amüsierten, Blicke tauschten, die verführerisch oder einfach nur bewundernd waren. Inzwischen war die Frage der Steuern vom Tisch – die Stadtverwaltung sorgte nicht nur für die Einhaltung der Gesetze, sondern unterhielt auch das Gebäude mit staatlicher Unterstützung.

Offensichtlich bestand, von der nackten Frau mit der Tulpe vor ihrer Scham einmal abgesehen, ein großes Interesse daran, Amsterdam zur Hauptstadt einer bestimmten Kultur zu machen – die Hippies hatten die Stadt wiederauferstehen lassen, und die Hotelbuchungen waren, Karla zufolge, angestiegen; alle wollten diesen Stamm ohne Anführer erleben, von dem das Gerücht umging, dass die Mädchen immer bereit seien, mit dem Erstbesten Sex zu haben.

»Die Niederländer sind schlau.«

»Klar doch. Wir haben schließlich die ganze Welt erobert – im Übrigen auch Brasilien.«

Sie stiegen zu einer der Emporen hinauf, die das Hauptschiff umgaben. Aufgrund eines Wunders der Akustik konnte man dort oben ungestört vom lauten Sound miteinander reden. Doch weder Paulo noch Karla wollten sich unterhalten. Sie stützten die Ellbogen auf die hölzerne Balustrade und schauten auf die Tanzenden hinab. Karla schlug vor, wieder hinunterzugehen und ebenfalls zu tanzen, doch Paulo meinte, die einzige Musik, zu der er wirklich tanzen könne, sei *Hare Krishna / Hare Rama*. Beide lachten, Paulo zündete eine Zigarette an, die die beiden hin und her gehen ließen. Dann machte Karla jemandem ein Zeichen – durch die Rauchkringel hindurch sah Paulo ein anderes Mädchen herantreten.

»Wilma«, sagte diese, als sie sich vorstellte.

»Wir werden demnächst nach Nepal reisen«, meinte Karla. Paulo lachte über den vermeintlichen Scherz.

Wilma dagegen war über Karlas Ansage verblüfft, ließ sich aber nichts anmerken. Karla bat, mit der Freundin auf Niederländisch weiterreden zu dürfen, und Paulo schaute weiter auf die Tanzenden hinunter.

Nepal? Das Mädchen, das er gerade kennengelernt hatte und das so gerne mit ihm zusammen war, würde bald wegfahren? Und sie hatte »wir« gesagt, als hätte sie in Wilma schon eine Begleitung für dieses Abenteuer. Zu einem so weit entfernten Ort reisen – würde das Ticket nicht ein Vermögen kosten?

Ihm gefiel Amsterdam, und er wusste auch, weshalb: weil er nicht allein war. Er hatte nicht lange versuchen müssen, mit jemandem ins Gespräch zu kommen, sondern gleich zu Anfang eine Begleiterin gefunden und würde die Stadt nur zu gern mit ihr erkunden. Zu behaupten, er begänne sich in sie zu verlieben, wäre übertrieben gewesen, aber Karla hatte ein Temperament, das ihm richtig gut gefiel – sie wusste genau, was sie wollte.

Aber bis nach Nepal reisen? Mit einem Mädchen, das er, auch wenn es das nicht wollte, letztlich bewachen und beschützen musste (denn das war ihm von seinen Eltern so beigebracht worden)? Das lag außerhalb seiner finanziellen Möglichkeiten. Er wusste, dass er früher oder später von diesem verzauberten Ort zu seinem zweiten Ziel, dem Piccadilly Circus, aufbrechen musste – sofern es die englischen Grenzbeamten erlaubten –, und zu den anderen jungen Leuten, die aus aller Welt ebenfalls dorthin reisten.

Karla unterhielt sich weiter mit ihrer Freundin, und Paulo tat so, als wäre er an der Musik interessiert: Simon & Garfunkel, The Beatles, James Taylor, Creedence Clearwater Revival … eine endlos lange Liste, die ständig länger wurde.

Es würde immer noch das Paar aus Brasilien geben, das er am Nachmittag getroffen hatte, und beide könnten als Türöffner zu anderen Leuten dienen, aber Karla einfach gehen zu lassen, wo sie doch gerade erst in sein Leben getreten war …?

Er hörte die vertrauten Akkorde der Animals und er-

innerte sich daran, dass er Karla gebeten hatte, ihn in ein
»House of the Rising Sun« mitzunehmen. Das Ende des
Stücks war bedrückend, er verstand nun, worum es im Text
ging.

Spend your lives in sin and misery
In the House of the Rising Sun.

Die Eingebung, von der Reise nach Nepal zu sprechen, war
Karla spontan gekommen, und sie fand, sie sei Wilma eine
Erklärung schuldig.

»Wie gut, dass du nicht darauf geantwortet hast. Damit
hättest du womöglich alles kaputt gemacht.«

»Warum willst du ausgerechnet nach Nepal?«

»Naja – eines Tages werde ich alt und dick sein, einen
eifersüchtigen Ehemann und Kinder haben, die mir nicht
erlauben werden, etwas für mich zu tun. Außerdem einen
Bürojob, bei dem ich jeden Tag das Gleiche machen muss.
Und ich werde mich an die Routine, an die Bequemlichkeit,
an den Ort gewöhnen, an dem ich lebe. Nach Rotterdam
kann ich später immer noch zurückkehren und auch die
Segnungen der Arbeitslosenversicherung genießen, die unsere Politiker uns zugestehen. Auch Vorsitzende von Shell
oder Philips oder der United Fruit kann ich noch werden,
weil ich Niederländerin bin und diese Firmen nur Niederländer in höhere Positionen befördern. Aber nach Nepal
reisen kann ich nur jetzt oder nie mehr – ich fange ja jetzt
schon an, alt zu werden.«

»Mit dreiundzwanzig?«

»Die Zeit vergeht wie im Flug, Wilma. Und ich rate dir,

ebenfalls auf Reisen zu gehen. Riskiere jetzt etwas, solange du gesund bist und den Mut dazu hast. Du findest Amsterdam doch auch eine total langweilige Stadt. Aber wir finden das, weil wir uns an sie gewöhnt haben. Heute, als ich den Brasilianer mit seinen leuchtenden Augen gesehen habe, wurde mir klar, dass ich selber die Langweilerin bin. Ich habe mich so an unsere Freiheit gewöhnt, dass ich gar nicht wahrnehme, wie kostbar sie ist.«

Sie schaute zur Seite und sah Paulo, der die Augen geschlossen hatte und dem Rhythm-&-Blues-Song *Stand by me* lauschte.

Sie fuhr fort:

»Also muss ich die Freiheit wiederentdecken – nur das. Mir bewusst machen, dass es, obwohl ich eines Tages wiederkommen werde, noch viele Dinge gibt, die ich noch nicht gesehen und erlebt habe. Wohin wird mich mein Herz tragen, wenn ich viele Wege noch gar nicht kenne, die ich gehen könnte? Welches wird mein nächstes Ziel sein, wenn ich nicht, wie ich sollte, nach Nepal gehe? Welche Berge werde ich am Ende erklimmen, auch wenn ich jetzt noch kein Seil sehe, an dem ich mich hochziehen und festhalten kann? Deswegen bin ich von Rotterdam nach Amsterdam gekommen und habe den einen oder anderen Mann zu überreden versucht, mit mir zu unbekannten Zielen aufzubrechen. Aber alle haben abgelehnt, alle hatten Angst, entweder vor mir oder vor dem Unbekannten. Heute Vormittag bin ich nun diesem Brasilianer begegnet. Ihm war egal, wie ich das fand, als er sich den Hare-Krishna-Leuten auf der Straße anschloss, um mit ihnen zu singen und zu tanzen. Ich hätte es am liebsten auch gemacht, aber mein Wunsch, mich als starke Frau zu geben, hat mich davon abgehalten. Jetzt werde ich nicht mehr zweifeln.«

Wilma verstand immer noch nicht ganz, was es mit Nepal auf sich hatte und was die Rolle des Brasilianers dabei war.

»Als du dazukamst und ich plötzlich von Nepal anfing, hatte ich das Gefühl, dass das genau das Richtige war. Denn ich hatte gemerkt, dass Paulo nicht nur verblüfft war, sondern irgendwie auch Angst hatte. Es war, als hätte mich eine höhere Stimme dazu inspiriert. Jedenfalls ist die ganze Anspannung der vergangenen Woche, derentwegen ich beinahe meinen langgehegten Traum aufgegeben hätte, wie weggeblasen.«

»Hast du diesen Traum denn schon lange?«

»Nein. Es begann mit einem Artikel in einer alternativen Zeitung, den ich ausgeschnitten habe. Von da an ging mir das Ganze nicht mehr aus dem Kopf.«

Wilma wollte sie gerade fragen, ob sie im Laufe des Tages etwa zu viel Hasch geraucht habe, da kam Paulo.

»Wollen wir tanzen?«, fragte er.

Karla nahm ihn bei der Hand, und sie stiegen wieder ins Kirchenschiff hinunter. Wilma wusste erst nicht so recht, was sie jetzt tun sollte, machte sich aber keine Gedanken. Sobald man sie allein dort stehen sah, würde bestimmt jemand kommen und ein Gespräch mit ihr anfangen – hier redeten alle mit allen.

Als er mit Karla hinaus in den Nieselregen und die Stille trat, summten Paulos Ohren noch von der lauten Musik. Sie beide hatten das Gefühl, sie müssten schreien, um sich zu verständigen.

»Wirst du morgen wieder herkommen?«

»Ich werde dort sein, wo du mich das erste Mal getroffen hast. Dann muss ich zu dem Laden, wo sie die Bustickets nach Nepal verkaufen.«

Wieder Nepal? Bustickets?

»Du kannst ja mitkommen, wenn du willst«, sagte sie, als würde sie ihm damit einen großen Gefallen tun. »Aber zuvor möchte ich dich auf einen Ausflug außerhalb Amsterdams mitnehmen. Hast du schon einmal eine Windmühle gesehen?«

Sie lachte über ihre Frage – genau so stellte man sich ihr Land im Rest der Welt vor: Holzschuhe, Windmühlen, Kühe und Schaufenster mit Prostituierten.

»Wir treffen uns am selben Ort«, antwortete Paulo, ihretwegen hin- und hergerissen zwischen Ängstlichkeit und Glücksgefühl. Diese schöne, von Patschuliduft umwehte Frau mit dem blumenbekränzten, glatten langen Haar, in ihrem langen Rock und der mit Spiegelchen bestickten Weste – dieses Wunderwesen würde er gern wiedersehen.

»Ich werde etwa um ein Uhr da sein. Ich muss etwas länger schlafen. Aber wollten wir nicht in eines der *Houses of the Rising Sun* gehen?«

»Ich habe dir zwar versprochen, ich würde dir eines zeigen. Aber nicht, dass ich dich dahin begleiten würde.«

Sie gingen weniger als zweihundert Meter bis in eine Gasse, wo Karla vor einer Tür ohne Schild und ohne den Klang von Musik dahinter stehen blieb.

»Da ist eins. – Ich möchte dir zwei Vorschläge machen.« Sie hatte spontan an das Wort »Rat« gedacht, aber das wäre die verkehrte Wahl gewesen.

»Wenn du da wieder rauskommst, solltest du nichts bei dir haben. Die Polizei – von der wir jetzt nichts sehen – sitzt an einem der Fenster dort drüben und überwacht, wer hier ein und aus geht. Und normalerweise werden diejenigen, die herauskommen, kontrolliert. Und wer mit etwas herauskommt, wandert direkt ins Gefängnis.«

Paulo nickte und fragte nach dem zweiten Vorschlag.

»Probier nichts.«

Dann küsste sie ihn auf die Lippen – es war ein keuscher, aber vielversprechender Kuss –, drehte sich auf dem Absatz um und ging zu ihrem Schlafplatz in der Jugendherberge. Paulo blieb allein zurück und fragte sich, ob er hineingehen oder besser in seine Herberge zurückkehren und die Zeit nutzen sollte, um die Metallsterne, die er am Nachmittag gekauft hatte, an seiner Jacke zu befestigen.

Aber die Neugier war stärker, und er drückte die Tür auf.

D er Flur war eng, niedrig und schlecht beleuchtet. An seinem Ende stand ein kahlgeschorener Mann, der sicher mit der Polizei irgendeines Landes Erfahrungen gemacht hatte, und musterte Paulo von oben bis unten – das berühmte Bodyreading, mit dem man die Absichten, den Grad der Nervosität, die finanzielle Situation und den Beruf eines Menschen abschätzt. Er fragte Paulo, ob er Geld dabeihabe, das er ausgeben könne. Paulo bejahte, aber diesmal machte er es nicht wie beim Zoll, als er versucht hatte, den Betrag zu zeigen. Der Mann zögerte kurz, dann ließ er ihn durch.

Einige Leute lagen auf über den Boden verteilten Matratzen, andere lehnten an den rotgestrichenen Wänden. Warum war er hier? Um eine morbide Neugier zu befriedigen?

Niemand redete oder hörte Musik. Ihm fiel auf, dass einige leuchtende Augen hatten, wohingegen bei anderen der Blick stumpf war.

Er versuchte, mit einem jungen Mann in seinem Alter zu reden. Dieser war bis auf die Knochen abgemagert, hatte Flecken im Gesicht und auf dem nackten Oberkörper, die aussahen wie aufgekratzte und entzündete Insektenstiche.

Ein weiterer Mann kam herein. Obwohl er ebenfalls in

Paulos Alter sein musste, sah er zehn Jahre älter aus. Er war, jedenfalls einstweilen und außer Paulo, der Einzige, der nicht high war. Bald schon würde er sich in einem anderen Universum befinden, und Paulo trat an ihn heran, um ihn in ein Gespräch zu verwickeln, aus dem er vielleicht einige Informationen – und wenn es nur ein Satz war – mitnehmen könnte, die er in dem Buch verwenden wollte, das er vorhatte zu schreiben. Paulos Traum war nämlich, Schriftsteller zu werden, und er hatte einen sehr hohen Preis dafür bezahlt: Aufenthalte in psychiatrischen Anstalten, Gefängnis und Folter, das Verbot der Mutter seiner Jugendfreundin, sich je wieder ihrer Tochter zu nähern, der Spott seiner Schulkameraden, als er begann, sich anders zu kleiden als sie.

Und seine Rache war ihr Neid gewesen, als sie mitbekamen, wie er mit seiner ersten richtigen Freundin, die schön und reich war, durch die Welt zu reisen begann.

Aber warum fiel ihm das ausgerechnet in dieser Umgebung ein? Weil er sich wieder an seinen Traum, Bücher zu schreiben, erinnerte und die Gelegenheit wahrnehmen wollte, mit jemandem über den Konsum von Heroin zu reden. Er setzte sich neben den Jungen/Alten, der gerade hereingekommen war. Sah, wie dieser einen Löffel mit geknicktem Stiel und eine Spritze auspackte, die mehrfach benutzt wirkte.

»Ich würde gern …«, begann Paulo, worauf der Junge/Alte sofort aufstand, um sich in eine andere Ecke zu setzen. Da zog Paulo den Gegenwert von drei oder vier Dollar aus der Tasche und legte das Geld neben den Löffel auf den Fußboden. Der Mann schaute ihn überrascht an.

»Bist du von der Polizei?«

»Ich bin weder von der Polizei, noch bin ich Niederländer. Ich würde nur gern –«

»Bist du Journalist?«

»Nein, ich bin Schriftsteller. Darum bin ich auch hier.«

»Was für Bücher schreibst du?«

»Bisher habe ich noch keines geschrieben. Zuerst muss
ich recherchieren.«

Der andere schaute argwöhnisch zwischen dem Geld auf
dem Fußboden und Paulo hin und her. Er hatte offenbar
seine Zweifel, ob ein so junger Mann überhaupt etwas zu Papier bringen würde – es sei denn für Ableger der »Unsichtbaren Zeitung«. Er streckte die Hand nach dem Geld aus,
aber Paulo legte seine Hand auf die Scheine.

»Nur ein kurzes Gespräch. Nur fünf Minuten.«

Der Junge/Alte stimmte zu – niemand habe ihm je einen
Cent für seine Zeit gezahlt, seit er seine Anstellung als vielversprechender Manager einer großen internationalen Bank
aufgegeben habe. Damals habe er zum ersten Mal den Kuss
der Nadel erlebt.

»Den Kuss der Nadel?«

»Genau. Wir stechen ein paar Mal zu, bevor wir das Heroin injizieren, weil das, was man gemeinhin Schmerz nennt,
für uns der Prolog einer Begegnung mit etwas ist, das ihr
anderen niemals verstehen könnt.«

Sie flüsterten, um die anderen nicht zu stören, doch Paulo
hatte das Gefühl, dass, selbst wenn man eine Handgranate in
das Lokal würfe, keiner der Typen auf den Matratzen sich
die Mühe machen würde zu fliehen.

Wie gut, dass der andere jetzt redete, denn die fünf Minuten würden nur zu schnell vorbei sein. Paulo konnte die Gegenwart des Dämons in diesem Haus spüren.

»Und wenn schon. Was ist das für ein Gefühl?«

»Das kann man nicht beschreiben – nur erleben. Oder der Beschreibung von Lou Reed und Velvet Underground glauben.«

'cause it makes me feel like I'm a man
When I put a spike into my vein

Paulo hatte Velvet Underground schon gehört. Das reichte nicht.

»Versuch es zu beschreiben, bitte.«

Der Mann atmete tief ein. Er blickte mal zu Paulo, dann wieder auf die Spritze. Er musste schnell antworten und diesen nervigen Pseudo-Schriftsteller loswerden, bevor der aus dem Haus geworfen werden und das Geld mitnehmen würde.

»Ich nehme an, du hast schon Erfahrung mit Drogen. Und ich weiß, welche Wirkung Haschisch und Marihuana haben: Friede und Euphorie, Selbstvertrauen, das Bedürfnis nach Essen und nach Sex. Für mich ist das alles nicht wichtig, das sind Dinge aus einem Leben, das zu leben uns beigebracht wird. Du rauchst Haschisch und denkst: ›Die Welt ist schön, endlich nehme ich alles genauer wahr.‹ Aber je nach Dosis kommst du auf einen Trip, der in der Hölle endet. Du nimmst LSD und denkst: ›Verdammt noch mal, wieso war mir früher nicht aufgefallen, dass die Erde atmet und die Farben sich ständig von einem Augenblick auf den anderen verändern?‹ Ist es das, was du wissen möchtest?«

Ja, genau das wollte Paulo hören. Ungeduldig wartete er darauf, dass der Junge/Alte fortfuhr.

»Mit Heroin ist das vollkommen anders: Du hast alles unter Kontrolle, deinen Körper, deinen Geist, deine Kunst. Und ein ungeheures, unbeschreibliches Glücksgefühl nimmt das gesamte Universum ein. Jesus auf Erden. Krishna in deinen Adern. Buddha lächelt dich vom Himmel herab an. Keine Halluzination. All dies ist Realität, reine Realität. Glaubst du mir?«

Nein, dachte Paulo. Doch er sagte nichts, nickte nur.

»Am nächsten Tag hast du keinen Kater, sondern nur das Gefühl, dass du im Paradies gewesen und nun in diese schreckliche Welt zurückgekehrt bist. Also gehst du wieder zur Arbeit und merkst, dass alles eine Lüge ist. Dass die Menschen versuchen, ihr Leben zu rechtfertigen, wichtig wirken wollen, ständig Probleme schaffen, weil ihnen dies ein Gefühl von Autorität, von Macht verleiht. Bald schon erträgst du diese Scheinheiligkeit nicht mehr und beschließt, ins Paradies zurückzukehren. Aber das Paradies ist teuer, die Pforte eng. Wer hindurchgeht, entdeckt, dass das Leben schön ist, dass die Sonne tatsächlich in Strahlen aufgeteilt werden kann, nicht mehr diese unveränderliche Kugel ist, in die man nicht direkt schauen darf. Am nächsten Tag sitzt du wieder im Zug mit Leuten, deren Blick leerer ist als der Blick der Leute hier. Alle denken nur an das Abendessen, daran, den Fernseher einzuschalten, die Realität zu vergessen. Mann, die Realität ist dieses weiße Pulver, nicht das Fernsehen!«

Während der Junge/Alte redete, fühlte sich Paulo versucht, es wenigstens einmal auszuprobieren.

Und das wusste der andere.

»Mit Hasch weiß ich, dass es eine Welt gibt, zu der ich nicht gehöre. Das Gleiche passiert mit LSD. Aber Heroin, Mann, das Heroin bin ich. Es macht das Leben lebenswert, egal, was die da draußen auch darüber sagen mögen. Es gibt da nur ein Problem.«

Natürlich gab es ein Problem. Paulo musste schnell erfahren, was es war, denn ihn trennten nur wenige Zentimeter von der Spitze der Nadel und seiner ersten Erfahrung.

»Das Problem ist, dass die Toleranz des Organismus immer größer wird. Ich habe anfangs fünf Dollar am Tag ausgegeben, heute brauche ich zwanzig, um ins Paradies zu kommen. Ich habe schon meine gesamte Habe verkauft – mein nächster Schritt ist, betteln zu gehen, und nach dem Betteln werde ich gezwungen sein zu stehlen, weil der Dämon nicht will, dass die Menschen das Paradies kennenlernen. Ich weiß, was mich erwartet, weil es mit allen geschehen ist, die heute hier sind. Aber das ist mir egal.«

Wie eigenartig. Jeder hatte eine andere Vorstellung davon, auf welcher Seite der Tür das Paradies lag.

»Ich glaube, die fünf Minuten sind jetzt um.«

»Ja, und du hast es gut erklärt. Danke vielmals.«

»Wenn du darüber schreibst, dann verdamme nicht wie die anderen das, was sie nicht verstehen. Sei ehrlich. Fülle die Leerstellen mit deiner Phantasie. Und selbst wenn du ihn herausfinden solltest, erwähne bitte nie meinen Namen.«

Beide hielten das Gespräch für beendet, doch Paulo ging noch nicht. Den Jungen / Alten störte das nicht – er steckte das Geld in die Tasche und dachte sich vermutlich: Wenn er bezahlt hat, darf er auch zuschauen.

Er schüttete das weiße Pulver in den Löffel mit dem abgeknickten Stiel, gab etwas Wasser dazu und zündete darunter ein Feuerzeug an. Ganz allmählich begann das Pulver zu kochen und sich zu verflüssigen. Er bat Paulo, ihm beim Abbinden des Armes behilflich zu sein.

»Einige haben schon keine freie Stelle mehr, sie spritzen sich in den Fuß, in den Handrücken. Aber ich habe in dieser Hinsicht zum Glück noch einen langen Weg vor mir.«

Er zog die Spritze auf, stach mit der Nadel, so wie er es gesagt hatte, mehrfach in die Haut, sah den Augenblick voraus, in dem die besagte Tür sich öffnete. Schließlich spritzte er sich, und sein Blick war nicht mehr unruhig, seine Augen bekamen einen seligen Ausdruck, verloren fünf oder zehn Minuten später ihr Leuchten und starrten auf irgendeinen Punkt im Raum, wo ihm zufolge Buddha, Krishna und Jesus herumschwebten.

Paulo erhob sich und stieg möglichst leise über die auf den dreckigen Matratzen liegenden anderen Anwesenden. Er wollte zum Ausgang, aber der kahlgeschorene Bodyguard verstellte ihm den Weg.

»Du bist eben erst reingekommen. Und jetzt gehst du schon wieder?«

»Ja, ich habe dafür kein Geld.«

»Du lügst. Jemand hat gesehen, wie du Ted (das musste der Name des Jungen/Alten sein, mit dem er gesprochen hatte) ein paar Scheine zugesteckt hast. Versuchst du hier etwa, Kunden zu finden?«

Paulo versuchte, sich an ihm vorbeizudrängen, aber der Riese ließ ihn nicht vorbei. Er verspürte Angst, obwohl er wusste, dass ihm nichts wirklich Schlimmes passieren konnte. Karla hatte ihm gesagt, dass da draußen in den Fenstern Polizisten das Haus überwachten.

»Ein Freund von mir würde sich gern mit dir unterhalten«, sagte der Riese und deutete mit dem Kopf auf eine Tür am Ende des Raums. Sein Tonfall ließ keinen Zweifel daran, dass Paulo zu gehorchen hatte. Vielleicht hatte Karla ihm die Geschichte mit den Polizisten ja nur erzählt, um ihn zu beruhigen.

Kurz bevor Paulo vor der Tür ankam, wurde sie von innen von einem diskret gekleideten Mann mit Koteletten wie Elvis Presley geöffnet. Dieser bat ihn höflich einzutreten und bot ihm sogar einen Stuhl an.

Das Büro hatte nichts von dem, was Paulo in Filmen über das Drogenmilieu zu sehen bekommen hatte: sinnliche Frauen, Champagner, Männer mit Sonnenbrille und großkalibrigen Waffen. Ganz im Gegenteil, es war unauffällig – weiß gestrichen, ein paar billige Reproduktionen an der Wand und auf dem Tisch nichts außer einem Telefon. Hinter dem Schreibtisch – einem alten, aber gut erhaltenen Möbelstück – hing ein riesiges Foto.

»Der Turm von Belém«, sagte Paulo, ohne zu merken, dass er in seine Muttersprache verfallen war.

»Genau«, antwortete der Mann, ebenfalls auf Portugiesisch. »Von dort aus sind wir Portugiesen einst aufgebrochen, um die Welt zu erobern. Darf ich Ihnen etwas zu trinken anbieten?«

Nichts. Paulos Herz schlug noch nicht wieder ganz normal.

»Nun gut, ich nehme an, Sie sind ein vielbeschäftigter Mann«, fuhr der andere fort – was überhaupt nicht zur Situation passte, aber immerhin Höflichkeit signalisierte. »Wir haben gesehen, wie Sie hereingekommen sind und wieder hinauswollten, nachdem Sie nur mit einem unserer Kunden gesprochen hatten. Sie scheinen kein Zivilpolizist zu sein, sondern jemand, der auf vielen Umwegen nach Amsterdam gelangt ist und alles genießt, was sich ihm bietet.«

Paulo sagte nichts.

»Sie sind auch nicht an dem ausgezeichneten Stoff interessiert, den wir hier anbieten. Würde es Ihnen etwas ausmachen, mir Ihren Pass zu zeigen?«

Selbstverständlich machte es Paulo etwas aus. Aber konnte er sich weigern? Er steckte die Hand in die Tasche, die er an einem Gummiband um die Taille trug, holte ihn heraus und reichte ihn dem vor ihm sitzenden Mann. Er bereute es sofort. Was, wenn der andere nun das Dokument einfach behielt?

Doch der Mann blätterte nur die Seiten durch, lächelte und gab Paulo seinen Pass zurück.

»Ah, nur wenige Länder. Großartig. Peru, Bolivien, Chile, Argentinien, Italien und natürlich die Niederlande. Ich nehme doch an, Sie sind problemlos über die Grenze gekommen.«

Paulo nickte.

»Wohin geht es anschließend?«

»England.«

Es war ihm einfach rausgerutscht, obwohl er nicht die geringste Absicht hatte, diesem Mann da seine ganze Reiseroute zu verraten.

»Ich möchte Ihnen einen Vorschlag machen. Ich muss gewisse Waren bewegen – Sie werden sich schon denken können, welche –, nach Düsseldorf in Deutschland. Es sind nur zwei Kilo, die Sie ganz einfach unter Ihrem Hemd transportieren können. Wir würden Ihnen natürlich einen größeren Pullover besorgen. Es ist bald Herbst, und da wird Ihre Jacke bei den Temperaturen hier bald nicht mehr genügen. Im Übrigen tragen hier alle im Winter Pullover und Mäntel.«

Paulo wartete weiter auf den Vorschlag.

»Wir zahlen fünftausend Dollar – die erste Hälfte in Amsterdam, die zweite, wenn Sie unserem Lieferanten in Deutschland die Ware übergeben. Sie müssen nur über eine Grenze, mehr nicht. Und das wird, da bin ich mir sicher, Ihre Englandreise ganz entschieden bequemer gestalten. Die Einwanderungsbehörden sind dort ziemlich streng, normalerweise wollen sie sehen, wie viel Geld ›der Tourist‹ mit sich führt.«

Paulo dachte zuerst, er habe sich verhört. Der Vorschlag war sehr verlockend. Mit dem Geld könnte er jahrelang in der Welt herumreisen.

»Wir brauchen Ihre Antwort so bald wie möglich. Am besten morgen. Bitte rufen Sie um sechzehn Uhr in dieser öffentlichen Telefonkabine an.«

Paulo nahm die Karte, die sein Landsmann ihm hinstreckte. Die Telefonnummer war aufgedruckt, vermutlich weil sie zurzeit viel Ware zu verteilen hatten oder weil sie fürchteten, eine Handschrift könnte analysiert und zu ihrem Besitzer zurückverfolgt werden.

»Und jetzt entschuldigen Sie mich bitte, ich muss weiterarbeiten. Vielen Dank für Ihren Besuch in meinem bescheidenen Etablissement. Mir liegt vor allem daran, dass meine Kunden zufrieden sind.«

Damit öffnete er die andere Tür des Büros, und Paulo ging wieder hinaus in den Raum, in dem die Leute an den Wänden lehnten oder auf schmutzigen Matratzen auf dem Boden lagen. Er ging am Sicherheitsmann vorbei, der ihm diesmal nur ein komplizenhaftes Grinsen zuwarf.

Paulo trat hinaus in den feinen Regen, bat Gott, ihm zu helfen, ihn zu erleuchten, ihn in diesem Augenblick nicht allein zu lassen.

Paulo wusste den Weg nicht mehr, auf dem er hergekommen war, und einen Stadtplan hatte er auch keinen dabei. Natürlich war ein Taxi immer eine Notlösung, aber er musste durch den feinen Nieselregen gehen, der bald schon zu einem richtigen Regen wurde. Dennoch schien er nichts reinzuwaschen – weder die Luft noch Paulos Gedanken, die unaufhörlich um die fünftausend Dollar kreisten.

Paulo fragte Passanten, wo der Dam liege, aber sie gingen einfach weiter – noch so ein verrückter, dahergelaufener Hippie, der seine Leute nicht wiederfand. Schließlich verkaufte ihm eine barmherzige Seele, ein Mann an einem Zeitungskiosk, der die Zeitungen für den nächsten Tag auslegte, einen Stadtplan und zeigte ihm, in welche Richtung er gehen musste.

*

Als er bei seiner Jugendherberge ankam, machte der Nachtportier eine UV-Lampe an, um zu sehen, ob Paulo den Tagesstempel hatte – die Gäste bekamen immer einen Stempel mit unsichtbarer Farbe, bevor sie das Haus verließen. Nein, er hatte den Stempel vom Vortag – hinter ihm lagen, das hätte er nicht gedacht, vierundzwanzig erlebnisreiche Stunden. Er musste noch einen Tag nachbezahlen.

»Aber bitte stempeln Sie mich jetzt noch nicht. Ich muss erst duschen.«

Er fühlte sich in jeder Hinsicht schmutzig.

Der Nachtportier willigte ein und gab ihm eine halbe Stunde Zeit, weil seine Schicht dann zu Ende sei. Paulo ging in Richtung des gemischten Bades, wo er Leute laut reden hörte, machte jedoch auf halbem Wege kehrt und ging wieder in den Schlafsaal zurück, nahm die Visitenkarte mit der Telefonnummer, die er während des ganzen Weges nicht losgelassen hatte, und kehrte, diesmal nackt, die Karte in der Hand, in das Bad zurück. Dort zerriss er sie in kleine Fetzen, stellte sich unter die Dusche, bis alles nass war, damit er sie nie wieder zusammenfügen konnte, und warf die Schnipsel auf den Fußboden. Einer beschwerte sich – es gehöre sich nicht, Dinge auf den Boden zu werfen, er solle die Schnipsel gefälligst in einen Papierkorb tun. Andere hielten im Duschen inne und starrten den Flegel an, der es wagte, die Gemeinschaftsdusche zu verunreinigen. Und Paulo? Der hob kommentarlos und ohne die anderen eines Blickes zu würdigen die Papierschnipsel auf und trug sie zum nächsten Papierkorb. Mit anderen Worte: Er gehorchte. Das hatte er schon lange nicht mehr einfach so gemacht.

Anschließend stellte er sich zurück unter die Dusche und fühlte jetzt, ja, dass er frei war.

Was ihn sehr glücklich machte.

Nachdem er sich beim Portier seinen Stempel abgeholt hatte, legte er sich aufs Bett – die Dämonen waren weg, dessen war er sich sicher. Die Dämonen, die erwartet hatten, dass er das Angebot annahm und ihnen damit noch mehr Untertanen für ihr Reich bescherte. Im Grunde genommen fand er es albern, so zu denken, waren Drogen doch bereits ausreichend dämonisiert, und er hatte den Konsum von Drogen immer als Möglichkeit der Bewusstseinserweiterung verteidigt. Aber in diesem Falle hatten die Leute recht. Jetzt hoffte er, dass die niederländische Polizei aufhörte, die Houses of the Rising Sun zu tolerieren, und alle, die damit zu tun hatten, festnahm und weit weg von den anderen Menschen brachte, die nur Frieden und Liebe für die Welt wollten.

Weil er nicht einschlafen konnte, begann Paulo zu beten, zu Gott oder einem Engel. Er ging zu dem Spind, in dem er seine Sachen verwahrte, schloss ihn mit dem Schlüssel, den er um den Hals trug, auf, und holte das Heft heraus, in das er immer seine Gedanken und Erlebnisse eintrug. Aber er wollte nicht all das aufschreiben, was Ted ihm gesagt hatte. Darüber würde er auch in Zukunft kaum schreiben. Er notierte nur die Worte, die ihm, wie er sich vorstellte, Gott diktiert hatte.

Es gibt keinen Unterschied zwischen dem Meer und den Wellen.
Wenn die Welle wächst, ist sie aus Wasser gemacht.
Und wenn sie auf dem Sand bricht, ist sie aus demselben Wasser gemacht.
Sage mir, Herr: Warum sind beide Dinge gleich? Wo ist das Mysterium und wo die Grenze?
Der Herr antwortet: Alle Dinge und die Menschen sind gleich. Und dies ist das Mysterium und die Grenze.

Als Karla ankam, war der Brasilianer schon da – er hatte tiefe Augenringe, als hätte er die ganze Nacht nicht geschlafen, oder als ob er … Sie dachte lieber nicht an die zweite Möglichkeit, denn das würde bedeuten, dass sie sich in ihm getäuscht hatte und ihm nun nie mehr vertrauen konnte. Dabei hatte sie sich schon an seine Gegenwart und seinen Geruch gewöhnt.

»Was ist, schauen wir uns jetzt eines der Wahrzeichen der Niederlande an, eine Windmühle oder so was?«

Er erhob sich lustlos und folgte ihr. Sie stiegen in einen Bus, und bald hatten sie Amsterdam hinter sich gelassen. Karla sagte ihm, er müsse eine Fahrkarte kaufen – es gab einen Ticketautomaten im Inneren des Busses –, aber er hörte nicht auf sie. Er hatte schlecht geschlafen, ihm war alles zu viel, er musste wieder zu Kräften kommen. Nur ganz allmählich kehrte seine Energie zurück.

Die Landschaft war flach und eintönig: weite Ebenen, durchschnitten von Deichen und von Hebebrücken, unter denen Frachtboote hindurchfuhren, die irgendwelche Waren irgendwohin transportierten. Er sah nirgends eine Windmühle, aber es war hell, und die Sonne schien, was Karla dazu veranlasste zu sagen, in Holland regne es sonst fast immer.

»Ich habe gestern etwas geschrieben«, sagte Paulo, zog sein Heft aus der Tasche und versuchte einige Sätze ins Englische zu übersetzen. Als Karla jedoch nicht reagierte, wechselte er das Thema und fragte:

»Wo ist das Meer?«

»Das Meer war einmal hier. Es gibt ein Sprichwort: Gott hat die Welt geschaffen, und die Holländer haben Holland geschaffen. Jetzt ist das Meer weit weg.«

»Nein, nein, ich will gar nicht das Meer sehen. Auch keine Windmühlen, obwohl das die üblichen Touristen begeistern mag. Aber ich bin keiner von den üblichen Touristen, wie du sicher weißt.«

»Warum hast du mir das nicht gleich gesagt? Ich fahre mit all meinen ausländischen Freunden hierher und habe es ziemlich satt, etwas zu zeigen, was nicht einmal mehr seinen ursprünglichen Zweck erfüllt. Wir hätten in der Stadt bleiben können ...«

... und auf direktem Weg zu dem Laden gehen können, in dem die Bustickets verkauft werden, dachte sie. Doch sie sagte nichts, das Opfer musste zur rechten Zeit gepackt werden.

»Ich habe es gestern nicht gesagt, weil ...«

... und ein Bericht dessen, was er erlebt hatte, sprudelte aus Paulo heraus.

Karla hörte bloß zu, erleichtert und zugleich besorgt. War seine Reaktion nicht etwas übertrieben? War Paulo einer dieser Typen, die ständig von Euphorie zu Depression wechselten und umgekehrt?

Als er ihr alles erzählt hatte, fühlte er sich besser. Die junge Frau hatte sich alles schweigend angehört und nicht geurteilt. Sie fand offensichtlich nicht, dass er fünftausend Dollar in den Mülleimer im Bad geworfen hatte. Sie fand ihn nicht schwach – und allein dieser Gedanke ließ ihn sich stärker fühlen.

Sie erreichten schließlich die alten Windmühlen, wo eine Gruppe Touristen sich gerade Erklärungen ihres Reiseleiters anhörte: »Viele Menschen denken, dass unsere alten Windmühlen hier, von denen die älteste – unaussprechlicher Name – und höchste – unaussprechlicher Name – ausschließlich zum Mahlen von Getreide für die Herstellung von Mehl genutzt wurden. In Wirklichkeit jedoch erfüllten sie noch viele weitere Funktionen. So dienten sie etwa auch zum Mahlen von Mais, Kaffee- und Kakaobohnen, zum Pressen von Öl und sogar zum Sägen großer Holzbretter, mit deren Hilfe unsere Seefahrer ihre hochseetauglichen Schiffe bauten, mit denen sie in die ganze Welt aufbrachen und das niederländische Reich vergrößerten ...«

Paulo hörte, wie der Bus zur Rückfahrt startete, nahm Karla bei der Hand und schlug vor, mit demselben Bus, mit dem sie gekommen waren, nach Amsterdam zurückzufahren. In zwei Tagen würden weder er noch die Touristen sich daran erinnern, wozu diese Windmühlen im 17. Jahrhundert gedient hatten. Paulo reiste nicht, um derlei Dinge zu lernen.

Auf der Rückfahrt stieg an einer der Haltestellen eine Frau mit einer Armbinde ein, auf der »Kontrolle« stand, und bat alle um ihre Fahrkarten. Als Paulo an die Reihe kam, schaute Karla woanders hin.

»Ich habe keine«, meinte er. »Ich dachte, es sei gratis.«

Woraufhin er von der Kontrolleurin, die diese Ausrede bestimmt schon hundert Mal gehört hatte, in ihrer offenbar auswendig gelernten Antwort zu hören bekam, dass die Niederlande zwar sehr großzügig seien, aber nur Leute mit einem sehr niedrigen Intelligenzquotienten daraus schließen könnten, dass die Benutzung öffentlicher Verkehrsmittel gratis sei.

»Haben Sie das schon irgendwo auf der Welt erlebt?«, fragte sie.

Selbstverständlich nicht, aber er hatte ebenso wenig gesehen, wie – Paulo spürte, wie Karla ihn mit dem Fuß anstupste, und argumentierte nicht weiter. Er zahlte den zwanzigfachen Fahrpreis unter den missbilligenden Blicken der anderen Fahrgäste, die offenbar alles ehrliche, die öffentliche Ordnung respektierende Calvinisten waren und nicht wie diese Spinner, die sich auf dem Dam und in den angrenzenden Stadtvierteln herumtrieben.

Als sie aus dem Bus ausstiegen, hatte Paulo plötzlich ein schlechtes Gewissen. Was fiel ihm eigentlich ein, sich dieser freundlichen jungen Frau aufzudrängen – so fragte er sich (obwohl diese eigentlich selbstbewusst genug war, sich nicht ausnutzen zu lassen, und im Übrigen genau wusste, was sie wollte)? Und, fragte er sich weiter, war es folglich nicht an der Zeit, sich zu verabschieden und sie ihr eigenes Leben leben zu lassen?

Karla musste seine Gedanken gelesen haben, weil sie ihn jetzt einlud, mit ihr zu der Agentur zu gehen, wo sie ihr Ticket nach Nepal kaufen wollte.

Wie wollte sie nach Kathmandu fahren? Mit dem Bus?

Das war verrückter als alles, was ihm je untergekommen war.

Die Agentur war in Wirklichkeit ein winziges Büro mit einem einzigen Angestellten – Lars Soundso, einer dieser schwedisch klingenden Namen, die er einfach nicht behalten konnte.

Karla fragte, wann der nächste ›Magic Bus‹ (so hießen die) abfahren werde.

»Morgen. Wir haben nur noch zwei Plätze, und wenn sie bis morgen nicht vergeben sind, steigt bestimmt unterwegs noch jemand zu.«

Tja, so blieb ihr wenigstens keine Zeit, lange Vorbereitungen zu treffen.

»Und ist es nicht gefährlich, als Frau allein zu fahren?«, erkundigte sie sich bei Lars.

»Ich bezweifle, dass du mehr als vierundzwanzig Stunden allein bleibst. Du verdrehst doch allen männlichen Passagieren den Kopf. Wie alle Frauen, die allein reisen.«

Eigenartig, an diese Möglichkeit hatte Karla NIE gedacht. Sie hatte so viel Zeit damit verbracht, einen Begleiter zu suchen, und war dabei nur auf feige Jungs getroffen, die bloß bereit waren, das zu erkunden, was sie bereits kannten – für die sogar Lateinamerika bedrohlich sein musste. Ihnen gefiel es, sich frei zu fühlen, sofern sie sich in sicherer Nähe von Mutters Rockzipfel befanden. Umso mehr freute Karla sich jetzt, als sie merkte, dass Paulo plötzlich unruhig wurde.

»Ich möchte eine Hinfahrt kaufen«, sagte Karla. »Um die Rückfahrt mache ich mir später Gedanken.«

»Bis nach Kathmandu?«

Denn der besagte Magic Bus hielt unterwegs mehrfach an, um Fahrgäste abzusetzen oder aufzunehmen – in München, Athen, Belgrad, Istanbul und in Teheran oder Bagdad (je nachdem, welche Route gefahren wurde).

»Bis nach Kathmandu.«

»Hast du keine Lust, Indien kennenzulernen?«

Paulo merkte, dass Karla und Lars miteinander flirteten. Na und?, dachte er. Sie war nicht seine Freundin, sie war nur eine nette, erst kürzlich gemachte Bekanntschaft.

»Was kostet es bis Kathmandu?«

»Siebzig amerikanische Dollar.«

SIEBZIG DOLLAR, um bis ans andere Ende der Welt zu gelangen? Was war das für ein Bus? Paulo glaubte kein Wort dieser Unterhaltung.

Karla holte das Geld aus ihrem Gürtel und gab es dem »Reiseagenten«. Lars füllte eine Quittung aus, die aussah wie ein Restaurantbeleg, auf der nicht mehr stand als der Name der Person, die Nummer des Reisepasses und das Endziel. Anschließend füllte er einen Teil des Blattes mit allerlei Stempeln, die absolut nichts besagten, aber dem Ganzen einen respektablen Anstrich gaben. Dann händigte er Karla die Quittung aus.

»Im Falle von geschlossenen Grenzen, Naturkatastrophen, bewaffneten Konflikten und dergleichen auf dem Weg wird der Fahrpreis nicht erstattet.«

Das verstand sie.

»Wann fährt nach morgen der nächste Magic Bus?«, fragte Paulo und gab damit seine Schweigsamkeit und seine schlechte Laune auf.

»Das kommt darauf an. Wir sind kein reguläres Reisebüro, wie du dir vorstellen kannst.«

Paulo empfand Lars' Tonfall als leicht feindselig – er fühlte sich von ihm wie ein Trottel behandelt.

»Das weiß ich, aber du hast meine Frage nicht beantwortet.«

»Im Prinzip, wenn mit dem Magic Bus von Cortez alles nach Plan läuft, wird er in zwei Wochen in Kathmandu ankommen, Cortez ruht sich dann etwas aus, wird aber vor Ende des Monats wieder zurück sein. Aber garantieren kann ich das nicht – Cortez hat wie alle unsere Fahrer ...«

Wie er »unsere Fahrer« sagte, klang, als wäre von einer großen Firma die Rede, was er eben noch ganz anders dargestellt hatte.

»... oft keine Lust, jedes Mal dieselbe Route zu fahren, die Fahrzeuge gehören ihnen, und Cortez entscheidet, ob er beispielsweise nach Marrakesch fährt oder nach Kabul. Das sagt er mir ständig.«

Mit dem Ticket gab er ihr noch eine Landkarte mit den angekreuzten Haltestellen.

Karla verabschiedete sich, nicht ohne dem Schweden zuvor noch einen tiefen Blick zuzuwerfen.

»Hätte ich weiter nichts zu tun, würde *ich* mich als Fahrer anbieten«, beantwortete Lars Karlas wortlosen Abschied. »Dann könnten wir uns besser kennenlernen.«

Für ihn war die männliche Begleitung der jungen Frau gar nicht vorhanden.

»Die Gelegenheit wirst du noch bekommen. Wenn ich wieder da bin, können wir einen Kaffee zusammen trinken und sehen, wie die Dinge sich entwickeln.«

In diesem Augenblick gab Lars den arroganten Tonfall eines, der die Welt beherrscht, auf, und sagte etwas Unerwartetes.

»Wer dorthin fährt, kommt nicht zurück – zumindest nicht in den nächsten zwei oder drei Jahren. Das sagen alle Fahrer.«

Entführungen? Überfälle?

»Nicht deswegen. Kathmandu wird auch Shangri-la genannt, das Tal des Paradieses. Sobald du dich an die Höhe
gewöhnt hast, wirst du dort alles finden, was du zum Leben
brauchst. Und du wirst kaum Lust haben, wieder in einer
Stadt zu wohnen.«

»Morgen um elf Uhr geht's los. Wer nicht um elf da ist,
fährt nicht mit.«

»Aber ist das nicht sehr früh?«

»Du wirst jede Menge Zeit haben, um im Bus zu schlafen.«

Karla, die ein dickköpfiger und von sich überzeugter Mensch war, hatte am Tag zuvor bei ihrer Begegnung auf dem Dam beschlossen, dass Paulo mit ihr fahren musste. Obwohl sie sich gerade mal vierundzwanzig Stunden kannten, fühlte sie sich wohl in seiner Gegenwart. Und obwohl sie sich auf geheimnisvolle Weise zu ihm hingezogen fühlte, redete sie sich ein, dass sie sich nie in ihn verlieben würde. Das durfte nicht sein. Erfahrungsgemäß genügte es bei ihr, mit jemandem täglich zusammen zu sein, damit in weniger als einer Woche der Reiz dahin war.

Andererseits wollte sie sich nicht die ganze Reise vermiesen lassen, indem sie allein losfuhr und den Mann, den sie für den idealen Reisegefährten hielt, in Amsterdam zurückließ und gedanklich doch nicht von ihm loskam. Und wenn sie zuließ, dass der ideale Mann unterwegs in ihrem Kopf immer noch idealer wurde, bestand die Gefahr, dass sie um seinetwillen auf halber Strecke umkehrte, ihn womöglich sogar heiratete – was ganz und gar nicht zu ihren Plänen für diese Inkarnation passte. Oder umgekehrt könnte er seinerseits in der Zwischenzeit in ein fernes, exotisches Land voller Indios und Schlangen auf den Straßen der großen Städte aufbrechen (obwohl sie fand, dass Letzteres möglicherweise eine Legende war wie vieles andere, das man sich über sein Land erzählte).

Also sagte sie sich, dass Paulo für sie einfach nur die richtige Person zum richtigen Zeitpunkt war. Sie hatte keineswegs vor, ihre Reise nach Nepal zu einem Albtraum werden zu lassen und sich das Flirten mit anderen Passagieren zu versagen. Sie unternahm die Reise, weil es wirklich das war, was ihr am verrücktesten vorkam, ganz jenseits ihrer Grenzen – sie, die fast ohne Grenzen aufgewachsen war.

Sie selbst würde nie den Hare Krishnas auf der Straße hinterhertanzen, sich auch niemals einem der vielen indischen Gurus anschließen, die sie kennengelernt hatte und die einem nur beibringen konnten, was »den Geist leeren« hieß. Als könnte ein leerer, vollkommen leerer Geist einen dem Göttlichen näherbringen. Nach ihren ersten (frustrierenden) diesbezüglichen Erfahrungen blieb ihr nur noch der direkte Kontakt mit der Gottheit, die sie zugleich fürchtete und liebte. Sie war ausschließlich an Einsamkeit und Schönheit interessiert, dem direkten Kontakt mit Gott und vor allem an einer gehörigen Distanz zu einer Welt, die sie nur allzu gut kannte und die sie nicht mehr interessierte.

War sie nicht etwas jung für solche Gedanken und für eine so weite Reise? Sei's drum, später konnte sie es sich ja immer noch anders überlegen, denn (wie sie es Wilma gegenüber im Coffee-Shop formuliert hatte) das Paradies – so wie es sich die Menschen im Westen vorstellten – war uninteressant und sterbenslangweilig.

*

Paulo und Karla setzten sich nebeneinander vor ein Café, in dem es, anders als in den Coffee-Shops, tatsächlich nur

Kaffee und Gebäck gab. Beide hielten ihr Gesicht in die Sonne, im Bewusstsein, dass dies ein glücklicher Moment war, der von einem Augenblick auf den anderen vorüber sein konnte. Sie hatten, seit sie das »Reisebüro« verlassen hatten, kein Wort miteinander gewechselt.

»Und jetzt ...«

»... und jetzt ist dies möglicherweise der letzte Tag, den wir gemeinsam verbringen. Du reist nach Osten und ich nach Westen ...«

»Piccadilly Circus, wo du eine Kopie dessen finden wirst, was du hier gesehen hast, nur die Mitte des Platzes ist anders. Die Statue von Merkur ist bestimmt viel schöner als das Denkmal auf dem Dam.«

Was Karla nicht wusste, war, dass es seit dem Gespräch im »Reisebüro« Paulos größter Wunsch war, sie zu begleiten. Mit anderen Worten, Orte kennenzulernen, an die man nur einmal im Leben reist – und das alles für nur siebzig Dollar. Dass er womöglich dabei war, sich in die junge Frau an seiner Seite zu verlieben, wies Paulo immer noch weit von sich. Er wollte in sich nicht in jemanden verlieben, der nicht den Wunsch hatte, seine Liebe zu erwidern.

Er fing an, die Karte zu studieren: Sie würden die Alpen passieren, mindestens zwei kommunistische Länder durchqueren und dann schon bald das erste muslimische Land erreichen, das er in seinem Leben kennenlernen würde – die Türkei. Eine Region, über die er viel gelesen hatte im Zusammenhang mit den Derwischen, die sich beim Tanzen so lange um sich selbst drehten, dass sie in eine Art Trance oder religiöse Ekstase verfielen, welche ihnen erlaubte, mit Allah in Kontakt zu treten. Er hatte sogar die Gastvorstellung einer Derwisch-Gruppe besucht, die auf ihrer Tournee durch Südamerika auch im populärsten Theater Rio de Janeiros aufgetreten war. Alles, was er gelesen hatte, könnte nun Wirklichkeit werden.

Für nur siebzig Dollar. In Begleitung anderer mehrheitlich junger Menschen, die ebenso abenteuerlustig waren wie er.

Ja, Piccadilly Circus war nur ein runder Platz, auf dem es von buntgekleideten Gestalten nur so wimmelte, wo Polizisten keine Waffe trugen, die Kneipen um 23 Uhr schlossen und von wo Touristenbusse zu ihren Stadtrundfahrten starteten.

Wenige Minuten später hatte er sich entschieden – ein Abenteuer war sehr viel interessanter als ein Platz. Hatten nicht schon die alten Griechen gesagt, alles sei ständig im Fluss – weil das Leben kurz ist und schnell vergeht? Würden sich die Dinge nicht verändern, gäbe es kein Universum.

Durfte er so schnell seine Meinung ändern?

Viele Gefühle bewegen das Herz des Menschen, wenn er beschließt, sich dem spirituellen Weg zuzuwenden. Es kann aus einem edlen Beweggrund sein wie etwa Glaube, Nächstenliebe oder Barmherzigkeit. Oder es kann nur aus einer Laune heraus geschehen, aus Angst vor dem Alleinsein, aus Neugier oder aus dem Wunsch heraus, geliebt zu werden.

Letztlich spielt es keine Rolle, welches der ursprüngliche Beweggrund war. Der wahre spirituelle Weg ist stärker als die Gründe, die uns zu ihm geführt haben. Ganz allmählich wird der Weg immer bestimmender, er bestimmt uns mit Liebe, Disziplin und Würde. Es kommt der Augenblick, in dem wir zurückschauen, uns an den Beginn unserer

Reise erinnern und über uns selber lachen. Dann erkennen wir, dass wir zu wachsen imstande waren, obwohl wir aus Gründen Wege gingen, die wir für wichtig hielten, die aber letztlich belanglos waren. Auch waren wir imstande, im entscheidenden Augenblick die Richtung zu wechseln.

Die Liebe Gottes ist stärker als die Gründe, die uns zu ihm führen. Daran glaubte Paulo von ganzem Herzen. Die Macht Gottes ist in jedem Augenblick mit uns, und es braucht Mut, zuzulassen, dass sie sich in unserem Geist, in unseren Sinnen, in unserer Atmung offenbart. Es braucht aber auch Mut, seine Meinung zu ändern.

*

»Ich denke, du möchtest, dass ich mitkomme, denn gestern hast du mich im Paradiso in eine Falle tappen lassen.«

»Spinnst du?«

»Immer.«

Ja, sie wünschte sich sehr, dass er sie begleitete, aber als Frau, die wusste, wie Männer ticken, sagte sie lieber nichts. Sie musste beides vermeiden: sowohl, dass er sich am längeren, wie auch, dass er sich am kürzeren Hebel fühlte. Paulo hatte ihr Spiel durchschaut und es »eine Falle« genannt.

»Antworte einfach auf meine Frage: Willst du, dass ich mitkomme?«

»Mir ist das vollkommen gleichgültig.«

Bitte komm mit – dachte sie. *Nicht, weil du ein besonders interessanter Mann bist (tatsächlich schien der Schwede im »Reisebüro« sehr viel eher zu wissen, was er wollte). Sondern weil ich mich mit dir besser fühle. Und ich war sehr stolz auf dich, als du meinem Rat gefolgt bist und am Ende mit deinem Entschluss, kein Heroin nach Deutschland zu schmuggeln, viele Seelen gerettet hast.*

»Es ist dir gleichgültig? Soll das heißen, es ist dir egal?«

»Genau.«

»Und falls ich jetzt, in dieser Minute, aufstehe, in das ›Reisebüro‹ gehe und das letzte Ticket kaufe, macht dich das dann glücklicher oder unglücklicher?«

Da schenkte sie ihm ein strahlendes Lächeln. Sie hoffte, dass sie damit sagte, was sie mit Worten nicht ausdrücken konnte (oder wollte): dass sie sehr glücklich wäre, wenn Paulo ihr Reisebegleiter würde.

»Du bezahlst den Kaffee«, sagte er und erhob sich. »Ich habe heute schon ein Vermögen für die Buße bezahlt.«

Paulo hatte ihr Lächeln gelesen, doch um sich ihre Freude darüber, dass er mitfuhr, nicht allzu sehr anmerken zu lassen, sagte sie das Erstbeste, was ihr einfiel:

»Hier in den Niederlanden teilen sich Mann und Frau immer die Rechnung. Wir Frauen sind nicht als Sexualobjekte geboren worden. Und die Buße musstest du bezahlen, weil du nicht auf mich hören wolltest. – Schon okay, ich will ja nicht, dass du unbedingt auf mich hörst. Der Kaffee geht auf mich.«

Was für eine nervige Frau, dachte Paulo. Zu allem hatte sie eine fertige Meinung. Doch in Wirklichkeit liebte er die Art, mit der sie in jedem Moment ihre Unabhängigkeit bekräftigte.

Während sie zurück zum Reisebüro gingen, fragte er, ob sie tatsächlich glaubte, dass sie es bei dem lächerlichen Fahrpreis bis nach Nepal schaffen würden.

»Vor ein paar Monaten hatte ich da noch meine Zweifel, besonders nachdem ich eine Zeitungsannonce gelesen hatte, in der Busreisen nach Indien, Nepal und Afghanistan für siebenhundert bis tausend Dollar angeboten wurden. Doch dann habe ich in der *Ark*, einer alternativen Zeitung, den Bericht eines Indienreisenden gelesen, der wieder zurückgekommen ist, und da spürte ich ganz intensiv den Wunsch, das Gleiche zu tun.«

Sie vermied es, zu sagen, dass sie vorhatte, erst in mehreren Jahren wieder zurückzukommen, aus Angst, Paulo könnte die Vorstellung, die Tausende von Kilometern allein zurückfahren zu müssen, von der Reise abschrecken.

Aber er würde sich dann schon an die neue Situation anpassen – Leben bedeutet Anpassung.

Der berühmte Magic Bus hatte überhaupt nichts Magisches und entsprach keineswegs den Plakaten, die sie im Reisebüro gesehen hatten – bunte Karosserie, voller Graffiti und Sprüche. Es war einfach nur ein ehemaliger Schulbus, mit nichtverstellbaren Sitzen und einem Gepäckträger auf dem Dach, auf dem Benzinkanister und Ersatzreifen festgezurrt waren.

Der Fahrer rief die Passagiere zusammen – rund zwanzig Personen, die alle aus demselben Film zu stammen schienen, obwohl ihr Alter zwischen Minderjährigen, die von zu Hause ausgerissen waren (es gab da zwei Mädchen, die so wirkten, aber niemand verlangte ihren Ausweis zu sehen), bis hin zu einem Mann, der den Blick fest auf den Horizont gerichtet hielt, als hätte er bereits die ersehnte Erleuchtung erlangt und jetzt beschlossen, einen Ausflug zu machen, einen langen Ausflug.

Es gab zwei Fahrer: einen, der mit schottischem Akzent Englisch sprach, und einen weiteren, der eher indisch wirkte.

»Obwohl ich grundsätzlich keine Regeln mag«, sagte der erste Fahrer, »müssen dennoch ein paar Regeln sein und strikt eingehalten werden. Die erste: Niemand darf nach Überquerung der Grenze noch Drogen bei sich haben. In einigen Ländern bedeutet es Gefängnis, wenn man erwischt wird, in anderen, beispielsweise in Afrika, möglicherweise Enthauptung. Ich hoffe, die Botschaft ist angekommen.«

Der Fahrer hielt inne, um zu sehen, ob alle verstanden hatten. Die zwanzig Passagiere wirkten alle so, als wären sie mit einem Mal aufgewacht.

»Unten im Gepäckfach habe ich Wasserflaschen und Armeerationen. Jede Ration enthält: püriertes Fleisch, Kekse, eine Tafel Schokolade mit Nüssen oder Karamell, Orangensaftpulver, Zucker, Salz. Bereitet euch darauf vor, dass ihr während einer beträchtlichen Zeit der Reise, nämlich sobald wir die Türkei verlassen haben, nur kaltes Essen bekommt.

Die Visa werden an den Grenzen ausgestellt: Transitvisa. Sie kosten etwas, aber nicht sehr viel. Je nach Land, beispielsweise im kommunistisch regierten Bulgarien, darf niemand den Bus verlassen. Erledigt also eure Bedürfnisse vorher, denn ich werde nicht halten.«

Der Fahrer schaute auf die Uhr.

»So! Zeit zum Abfahren. Nehmt eure Rucksäcke mit rein – und ich hoffe, ihr habt auch Schlafsäcke dabei. Wir halten nachts, manchmal bei Tankstellen, aber meist auf freiem Feld, direkt an der Straße. Bei dem einen oder anderen Halt, wie etwa in Istanbul, wo beides nicht geht, übernachten wir auch in billigen Hotels.«

»Können wir die Rucksäcke nicht oben aufs Dach tun, um mehr Beinfreiheit zu haben?«

»Klar könnt ihr das. Aber macht mich nicht dafür verantwortlich, wenn ihr sie bei der nächsten Kaffeepause nicht wiederfindet. Ganz hinten im Bus ist Platz für Gepäck reserviert. Ein Gepäckstück pro Person, wie auf der Rückseite des Faltblattes mit der Reiseroute vermerkt ist. Trinkwasser ist im Fahrpreis nicht inbegriffen, also hoffe ich, dass ihr alle eure Wasserflaschen mitgebracht habt. Ihr könnt sie jeweils an den Tankstellen auffüllen.«

»Und wenn etwas passiert?«

»Was passiert?«

»Wenn einer von uns krank wird, beispielsweise.«

»Ich habe einen Erste-Hilfe-Koffer dabei. Aber wie der Name schon sagt, der ist für ERSTE HILFE. Ausreichend, um bis zur nächsten Stadt zu gelangen und den Kranken dortzulassen. Also gebt gut auf eure Körper acht, so wie ihr vermutlich auch auf eure Seelen aufpasst. Ich nehme doch an, ihr habt alle eine Impfung gegen Gelbfieber und Pocken.«

Paulo hatte Erstere, weil es in Brasilien Gelbfieber gab. Aber gegen Pocken war er nicht geimpft, weil in seiner Heimat davon ausgegangen wurde, dass die Windpocken, die die meisten als Kinder gehabt hatten, auch gegen die Pocken immun machten.

Der Fahrer wollte von niemandem den Impfpass sehen. Alle Passagiere stiegen jetzt ein und suchten sich einen Platz. Mehr als einer legte seinen Rucksack auf den freien Sitz neben sich, aber das Gepäck wurde sofort von einem der Fahrer geschnappt und nach hinten geworfen.

»Unterwegs steigen noch welche ein, ihr Egoisten.«

Die minderjährig wirkenden Mädchen, die möglicherweise gefälschte Pässe hatten, setzten sich nebeneinander. Paulo setzte sich neben Karla, und sie machten gleich ein Rotationssystem für den Fensterplatz aus. Karla schlug vor, alle drei Stunden die Plätze zu tauschen, und sagte, dass sie nachts, damit sie ordentlich schlafen konnte, am Fenster sitzen wolle. Paulo fand den Vorschlag ungerecht, weil sie dann den Kopf gegen die Scheibe lehnen könnte und er nicht. Daraufhin wurde vereinbart, dass abwechselnd jeder eine Nacht am Fenster sitzen würde, wenn sie nicht gerade unter freiem Himmel schliefen.

Der Fahrer startete den Motor, und der keineswegs romantische Schulbus namens Magic Bus begann die Reise von mehreren Tausend Kilometern, die sie bis ans andere Ende der Welt führen sollte.

»Vorher, als der Fahrer sprach, hatte ich nicht das Gefühl, zu einem Abenteuer aufzubrechen, sondern zum Wehrdienst, den wir in Brasilien machen müssen«, sagte Paulo zu Karla und erinnerte sich an das Versprechen, das er sich auf der Rückreise im Bus über die Anden gegeben hatte, und an die vielen Male, die er es schon gebrochen hatte.

Karla ärgerte sich über die Bemerkung, wollte aber nicht schon nach fünf Minuten zu streiten anfangen oder sich gar woanders hinsetzen. Sie holte ein Buch aus ihrer Tasche und begann zu lesen.

»Na, bist du zufrieden, dass du jetzt unterwegs zu dem Ort bist, zu dem du wolltest? Der Typ vom Reisebüro hat gelogen – es gibt noch leere Sitze.«

»Er hat nicht gelogen – hast du denn nicht gehört, wie der Fahrer gesagt hat, unterwegs würden noch andere zusteigen? Und ich fahre nicht an den Ort, an den ich will – ich kehre dahin zurück.«

Paulo verstand nicht, was sie damit meinte, und sie führte es auch nicht näher aus. Also beschloss er, sie in Ruhe zu lassen, und konzentrierte sich auf die weiten, von Kanälen durchzogenen Ebenen, die sich vor ihnen ausbreiteten.

Warum hat Gott die Welt geschaffen und die Holländer
Holland? Gab es nicht genug Land, das darauf wartete, be-
wohnt zu werden?

*

Zwei Stunden später hatten sie bereits mit den meisten Mit-
reisenden Bekanntschaft geschlossen – oder sich zumindest
gegenseitig vorgestellt. Eine Gruppe von Australiern lächelte
zwar freundlich zur Begrüßung, war aber an Gesprächen
nicht besonders interessiert.

Karla wollte ebenso wenig reden. Sie tat ganz vertieft in
ihre Lektüre, war aber in Gedanken schon in Kathmandu,
bei ihrer Ankunft im Himalaya-Gebirge, das noch Tausende
von Kilometern entfernt war. Paulo wusste aus Erfahrung,
dass zu viel Vorfreude auch in Ungeduld umschlagen kann,
sagte aber nichts. Solange Karla ihn nicht mit ihrer schlechten Laune ansteckte, war ihm alles recht. Falls doch, würde
er den Platz wechseln.

Hinter ihnen saßen zwei Franzosen, ein Vater mit seiner
Tochter, die etwas neurotisch, wenn auch gleichzeitig sehr
euphorisch wirkte. Neben ihnen, auf der anderen Seite des
Mittelgangs, saß ein Paar aus Irland. Der junge Mann stellte
sich sofort vor und erzählte, dass er die Reise schon einmal gemacht habe und jetzt seine Freundin mitnehme, weil
Kathmandu, »falls wir es bis dorthin schaffen, natürlich«,
ein Ort sei, an dem man mindestens zwei Jahre bleiben
müsse – das letzte Mal sei er wegen seiner Arbeit nach Irland zurückgekehrt, aber jetzt habe er alles aufgegeben,
seine Sammlung von Miniaturautos verkauft (brachte der

Verkauf einer Miniaturautosammlung so viel Geld ein?), seine Wohnung aufgegeben und – nun lächelte er übers ganze Gesicht – seine Freundin gebeten, ihn zu begleiten.

Als Karla ihn das von dem »Ort, an dem man mindestens zwei Jahre bleiben muss«, sagen hörte, hob sie ihren Blick vom Buch und fragte nach dem Grund.

Ryan, so hieß der Ire, erklärte, dass er in Nepal das Gefühl gehabt habe, aus der Zeit heraus- und in eine Parallelrealität einzutreten, in der alles möglich sei. Mirthe, Ryans Freundin, die Karla weder besonders sympathisch noch unsympathisch war, wirkte alles andere als davon überzeugt, dass Nepal der Ort sein würde, an dem sie die nächsten Jahre leben wollte.

Aber offensichtlich war ihre Liebe größer.

»Es ist dieser Geisteszustand, der deinen Körper und deine Seele erfasst, wenn du glücklich bist, das Herz voller Liebe. Plötzlich erhält alles, was zu deinem Alltag gehört, neuen Sinn. Die Farben werden leuchtender; was dich zuvor gestört hat – Kälte, Regen, das Alleinsein, das Studium, die Arbeit –, all das wirkt wie neu. In weniger als dem Bruchteil einer Sekunde bist du mit dem Universum eins geworden.«

Den Iren schien es glücklich zu machen, seine Erfahrungen teilen zu können. Er war von seinem Sitz aufgestanden und auf den Mittelgang getreten. Mirthe dagegen schien sein Gespräch mit der schönen Holländerin nicht sehr zu gefallen – die parallele Realität, in die *sie* jetzt eintrat, war eine, in der alles von einem Augenblick zum anderen hässlich und bedrückend wurde.

»Es gibt auch die Kehrseite der Medaille: wenn kleine Alltagssorgen sich zu großen, im Grunde nicht vorhandenen Problemen auswachsen«, fuhr Ryan fort, als hätte er gespürt, was in seiner Freundin vor sich ging. »Es gibt nicht nur eine, sondern viele parallele Realitäten. Wir befinden uns in einem Bus, weil wir es uns ausgesucht haben, und wir können wählen, wie wir reisen: indem wir uns darüber freuen, dass ein Traum bald Wirklichkeit wird, oder indem wir uns darauf fokussieren, dass wir uns zwischen zeitweilig nervige Leute auf unbequeme Sitze zwängen müssen. Alles, was wir uns jetzt vorstellen, wird sich während des Rests der Reise offenbaren.«

Mirthe tat so, als hätte sie die Anspielung nicht verstanden.

»Als ich das erste Mal in Nepal war, fühlte ich mich Irland verpflichtet und durfte mich dieser Verpflichtung nicht einfach entziehen. Ich sagte mir: Lebe das jetzt, nutze jede Sekunde, denn du wirst schon bald in dein Land zurückkehren. Und mach ja genügend Fotos, damit deine Freunde zu Hause sehen können, was sie sich haben entgehen lassen, weil sie nicht so mutig waren wie du.

Eines Tages habe ich mit anderen zusammen eine Höhle im Himalaya besucht. Dort, wo es praktisch keine Vegetation gibt, wuchs eine kleine Blume, höchstens halb so groß wie ein Finger. Wir empfanden das als Wunder, ein Zeichen, und um unseren Respekt zu zeigen, gaben wir einander die Hände und sangen ein Mantra. Wenige Sekunden später begann die Höhle zu vibrieren, wir spürten die Kälte nicht mehr, und die Berge, die weit entfernt waren, wirkten plötzlich ganz nah. Und warum das alles? Weil ein früherer Bewohner der Höhle dort geradezu fühlbare Schwingungen der Liebe hinterlassen hatte, die alles durchdrangen, was an diesen Ort kam, egal ob Mensch, Tier oder Pflanze. Wie etwa jenen Samen, den der Wind hergeweht hatte und aus dem die kleine Blume hervorgegangen war. Und es war so, als würde der Wunsch – unser aller großer Wunsch nach einer besseren Welt – allmählich Form annehmen und alles beseelen.«

Mirthe hatte diese Geschichte bestimmt schon öfter gehört, doch Paulo und Karla hingen buchstäblich an Ryans Lippen.

»Wie lange dieses Phänomen andauerte, weiß ich nicht mehr, aber als wir in das Kloster zurückkamen, in dem wir untergebracht waren, und erzählten, was passiert war, sagte einer der Mönche, dass dort einst jemand gelebt hatte, dem der Ruf vorausging, ein Heiliger zu sein. Er sagte auch, dass die Welt sich gerade verändere und alle Leidenschaften, wirklich alle, in Zukunft viel intensiver sein würden. Der Hass würde stärker und zerstörerischer sein und die Liebe ein strahlenderes Gesicht zeigen.«

Der Fahrer unterbrach ihn, indem er ansagte, dass sie gemäß Reiseplan jetzt eigentlich nach Luxemburg fahren und dort die Nacht verbringen sollten. Da aber offensichtlich keiner der Reisenden dort aussteigen wolle, werde er weiterfahren, und sie würden nach einem Abstecher nach Düsseldorf irgendwo in Süddeutschland übernachten.

»Ich werde bald halten, damit ihr etwas essen könnt, und das Büro anrufen, um zu sagen, dass die nächsten Fahrgäste sich früher als ursprünglich vorgesehen am nächsten Halt einfinden sollen. Wenn niemand nach Luxemburg will, sparen wir kostbare Kilometer.«

Die Ansage wurde mit Applaus quittiert. Ryan wollte zu seinem Platz zurück, doch Karla hielt ihn auf.

»Heißt das, allein durch Meditation und indem du dein Herz der Gottheit überantwortet hast, konntest du von einer Realität in die andere springen?«

»Das, was du gerade beschreibst, mache ich täglich. Aber ich denke auch jeden Tag an die Höhle. An den Himalaya. An die Mönche. Ich glaube, meine Zeit in der sogenannten westlichen Zivilisation ist abgelaufen. Ich bin auf der Suche nach einem neuen Leben. Jetzt, wo sich die Welt verändert, die positiven Gefühle ebenso wie die negativen mit Macht hervortreten, bin ich, oder besser gesagt, sind wir, nicht mehr bereit, uns mit den schlechten Seiten des Lebens abzufinden.«

»Niemand kann uns dazu zwingen«, sagte Mirthe, die zum ersten Mal am Gespräch teilnahm und damit bewies, dass sie es geschafft hatte, sich in kurzer Frist vom giftigen Stachel der Eifersucht zu befreien.

Paulo wusste das alles irgendwie bereits. Er hatte bereits Ähnliches erlebt – er hatte sich dann meistens, wenn er sich zwischen Rache und Liebe entscheiden musste, für die Liebe entschieden. Das war nicht immer die richtige Wahl gewesen, manchmal wurde es ihm als Feigheit ausgelegt, manchmal fühlte er sich selber eher durch Angst motiviert als durch den ehrlichen Wunsch, die Welt zu verbessern. Er war ein Mensch mit Schwächen und stand dazu, dass er nicht alles verstand, was in seinem Leben geschah. Dennoch wollte er nur allzu gern daran glauben, dass er auf der Suche nach dem Licht war.

Ihm wurde jetzt plötzlich klar, dass alles vorherbestimmt war, dass er diese Reise machen, diese Menschen kennenlernen, genau das tun musste, was er immer predigte, zu dem er aber nicht immer den Mut aufbrachte: sich dem Universum anheimzugeben.

*

Allmählich fanden sich die Passagiere zu kleinen Gruppen zusammen, mal wegen der Sprache, mal weil irgendein nichtverbales Interesse im Spiel war – wie Sex beispielsweise. Nur die beiden Mädchen hielten sich weiterhin abseits und taten so, als hätten sie mit allem nichts zu tun – vermutlich, weil sie glaubten, von den anderen beobachtet zu werden, was nicht der Fall war. Die ersten Tage vergingen mit gegenseitigem Kennenlernen und Erfahrungsaustausch wie im Fluge. Die Fahrt wurde nur für Pausen an Tankstellen unterbrochen, um den Bus aufzutanken und die Wasserflaschen nachzufüllen, für ein gelegentliches Sandwich oder einen Softdrink, für einen Gang ins Bad. Ansonsten gab es Gespräche, Gespräche und noch mal Gespräche.

Sie schliefen alle unter freiem Himmel, meist war ihnen kalt, aber sie freuten sich, in die Sterne hochzuschauen und in die ewige Stille einzutauchen, die Unendlichkeit zu spüren und in Gesellschaft von Engeln zu schlafen, die sie zu sehen glaubten.

Paulo und Karla taten sich mit Ryan und Mirthe zusammen, besser gesagt, Mirthe schloss sich ihnen nur widerwillig an, weil sie die Geschichte mit den parallelen Realitäten in ihrem Leben schon zu oft gehört hatte. Ihre Anwesenheit beschränkte sich daher darauf, ihren Mann zu überwachen, um zu verhindern, auf halber Strecke von ihm nach Hause geschickt zu werden, weil er sich nach fast zwei Jahren Beziehung nicht mehr für sie interessierte.

Paulo hatte das Interesse des Iren an Karla ebenfalls bemerkt, der bei der erstbesten Gelegenheit nach der Art der Beziehung der beiden gefragt und die direkte Antwort von Karla selber erhalten hatte:

»Keine.«

»Gute Freunde?«

»Nicht einmal das. Nur Reisegefährten.«

Und stimmte das denn etwa nicht? Paulo beschloss, die Dinge so zu akzeptieren, wie sie waren, und unangebrachte romantische Gefühle außen vor zu lassen. Sie waren wie zwei Seeleute, die gemeinsam auf hoher See waren; obwohl sie in derselben Kabine schliefen, belegte einer die untere, der andere die obere Koje.

Je mehr sich Ryan für Karla interessierte, umso unsicherer und wütender wurde Mirthe – selbstverständlich ohne etwas davon zu zeigen, weil dies als Zeichen von mangelndem Selbstbewusstsein hätte gewertet werden können. Sie begann sich Paulo zu nähern, setzte sich bei ihren Vierergesprächen neben ihn und lehnte hin und wieder den Kopf an seine Schulter, während Ryan von dem erzählte, was er nach seiner Rückkehr aus Kathmandu gelernt hatte.

S chaut mal die Berge! Wie wunderschön!«
Nach gefühlt unzähligen Reisetagen war die angeregte
Stimmung allmählich abgeflacht, und Langeweile und Routine hatten sich breitgemacht. Niemand hatte mehr Neues
zu erzählen, nichts Berichtenswertes geschah, sie aßen an
Tankstellen und versuchten ständig, eine bequemere Stel-
lung auf ihren Sitzen zu finden und zwischendurch wegen
des Zigarettenrauchs zu lüften. Die eigenen Geschichten
und die Gespräche der anderen ödeten sie nur noch an –
wenngleich keine Gelegenheit ausgelassen wurde, kleine
Spitzen zu verteilen, wie es im Übrigen alle Menschen tun,
wenn sie sich in einer Herde befinden, selbst wenn sie einander grundsätzlich wohlgesinnt sind.

*

Bis schließlich die Berge auftauchten. Und das Tal. Und der
Fluss, der am Grund des Steilhanges floss. Jemand fragte, wo
sie sich befänden, und der indische Fahrer sagte, sie seien
gerade in Österreich angekommen.

»Wir werden in Kürze dort hinunterfahren und in der
Nähe des Flusses halten, damit alle baden können. Es geht
nichts über kaltes Wasser, um das Blut in den Adern wieder

schneller zirkulieren zu lassen und die Routine abzuschütteln.«

Alle wurden munter bei der Aussicht auf völlige Nacktheit, völlige Freiheit, direkten Kontakt mit der Natur.

Der Fahrer bog in einen holprigen Weg ein, der Bus ruckelte hin und her, und viele der Passagiere schrien aus Angst, sie könnten umkippen, doch der Fahrer lachte nur. Sie gelangten schließlich an einen kleinen Nebenarm des Flusses, dessen Wasser ruhiger floss.

»Eine halbe Stunde. Nutzt die Zeit auch, um eure Sachen zu waschen.«

Alle rannten nach hinten zu ihren Rucksäcken – die meisten hatten neben der Zahnbürste auch ein kleines Handtuch und Seifenstücke dabei, da sie bisher immer gecampt statt im Hotel übernachtet hatten.

»Komisch, dass alle glauben, wir Hippies würden uns nicht waschen. Dabei sind wir wahrscheinlich sauberer als die meisten Spießbürger, die uns das vorwerfen.«

Sie warfen einem das vor? Wen kümmerte das? Allein der Umstand, Kritik an sich heranzulassen, gab dem Kritiker Macht. Die Person, die diesen Kommentar gemacht hatte, erntete zornige Blicke. Dass Hippies sich nicht im mindesten um das kümmerten, was andere sagten, war nur die halbe Wahrheit, da sie mit ihrer betont sinnlichen Kleidung, den Blumenkränzen im Haar, den tiefen Dekolletés nur zu gern auf sich aufmerksam machten und provozierten. Die zur Schau getragene Sinnlichkeit zielte übrigens nicht darauf ab, Männer anzuziehen, sondern war Ausdruck des Stolzes auf den eigenen Körper, und das sollten alle mitbekommen.

Wer kein Handtuch dabeihatte, nahm ein überzähliges

T-Shirt, ein Hemd, einen Pullover oder ein Stück Unterwäsche – irgendetwas, was man zum Abtrocknen gebrauchen konnte. Dann stiegen sie den Hang hinab und zogen sich, am Ufer angekommen, ganz aus – nur die beiden minderjährigen Mädchen nicht, die zwar ihre Oberbekleidung ablegten, aber Höschen und BH anbehielten.

Es wehte ein ziemlich starker, warmer Wind, und der Fahrer meinte, dass durch den warmen Wind alles schnell trocknen würde.

»Deshalb habe ich hier gehalten.«

Wer oben auf der Straße vorbeifuhr, konnte sie nicht sehen. Wegen der hohen Berge drang das Sonnenlicht nicht bis in das Tal, aber es war dennoch wunderschön. Zu beiden Seiten ragten die Felsen hoch auf. An sie klammerten sich Tannen, im Flussbett lagen vom Wasser jahrtausendelang rundgeschliffene Steine. Vor Begeisterung dachte niemand daran, dass das Wasser eiskalt sein könnte, und alle sprangen einfach hinein. Es gab ein großes Hallo und Geschrei, alle bespritzten sich gegenseitig, und zwischen den diversen Grüppchen, die sich unterwegs gebildet hatten, entstand eine neue, eine zwanglose Vertrautheit, in der unausgesprochen mitschwang: ›Wir sind alle ständig unterwegs und auf Reisen, weil wir zu denen gehören, die niemals still stehen wollen.‹

Würden wir eine Stunde lang schweigen, würden wir anfangen, Gott zu hören, dachte Paulo. Aber wenn wir vor Freude schreien, hört Gott uns auch und kommt, um uns zu segnen.

Die beiden Fahrer, die gewiss schon unzählige junge Leute gesehen hatten, die sich ihrer Nacktheit nicht im Geringsten schämten, ließen die Gruppe baden und prüften in der Zwischenzeit Reifendruck und Ölstand.

Paulo, der Karla zum ersten Mal nackt sah, musste sich beherrschen, um nicht eifersüchtig zu werden. Ihre wunderschönen Brüste erinnerten ihn an das Model, das er bei dem Fotoshooting auf dem Dam gesehen hatte – nur war sie noch viel schöner.

Aber die wahre Königin war Mirthe mit ihren langen Beinen, den perfekten Proportionen – eine Göttin, die es in ein Alpental in Österreich verschlagen hatte. Sie lächelte, als sie bemerkte, dass Paulo sie beobachtete, und er lächelte zurück, im Bewusstsein, dass es nur ein Spiel war, um Ryan eifersüchtig zu machen und ihn so von der verführerischen Holländerin fernzuhalten. Aber bekanntermaßen kann aus einem unschuldigen Spiel durchaus manchmal Ernst werden. Und Paulo träumte mit offenen Augen und dachte, dass er künftig dieser jungen Frau mehr Aufmerksamkeit schenken sollte; die signalisierte ihm doch schon länger, dass sie einer Annäherung nicht abgeneigt war.

Die jungen Leute wuschen jetzt ihre Wäsche. Nur die beiden Mädchen hielten sich weiterhin abseits, steckten ihre Köpfe zusammen und taten so, als würden sie die rund zwanzig nackten Menschen um sie herum nicht wahrnehmen. Paulo wusch Hemden und Unterhosen und wrang sie aus. Er überlegte noch, auch die Jeans zu waschen und die Ersatzhose anzuziehen, entschied sich dann aber, die Prozedur auf das nächste gemeinsame Bad zu verschieben – Jeans waren zwar praktisch, trockneten aber nur sehr langsam.

Jetzt entdeckte er oben auf einem der Berge etwas, das wie eine kleine Kapelle aussah. Die Vegetation wies an einigen Stellen Einschnitte auf, offensichtlich von Bächen geformt, die nach der Schneeschmelze dort flossen. Jetzt war von ihnen aber nur das sandige Bett geblieben.

Zum Ufer hin türmten sich chaotisch Felsbrocken in den unterschiedlichsten Farben. Möglicherweise lagen sie schon seit Tausenden von Jahren dort, ebenso gut konnten sie aber auch erst vor ein paar Wochen herabgerollt sein. An der Straße hatten Schilder vor Steinschlag gewarnt. Die Berge waren also noch in Bewegung, lebendig. Es war ursprüngliche, nicht menschengemachte Schönheit aus Felsen, Steinen und aus Tannen, die von den Bergen herabzustürzen drohten.

Und das Chaos war schön, war die Quelle des Lebens, war so, wie er sich das Universum dort draußen vorstellte – und auch das in ihm selber.

»Dort oben ist eine Kirche oder eine Eremitage«, meinte jemand. Offenbar war Paulo nicht der Einzige, der die Kapelle entdeckt hatte, die einen so krassen Gegensatz zu dem Chaos ringsum bildete. War sie etwa bewohnt? Und wie gelangte man dort hinauf? Ihre frisch geweißelten Wände zeigten, dass gelegentlich jemand hinaufging und nach dem Rechten sah.

Nun standen die jungen Leute einfach nur nebeneinander da, schauten zu den Tannen und Felsen hinauf und versuchten abzuschätzen, welches der höchste Gipfel war. Als sie etwas später saubere und inzwischen trockene Wäsche anzogen, spürten manche von ihnen, dass das Bad nicht nur ihre Körper gereinigt, sondern auch ihre Köpfe wieder freigemacht hatte.

Da ertönte die Hupe. Es war Zeit weiterzureisen – was sie an diesem idyllischen Ort beinahe vergessen hatten.

K arla ließen ganz offensichtlich Ryans Erfahrungen mit den parallelen Realitäten nicht mehr los:

»Aber wie hast du das mit den parallelen Realitäten gelernt? Denn es ist das eine, eine Epiphanie, eine Erleuchtung, in einer Höhle zu haben, aber wie gelingt es einem, Tausende von Kilometern von diesem Ort entfernt, erneut in diesen Zustand zu gelangen? Man kann eine spirituelle Erfahrung doch nicht nur an einer Stelle machen – Gott ist überall.«

»Ja, Gott ist überall. Er ist immer bei mir, wenn ich durch die Felder bei Dooradoyle gehe oder wenn ich nach Limerick, wo meine Familie seit Jahrhunderten lebt, fahre und aufs Meer schaue.«

Sie saßen in einer Straßenkneipe nahe der Grenze zu Jugoslawien, wo die verflossene große Liebe Paulos geboren und aufgewachsen war. Bislang hatte keiner von ihnen Probleme mit seinem Visum gehabt. Aber da es sich um ein kommunistisches Land handelte, wurde Paulo doch etwas unruhig. Da konnte der Fahrer lange sagen, niemand brauche sich Sorgen zu machen, Jugoslawien befinde sich, anders als Bulgarien, nicht hinter dem Eisernen Vorhang. Mirthe saß neben Paulo, Ryan neben Karla, und alle vier taten so, als sei alles wie immer, dabei ahnte jeder von ihnen, dass sich die Paarkonstellationen möglicherweise verändern würden.

Mirthe hatte schon gesagt, sie habe nicht vor, lange in Nepal zu bleiben. Karla hingegen hatte durchblicken lassen, dass sie dorthin fahre, um möglicherweise nicht mehr zurückzukehren.

Ryan fuhr fort:

»Als ich noch in Dooradoyle lebte, einem kleinen Vorort von Limerick, den ihr unbedingt einmal kennenlernen solltet, obwohl es dort viel regnet, glaubte ich, dazu bestimmt zu sein, den Rest meines Lebens dort zu verbringen wie meine Eltern, die noch nicht einmal nach Dublin gefahren waren, um die Hauptstadt ihres Landes kennenzulernen. Oder wie meine Großeltern, die auf dem Land wohnten, weil ihnen Limerick schon zu groß war, und die noch nie am Meer gewesen waren. Jahrelang habe ich alles brav gemacht, was sie wollten – ging brav zur Schule, arbeitete in einem kleinen Supermarkt, spielte in der Rugbymannschaft von Limerick (obwohl wir keine Chance hatten, je in die erste Liga aufzusteigen) und ging jeden Sonntag mit meinen Eltern zur Messe, weil das in Südirland so üblich und Teil unserer Kultur ist, wohingegen die Religionsfrage in Nordirland noch komplizierter ist.

Ich war mit dem, was ich für mein Schicksal hielt, durchaus zufrieden: Am Wochenende fuhr ich ans Meer, trank lange vor meinem achtzehnten Geburtstag regelmäßig Bier, denn ich kannte den Besitzer des lokalen Pubs. Was ist falsch daran, ein ruhiges Leben in einem dieser Reihenhäuschen zu führen, die aussehen, als wären sie alle von demselben Architekten erbaut, immer mal wieder mit einem Mädchen auszugehen und mit ihm irgendwo abseits in einer Scheune den Sex zu entdecken – beziehungsweise, es war gar kein

Geschlechtsverkehr im eigentlichen Sinn, weil ich mich nicht getraute, in das Mädchen einzudringen, aus Angst vor elterlicher oder gar göttlicher Strafe.

In den Abenteuerromanen folgen die Helden ihren Träumen, reisen dafür an die unglaublichsten Orte, müssen schwere Prüfungen bestehen, nach denen sie jedoch siegreich nach Hause zurückkehren und allen davon erzählen können. Wir lesen diese Bücher und träumen von einem ähnlich heldenhaften Schicksal, davon, dass wir die Welt erobern, reich werden und als hochgeachteter und vielbeneideter Held in die Heimat zurückkehren, wo die Frauen uns zulächeln, wenn wir vorbeigehen, und die Männer den Hut ziehen und uns bitten, ihnen zum hundertsten Mal zu erzählen, was in dieser oder jener Situation passiert ist, wie wir es geschafft haben, die richtige Gelegenheit in unserem Leben zu ergreifen, um sie in Millionen und Abermillionen Dollar zu verwandeln. Aber so etwas geschieht nur in Büchern.«

Der indische Fahrer – er hieß Rahul – kam herein und setzte sich zu ihnen. Ryan fuhr mit seiner Geschichte fort:

»Ich habe meinen Wehrdienst gemacht wie die meisten Jungs in meiner Stadt. Wie alt bist du, Paulo?«

»Dreiundzwanzig. Aber ich habe keinen Wehrdienst geleistet, ich wurde befreit, weil es meinem Vater gelang, die sogenannte dritte Kategorie für mich zu ergattern, nämlich die eines Reservisten der Reserve, und ich konnte die Zeit mit Reisen verbringen. Brasilien hat schließlich seit zweihundert Jahren in keinem Krieg mehr mitgemacht.«

»Ich habe Wehrdienst geleistet«, sagte Rahul. »Seit wir unsere Unabhängigkeit erlangt haben, ist mein Land ständig im Kalten Krieg mit seinem Nachbarn. Alles Schuld der Engländer.«

»Es ist immer alles die Schuld der Engländer«, stimmte Ryan zu. »Sie halten noch immer den nördlichen Teil meines Landes besetzt, und letztes Jahr – ich war frisch aus diesem Paradies namens Nepal zurück – haben sich die Spannungen noch verstärkt. Jetzt ist Nordirland faktisch im Kriegszustand, nachdem es dort Zusammenstöße zwischen Katholiken und Protestanten gab. Die Engländer schicken sogar Truppen dorthin.«

»Erzähl weiter von *dir*«, unterbrach ihn Karla. »Wie kam es, dass du nach Nepal gereist bist?«

»Schlechte Gesellschaft«, meinte Mirthe lachend. Ryan lachte ebenfalls.

»Sie hat vollkommen recht. Viele meiner Schulfreunde sind nach Amerika ausgewandert. Dort gibt es eine riesige irische Gemeinde, jeder hat dort einen Freund, einen Onkel oder ein anderes Familienmitglied.«

»Nun sag bloß, dass das auch Schuld der Engländer ist.«

»Doch, doch, durchaus«, mischte sich Mirthe in das Gespräch ein. »Sie haben zweimal versucht, unser Volk verhungern zu lassen. Beim zweiten Mal, im 19. Jahrhundert, als die Kartoffelfäule unsere Insel heimsuchte und wir dadurch unser Hauptnahrungsmittel verloren, mussten wir trotzdem weiter unsere Agrarerträge nach England ausführen. Mit dem Resultat, dass schätzungsweise ein Achtel der Bevölkerung verhungerte und zwei Millionen Menschen emigrieren mussten, weil sie sonst nicht überlebt hätten. Gott sei Dank hat uns Amerika ein weiteres Mal mit offenen Armen empfangen.«

Diese überirdisch schöne junge Frau holte nun zu einem Vortrag über die zwei Hungerepidemien in Irland aus. Paulo hatte noch nie etwas davon gehört. Tausende von Toten, keine Hilfe für das Volk, Unabhängigkeitskämpfe.

»Ich habe Geschichte studiert«, sagte sie. Karla versuchte, das Gespräch zum Thema der Parallelwelten zurückzulenken, musste sich jedoch gedulden, weil Mirthe nun ausführlich schilderte, wie sehr Irland gelitten hatte, wie viele Hunderttausende verhungert waren, wie die großen revolutionären Anführer bei zwei Versuchen, sich zu erheben, erschossen wurden, wie am Ende ein Amerikaner (ja, ein Amerikaner!) es geschafft hatte, dass ein Friedensvertrag zur Beendigung dieses nicht enden wollenden Krieges unterzeichnet wurde.

»Aber das wird nie – NIE – mehr geschehen«, schloss Mirthe ihren Exkurs. »Unser Widerstand ist sehr viel besser geworden. Wir haben die IRA und werden den Krieg zu ihnen ins Vereinigte Königreich zurückbringen – mit Bomben, Mordanschlägen und allem, was nötig ist, damit sie früher oder später ihre dreckigen Stiefel von unserer Insel nehmen müssen.« Und an den indischen Fahrer gewandt, fügte sie hinzu: »Genau wie sie es in deinem Land auch tun mussten.«

Rahul wollte nun seinerseits zu einem Exkurs über die Unabhängigkeitsbewegungen in seiner Heimat ansetzen, doch Karla schnitt ihm das Wort ab.

»Können wir nicht Ryan seine Geschichte zu Ende erzählen lassen?«

»Mirthe hat recht: Es war schlechter Einfluss, der mich zum ersten Mal nach Nepal reisen ließ. Während meines

Wehrdienstes in Limerick ging ich immer in einen Pub in der Nähe der Kaserne. Dort gab es alles: Dart, Snooker und Armdrücken, jeder versuchte dem anderen zu zeigen, was für ein harter Kerl er war und dass er sich jeder Art von Herausforderung stellen würde. Einer der Stammgäste war ein asiatisch aussehender Mann, der meist still in einer Ecke seine zwei oder drei Guinness trank und noch vor der Polizeistunde, die der Barbesitzer immer Punkt dreiundzwanzig Uhr mit einer Glocke einläutete, davonging.«

»Schuld der Engländer.«

Tatsächlich war die Tradition, die Pubs schon um elf Uhr nachts zu schließen, zu Beginn des Zweiten Weltkriegs von den Engländern eingeführt worden, damit die irischen Piloten genug Zeit hatten, um ihren Rausch auszuschlafen, ehe sie morgens wieder losfliegen mussten, und auch, damit keine betrunkenen Langschläfer die Moral der Truppe untergruben.

»Eines schönen Tages, als ich definitiv keine Lust mehr hatte, mir weitere Auswanderungs- und Amerikapläne meiner Kumpels anzuhören, fragte ich den Asiaten, ob ich mich zu ihm an den Tisch setzen dürfe. Etwa eine halbe Stunde saßen wir einfach nur da – ich dachte schon, er könne kein Englisch, und wollte ihn nicht in Verlegenheit bringen. Doch als er aufbrach, sagte er dann etwas, was in meinem Kopf haften blieb: ›Sie sind hier, aber Ihre Seele ist woanders – in meiner Heimat. Gehen Sie, und suchen Sie Ihre Seele.‹

Ich nickte, prostete ihm zu, sagte aber nichts dazu – meine strenge katholische Erziehung verbot mir eine andere Vorstellung als die, dass Körper und Seele vereint auf die Begegnung mit Christus nach dem Tode warteten. Die Asiaten haben merkwürdige religiöse Vorstellungen, dachte ich.«

»Das haben wir tatsächlich«, meinte der indische Fahrer.

Ryan, der fürchtete, ihn beleidigt zu haben, versuchte seinen Fauxpas wiedergutzumachen:

»Und wir Katholiken haben noch merkwürdigere Vorstellungen, weil wir zum Beispiel glauben, dass der Körper Christi in einem Stück Brot ist. Seien Sie mir bitte nicht böse.«

Doch Rahul winkte nur freundlich ab, und Ryan erzählte seine Geschichte weiter.

»Ich war bereit, in Dooradoyle zu bleiben und mich um das elterliche Geschäft zu kümmern – besser gesagt, um den Milchladen meines Vaters –, während meine Freunde planten, den Atlantik zu überqueren, um auf der anderen Seite von der Freiheitsstatue begrüßt zu werden. Doch die Bemerkung des asiatisch aussehenden Mannes an jenem Abend ging mir nicht mehr aus dem Sinn. Zwar redete ich mir ein, alles sei gut, irgendwann würde ich heiraten, wir würden Kinder haben, und ich würde nicht mehr in der lauten, rauchigen Atmosphäre eines Pubs herumsitzen. Ich kannte keine anderen Orte außer Limerick und Dooradoyle. Ich hatte noch nicht einmal das Bedürfnis gehabt, mich im unmittelbaren Umland in den Dörfern – oder besser gesagt Weilern – umzusehen.

Ich fand es ausreichend, sicherer und billiger, in Büchern und Filmen zu reisen. Und ich war zudem überzeugt, dass es nirgendwo auf der Welt schönere Landschaften gab als da, wo ich aufgewachsen war. Dennoch kehrte ich am nächsten Abend in den Pub zurück, setzte mich an den Tisch zu dem Asiaten und, obwohl ich ahnte, dass seine Antwort mir nicht gefallen könnte, fragte ich, was genau er am Abend zuvor mit seiner Bemerkung gemeint habe. Wo war seine Heimat?

In Nepal.

Wie jeder Schüler wusste ich, dass es ein Land namens Nepal gibt, hatte auch den Namen der Hauptstadt gelernt und gleich wieder vergessen, und die einzige bleibende Erinnerung war, dass Nepal sehr weit weg ist – in Südamerika, Australien, Afrika, Asien, jedenfalls nicht in Europa, denn sonst hätte ich vermutlich schon früher einen Nepalesen oder eine Nepalesin kennengelernt oder einen Film über das Land gesehen oder ein Buch darüber gelesen.

Doch der Asiate erinnerte sich nicht mehr an den Wortlaut dessen, was er gesagt hatte. Und als ich seine Bemerkung wiederholte, starrte er lange schweigend in sein Glas Guinness und sagte schließlich:

›Wenn ich das gesagt habe, sollten Sie vielleicht wirklich nach Nepal reisen.‹

›Und wie komme ich dorthin?‹

›Genau so wie ich hierhergekommen bin: mit dem Bus.‹

Und dann ging er. Am nächsten Tag, als ich mehr über diese Geschichte mit der Seele wissen wollte, die in der Ferne auf mich wartete, sagte er, er würde lieber allein in seiner Ecke bleiben wie an den anderen Abenden.

Wenn es also ein Ort war, an den ich mit einem Bus kommen konnte, und wenn ich jemanden fand, der mich dorthin begleitete, wer weiß, vielleicht würde ich dieses Land ja eines Tages besuchen.

Kurz darauf lernte ich in Limerick Mirthe kennen. Sie saß an der gleichen Stelle, von der ich immer aufs Meer hinausschaute.

Ich war nur ein einfacher Junge vom Land, dessen Lebensmittelpunkt die O'Connell Dairy Milk in Dooradoyle war, sie dagegen ein Mädchen aus Dublin, das gerade seinen Abschluss am Trinity College machte. Dennoch gab es zwischen uns fast sofort ein Band, und wir sahen uns häufiger. Während einer unserer Unterhaltungen erwähnte ich auch den seltsamen Mann aus Nepal und was er mir gesagt hatte. Dass Mirthe sich für mich interessieren könnte, war für mich undenkbar, denn ich ging weiterhin davon aus, dass alles, was ich gerade erlebte – Mirthe, der Pub, die Freunde aus der Kaserne –, nur eine kurze Phase in meinem Leben war und mein Platz in Dooradoyle in der elterlichen Molkerei war. Doch Mirthe überraschte mich mit ihrer Zärtlichkeit, ihrer Intelligenz und – ich gebe es zu – verzauberte mich mit ihrer Schönheit. Dass sie gern mit mir zusammen war, gab mir Sicherheit und mehr Vertrauen in mich selber und in die Zukunft.

An einem verlängerten Wochenende kurz vor Ende meiner Militärzeit nahm sie mich mit nach Dublin. Sie zeigte mir das Haus, in dem der Autor von Dracula gewohnt hatte, und natürlich ihr Trinity College, das noch größer war, als ich es mir vorgestellt hatte. In einem Pub in der Nähe der Universität, in dem die Fotos weltbekannter irischer Autoren an den Wänden hingen – James Joyce, Oscar Wilde, Jonathan Swift, William Butler Yeats, Samuel Beckett, Bernard Shaw –, tranken wir, bis der Wirt zur Polizeistunde läutete. Da schob sie plötzlich einen Zettel über den Tisch, auf dem stand, wie man nach Kathmandu kam: Es gab einen Bus, der alle vierzehn Tage von der Londoner U-Bahnstation Totteridge & Whetstone abfuhr.

Ich glaubte, sie hätte genug von mir und wollte mich weg-
schicken, möglichst weit weg. Ich nahm den Zettel – ohne
die geringste Absicht, nach London, geschweige denn nach
Kathmandu zu fahren.«

*

Plötzlich hörten sie Motorräder heranbrausen und deren
Motoren im Leerlauf aufheulen. Von dort, wo sie saßen,
konnten sie nicht sehen, wie viele es waren, aber der Lärm
war ohrenbetäubend laut. Der Wirt der Kneipe trat an ihren
Tisch und sagte, dass er gleich schließen werde, doch da sich
an den anderen Tischen niemand rührte, tat Ryan so, als
hätte er es nicht gehört, und fuhr mit seiner Geschichte fort.

»Mirthe überraschte mich mit ihrer Bemerkung: ›Die
Reisezeit einmal abgezogen, über die ich nichts sagen werde,
damit du nicht den Mut verlierst, möchte ich, dass du nicht
länger als zwei Wochen dort bleibst und dann den ersten
Bus zurücknimmst. Ich werde auf dich warten. Falls du an
dem Datum, an dem du wieder zurück sein müsstest, nicht
da bist, wirst du mich nie wiedersehen.‹«

Mirthe lachte. Genauso hatte sie es nicht gesagt – es war
eher: ›Geh und suche deine Seele, ich habe meine bereits
gefunden.‹ Und was sie damals nicht gesagt hatte und auch
heute nicht sagen würde, war: ›Meine Seele bist du. Ich
werde jede Nacht dafür beten, dass du wohlbehalten zu-
rückkehrst und danach nie mehr von meiner Seite weichen
willst, weil du meiner würdig bist und ich deiner würdig bin,
weil wir füreinander bestimmt sind.‹

»Ich konnte es nicht fassen. Mirthe würde auf mich

warten, auf mich, den zukünftigen Besitzer von O'Connell Dairy Milk? Was konnte sie bloß an einem so ungebildeten Landei wie mir finden? Warum war es ihr so wichtig, dass ich dem Rat eines merkwürdigen Mannes folgte, den ich in einem Pub getroffen hatte?

Aber Mirthe wusste genau, was sie tat. Weil ich von dem Augenblick an, in dem ich in den besagten Bus stieg – nachdem ich alles, was ich nur finden konnte, über Nepal gelesen und meinen Eltern weisgemacht hatte, meine Dienstzeit sei wegen schlechter Führung verlängert und ich an eine der entlegensten britischen Militärbasen in einem Gefängnis im Himalaya strafversetzt worden –, ein anderer Mensch wurde. Ich brach als Grünschnabel auf und kam als Mann zurück. Mirthe erwartete mich, wir schliefen in ihrer Wohnung miteinander und haben uns seither nie mehr getrennt.«

»Und das genau ist das Problem«, sagte sie, und alle am Tisch wussten, dass sie ehrlich war. »Natürlich wollte ich keinen Idioten an meiner Seite, aber ich war auch nicht darauf vorbereitet, dass jemand zu mir sagte: ›Jetzt bist du an der Reihe und kehrst mit mir dorthin zurück.‹«

Sie lachte.

»Und schlimmer noch war, dass ich eingewilligt habe!«

Paulo fühlte sich nicht ganz wohl in seiner Haut, wie er da neben Mirthe saß, ihre Beine sich berührten und sie ihn hin und wieder verstohlen streichelte. Karlas Blick war nicht mehr derselbe – Paulo war nicht mehr der Mann, den sie gesucht hatte.

»Und jetzt, können wir jetzt wieder über parallele Realitäten sprechen?«

In diesem Moment betraten fünf kahlgeschorene Männer

in schwarzer Motorradkluft, mit Ketten am Gürtel und mit Tätowierungen, die Schwerter und Ninjasterne darstellten, die Kneipe und stellten sich schweigend um ihren Tisch.

»Hier ist eure Rechnung«, sagte der Wirt.

»Aber wir haben doch gar nicht aufgegessen«, entgegnete Ryan. »Und haben auch nicht nach der Rechnung verlangt.«

»Ich habe danach verlangt.«

Das war einer aus der Gruppe, die hereingekommen war. Rahul, der indische Fahrer, wollte aufstehen, aber einer der Biker drückte ihn zurück auf seinen Stuhl.

»Bevor ihr geht, möchte Adolf, dass ihr versprecht, nicht noch einmal hierherzukommen. Wir hassen Herumtreiber. Unser Volk steht für Gesetz und Ordnung. Gesetz und Ordnung! Ausländer sind nicht willkommen. Haut ab! Geht zurück in euer Land mit euren Drogen und eurer sexuellen Freizügigkeit.«

Ausländer? Drogen? Sexuelle Freizügigkeit?

»Wir gehen erst, wenn wir aufgegessen haben.«

Paulo ärgerte sich über Karlas Bemerkung – warum musste sie die Biker provozieren? Es war doch sonnenklar, dass die Leute, die sie umringten, alles hassten, wofür sie standen. Die an den Hosen hängenden Ketten, die Bikerhandschuhe mit den spitzen Nieten, die einschüchternd wirken sollten und denjenigen schwer verletzten, der damit einen Schlag versetzt bekam.

Ryan wandte sich an den mutmaßlichen Anführer – älter, Falten im Gesicht –, der bisher nur schweigend danebengestanden hatte.

»Wir gehören unterschiedlichen Stämmen an, aber wir sind Stämme, die für das Gleiche kämpfen. Lasst uns nur schnell fertigessen, dann sind wir auch schon weg. Wir sind keine Feinde.«

Der Anführer hatte offensichtlich ein Problem mit dem Sprechen, denn er hielt einen kleinen Verstärker an seinen Hals, bevor er antwortete.

»Wir gehören zu keinem Stamm«, sagte die metallische Stimme aus dem Gerät. »Und jetzt verschwindet!«

Es folgte ein nicht enden wollender Augenblick, während dessen Karla und Mirthe den Bikern starr in die Augen sahen, Paulo, Ryan und Rahul ihre Möglichkeiten abwogen und die Neuankömmlinge schweigend verharrten, bis schließlich einer von ihnen dem Kneipenwirt zubrüllte:

»Desinfizier die Stühle, wenn sie weg sind. Die haben bestimmt die Pest, Geschlechtskrankheiten und wer weiß was noch eingeschleppt.«

Die wenigen anderen Gäste schienen dem Vorfall keinerlei Beachtung zu schenken. Vielleicht hatte ja sogar einer von ihnen die Biker gerufen, jemand, der die Tatsache, dass es auf der Welt freie Menschen gab, als persönlichen Angriff empfand.

»Haut bloß ab, ihr Schisser«, rief jetzt ein anderer Biker, auf dessen schwarze Lederjacke ein Totenkopf gestickt war. »Immer geradeaus, und in weniger als einem Kilometer seid ihr in einem kommunistischen Land, das euch bestimmt mit offenen Armen empfängt. Lasst unsere Schwestern und Familien in Ruhe. Wir sind anständige Bürger, vertreten christliche Werte, und unsere Regierung toleriert keine Anarchisten. Also los, wird's bald. Macht 'nen Abgang!«

Ryans Gesicht war rot angelaufen. Der Inder blieb scheinbar ungerührt sitzen, wahrscheinlich erlebte er so etwas nicht zum ersten Mal, vielleicht aber auch, weil Krishna zufolge niemand, der sich auf dem Schlachtfeld befindet, dem Kampf ausweichen darf. Karla schaute den kahlgeschorenen Männern ins Gesicht, wobei sie besonders den fixierte, dem sie entgegnet hatte, sie hätten noch nicht aufgegessen. Sie schien Blut geleckt zu haben – sie brauchte offensichtlich etwas Drama, die Busreise schien sich als langweiliger herauszustellen, als sie es sich vorgestellt hatte.

Mirthe war es, die schließlich ihre Tasche nahm, ihren Anteil der Rechnung ganz ruhig auf den Tisch legte und dann zur Tür ging. Einer der Männer versperrte ihr den Weg. Das hätte eine erneute Konfrontation auslösen können, die niemand wollte. Doch Mirthe schob ihn einfach nur höflich zur Seite und ging ruhig hinaus.

Nun erhoben sich auch die anderen, zahlten ihre Anteile an der Rechnung und gingen ebenfalls hinaus – was sie wie Feiglinge aussehen ließ, die zwar imstande waren, eine lange Reise bis nach Nepal zu unternehmen, aber bei der ersten konkreten Bedrohung klein beigaben. Der Einzige, der offenbar bereit war, sich den anderen zu stellen, war Ryan, doch Rahul packte ihn am Arm und zog ihn mit sich, während einer der Kahlgeschorenen probeweise die Klinge seines Springmessers vor- und zurückschnellen ließ.

Die Franzosen, Vater und Tochter, erhoben sich ebenfalls und zahlten.

»Sie beide können bleiben«, sagte der Anführer mit der metallischen Stimme des an seinen Hals gedrückten Verstärkers.

»Das will ich aber nicht. Ich gehöre zu den anderen, und was hier gerade geschieht, ist eine Schande in einem freien

Land mit so großartigen Landschaften. Wir werden aus Österreich die Erinnerung an einen Fluss in einer Schlucht in den Alpen, an die Schönheit Wiens und das großartige Stift Melk mitnehmen. Diese Schlägerbande aber ...«

Die Tochter versuchte ihren Vater wegzuziehen, der jedoch immer weiterredete.

»... deren Mitglieder wahrlich keine würdigen Bewohner dieses schönen Landes sind, *sie* werden wir vergessen. Wir sind nicht aus Frankreich bis hierher gekommen, um so was zu erleben.«

Einer der Kerle kam von hinten und versetzte dem Mann einen Faustschlag in den Rücken. Der englische Fahrer stellte sich zwischen sie – er starrte den Anführer wortlos an, durchbohrte ihn mit seinen Blicken. Das half. Die Tochter des Franzosen begann zu schreien. Diejenigen aus der Reisegruppe, die schon in der Tür standen, wollten umkehren und ihm zu Hilfe eilen, doch der Inder hinderte sie daran – es war ein aussichtsloser Kampf. Stattdessen packte er Vater und Tochter wortlos am Arm und schob sie nach draußen. Der englische Fahrer folgte als Letzter, wobei er den Anführer der Gang fest im Blick behielt, ohne das kleinste Anzeichen von Angst.

»Wir fahren jetzt ein paar Kilometer zurück und übernachten in einer kleinen Stadt in der Nähe.«

»Und laufen vor ihnen weg? Was sind wir doch für Weltreisende, die gleich beim ersten Hindernis die Flucht ergreifen?!«

Das hatte der Franzose gesagt. Die beiden minderjährigen Mädchen wirkten verängstigt.

»Genau. Wir ergreifen die Flucht«, sagte der Fahrer, während er den Motor des Busses anließ. »Die wenigen Male, die ich diese Reise bereits gemacht habe, bin ich schon öfter vor etwas geflohen und finde absolut nichts dabei. Schlimmer wäre es, wenn morgen früh unsere Reifen zerstochen sind und wir nicht weiterreisen können. Ich habe nämlich nur zwei Ersatzreifen dabei.«

S ie erreichten die kleine Stadt. Parkten in einer ruhig daliegenden Straße. Alle waren angespannt. Der Vorfall in der Kneipe hatte sie alle erschreckt, aber zugleich ein Gemeinschaftsgefühl entstehen lassen, sie zusammengeschweißt. Gemeinsam würden sie in Zukunft mit Aggressionen von außen besser umgehen können. Dennoch entschieden sie, statt wie sonst im Freien im Bus zu übernachten.

Doch schon nach zwei Stunden wurden sie von gleißendem Scheinwerferlicht geweckt.

»POLIZEI!«

Ein Polizist öffnete die Tür und sagte etwas. Karla, die Deutsch konnte, dolmetschte für die anderen, dass sie sofort aussteigen müssten und nichts mitnehmen dürften. Draußen war es eiskalt, dennoch erlaubten ihnen die Polizisten nicht, etwas zum Überziehen mitzunehmen. Die Reisegruppe zitterte vor Kälte und Angst, doch das schien die Polizisten nicht zu stören.

Sobald die Hippies ausgestiegen waren, kletterten die Polizisten in den Bus, öffneten Taschen und Rucksäcke, holten alles heraus und warfen es auf den Boden. Bei der Gelegenheit entdeckten sie auch eine Wasserpfeife, die normalerweise zum Rauchen von Haschisch benutzt wurde.

Der Gegenstand wurde konfisziert.

Sie verlangten alle Dokumente zu sehen, lasen sie aufmerksam im Licht ihrer Taschenlampen, schauten auf den Einreisestempel, prüften jede Seite, um festzustellen, ob die Dokumente gefälscht waren, verglichen das Passfoto mit dem Gesicht der jeweils gerade überprüften Person. Als die beiden angeblich volljährigen Mädchen an der Reihe waren, ging eine Polizistin zum Polizeiwagen und redete über Funk mit irgendjemandem. Sie hörte einen Moment lang zu, nickte dann und kam zu den beiden zurück.

Karla dolmetschte wieder.

*

»Wir müssen euch zum zuständigen Jugendamt der Stadt mitnehmen, eure Eltern werden bald hier sein. ›Bald‹ kann im Übrigen ebenso zwei Tage wie eine Woche bedeuten, je nachdem, mit welchem Verkehrsmittel eure Eltern anreisen.«

Die Mädchen schienen unter Schock zu stehen. Eines begann zu weinen, doch die Polizistin fuhr mit monotoner Stimme fort:

»Ich weiß nicht, wohin ihr wolltet, und es interessiert mich auch nicht. Aber hier kommt ihr nicht weg. Mich wundert nur, dass ihr mehrere Grenzen passieren konntet, ohne dass jemand bemerkt hat, dass ihr von zu Hause ausgerissen seid.«

Die Polizistin wandte sich an den Fahrer.

»Ihr Bus könnte abgeschleppt werden, weil er im Parkverbot steht. Also rate ich Ihnen, so schnell wie möglich weiterzufahren und so weit weg wie möglich. Haben Sie denn nicht gemerkt, dass die beiden minderjährig sind?«

»Ich habe nur ihre Pässe gesehen, und die schienen in Ordnung zu sein.«

Die Polizistin redete sich in Rage. Sie warf den Fahrern vor, dass die Reisedokumente eindeutig gefälscht waren, was ihnen hätte auffallen *müssen*. Dass die beiden Mädchen eindeutig minderjährig seien. Ebenso, dass die beiden ganz offensichtlich von zu Hause ausgerissen waren. Im Übrigen waren die Mädchen, wie die Beamtin aus den Unterlagen wusste, auf dem Weg nach Nepal, weil es dort angeblich besseres Haschisch gab als zu Hause in Schottland. Ihre Eltern seien außer sich vor Angst und Sorge.

Dann hörte die Polizistin plötzlich auf zu schimpfen und stellte sachlich fest, die Einzigen, denen sie eine Erklärung schulde, seien ihre Vorgesetzten.

✳

Daraufhin zog sie die Pässe der Mädchen ein und forderte die beiden auf mitzukommen. Ihren Protest ließ sie an sich abperlen – die Mädchen konnten kein Deutsch, und die Polizistin, die umgekehrt möglicherweise durchaus Englisch konnte, redete standhaft weiter in ihrer Muttersprache.

Sie stieg mit den beiden in den Bus und forderte sie auf, ihre Sachen aus dem Durcheinander herauszusuchen. Es dauerte ziemlich lange, bis die drei wieder herauskamen und zum Polizeiauto gingen. Währenddessen standen die anderen Reisenden frierend herum.

»Und jetzt macht, dass ihr wegkommt!«, schnauzte ihr Vorgesetzter, ein Polizeileutnant, die Fahrer an.

»Sie haben nichts Verbotenes gefunden. Warum sollen wir dann von hier verschwinden?«, wollte Michael, der englische Fahrer, wissen. »Sagen Sie uns doch wenigstens, wo wir den Bus abstellen können, ohne dass er gleich abgeschleppt wird.«

»Nicht weit von hier, am Ortsausgang, ist ein Feld. Dort könnt ihr übernachten. Und brecht gleich bei Sonnenaufgang auf, wir möchten nicht vom Anblick von Leuten wie euch behelligt werden.«

Die Busreisenden durften nun ihre Dokumente wieder an sich nehmen und einsteigen. Nur Michael und Rahul, die beiden Fahrer, rührten sich nicht von der Stelle.

»Was haben wir verbrochen? Wieso können wir die Nacht nicht hier verbringen?«

»Ich bin nicht verpflichtet, Ihre Fragen zu beantworten. Aber wenn es Ihnen lieber ist, dass ich Sie alle mit zur Wache nehme, wo wir dann mit Ihren Heimatländern Kontakt aufnehmen, während Sie in einer ungeheizten Zelle warten, so ist das für uns kein Problem. Sie könnten wegen Entführung Minderjähriger angeklagt werden.«

Der Polizeiwagen mit den Mädchen fuhr los, und niemand im Bus erfuhr jemals, was aus ihnen geworden war.

Der Leutnant starrte Michael an, Michael den Leutnant, und Rahul starrte abwechselnd beide an. Schließlich gab Michael nach, stieg in den Bus und startete den Motor.

Der Leutnant verabschiedete sich mit einem spöttischen Lächeln. Diesen Hippies sollte es nicht erlaubt sein, frei und ungehindert von einem Ende der Welt zum anderen zu reisen und überall den Samen der Rebellion auszustreuen. Was im Mai 1968 in Frankreich geschehen war, reichte schon – dem musste, koste es, was es wolle, Einhalt geboten werden.

Nun hatte der Mai 1968 zwar nicht ausschließlich mit den Hippies und ihresgleichen zu tun, aber was wussten die Leute hier schon darüber.

Würde er, der Leutnant, etwa gern zu den Hippies gehören? Nein, auf gar keinen Fall. Er hatte eine Familie, ein Haus, Kinder, ein gesichertes Einkommen und Freunde unter seinen Kollegen. Es war ja schon schlimm genug, nah an der Grenze zu einem kommunistischen Land zu leben – jemand hatte einmal in einer Zeitung geschrieben, dass die Sowjets jetzt ihre Taktik geändert hätten und Agenten einsetzten, um die Sitten zu verderben und die Leute gegen die eigene Regierung aufzuhetzen. Er hielt das zwar für ein verrücktes Gerücht, aber es war auf jeden Fall gut, wenn die Hippies aus der Stadt verschwanden.

Alle unterhielten sich über den absurden Vorfall, den sie gerade erlebt hatten. Nur Paulo schien es die Sprache verschlagen zu haben, und er war ganz blass geworden. Karla fragte ihn, ob er sich nicht wohl fühle, ihr gefiel wohl der Gedanke nicht, mit einem Gefährten zu reisen, der bei der ersten Konfrontation mit einer staatlichen Behörde gleich Angst hatte. Aber Paulo antwortete, es gehe ihm gut, er habe nur etwas zu viel getrunken und ihm sei übel. Als der Bus am Ortsausgang auf dem von dem Polizeileutnant beschriebenen Feld hielt, sprang er als Erster hinaus und übergab sich in diskreter Entfernung, damit niemand es mitbekam, am Straßenrand. Es ging niemanden etwas an, warum ihm plötzlich schlecht geworden war. Keiner durfte etwas über die Erlebnisse in Ponta Grossa erfahren und die panische Angst, die ihn seither jedes Mal befiel, sobald er das Wort POLIZEI sah. Er würde sich nie wieder sicher fühlen – er war unschuldig gewesen, als er verhaftet und gefoltert worden war, hatte sich auch seither nichts zuschulden kommen lassen. Außer dass er hin und wieder etwas Gras geraucht hatte, das er im Übrigen nie bei sich trug, nicht einmal in Amsterdam, wo es überhaupt keine Folgen gehabt hätte.

Die Folter und das Gefängnis hatte er in der physischen

Realität zwar hinter sich gelassen, aber in seiner Seele waren sie weiterhin sehr gegenwärtig.

*

Er setzte sich abseits und wollte in Ruhe gelassen werden. Doch da gesellte sich Rahul mit einer Art weißem kaltem Tee zu ihm. Paulo trank davon – es schmeckte wie abgelaufener Joghurt.

»Du wirst sehn, bald wirst du dich besser fühlen. Nur leg dich jetzt nicht hin und versuche nicht, jetzt zu schlafen. Und du brauchst nichts zu erklären – einige von uns haben eben einen empfindlicheren Organismus als andere.«

Sie schwiegen. Der weiße Tee begann zu wirken, und eine Viertelstunde später ging es Paulo schon besser. Er stand auf, um zur Gruppe zu gehen, die inzwischen ein Feuer angezündet hatte und zur Musik aus dem Busradio tanzte. Sie tanzten, um die Dämonen zu vertreiben, tanzten, um zu zeigen, dass sie, auch wenn so manche Herren der Welt das nicht wahrhaben wollten, stärker waren als sie.

»Bleib noch ein wenig sitzen«, riet der Inder. »Vielleicht sollten wir gemeinsam beten.«

»Es war nur eine Lebensmittelvergiftung«, behauptete Paulo.

Aber der Blick des Inders besagte, dass er ihm kein Wort glaubte. Paulo setzte sich wieder, und Rahul setzte sich ihm gegenüber.

»Wärst du ein Inder würde ich jetzt zu dir sagen: ›Du bist ein Krieger vor der Schlacht, und plötzlich nimmt der Erleuchtete an der Schlacht teil. Dein Name ist Arjuna, und er bittet dich, kein Feigling zu sein, voranzuschreiten und dein Schicksal zu erfüllen, weil niemand töten oder sterben kann, denn die Zeit ist ewig.‹ Aber du bist nicht Arjuna, sondern nur ein Mensch, hast aber auf einer deiner Runden in dieser zirkulären Zeit vermutlich schon Ähnliches erlebt. Auch wenn es anders war, die Gefühle sind die gleichen. Wie heißt du noch mal?«

»Paulo.«

»Also, Paulo, du bist nicht Arjuna, der mächtige General. Der fürchtete seine Feinde zu verletzen, weil er sich für einen guten Menschen hielt. Und Krishna gefiel nicht, was er hörte, weil Arjuna sich selber eine Macht zugestand, die er nicht besaß. Du bist Paulo, kommst aus einem fernen Land, durchlebst wie wir alle Momente, in denen du kühn bist, und andere, in denen du feige bist. In solchen Momenten der Feigheit bist du von Angst besessen.

Und die Angst hat, im Gegensatz zu dem, was viele sagen, ihre Wurzeln in der Vergangenheit. Einige Gurus aus meinem Land behaupten: ›Wenn du voranschreitest, hast du Angst vor dem, was du vorfinden wirst.‹ Aber wie soll ich Angst vor dem haben, was ich vorfinden werde, wenn ich noch keinen Schmerz, keine Trennung, keine innere oder äußere Folter erlebt habe?

Erinnerst du dich an deine erste Liebe? Sie ist durch eine offene Tür voller Licht hereingekommen, und du hast erlaubt, dass sie alles einnahm, dein Leben erleuchtete, deine Träume verzauberte, bis sie – so wie es mit einer ersten Liebe immer geschieht – eines Tages wieder gegangen ist. Du wirst etwa sieben oder acht Jahre alt gewesen sein, sie war ein hübsches Mädchen in deinem Alter, fand einen älteren

Freund, und da standest du, hast gelitten, dir gesagt, dass du in deinem Leben nie wieder lieben würdest – weil Lieben oft auch Verlieren heißt.

Dennoch hast du dich wieder verliebt – es ist unmöglich, sich ein Leben ohne Liebe vorzustellen. Und du hast weiter geliebt und die Liebe wieder verloren, bis du jemandem begegnet bist ...«

Paulo fiel ein, dass sie am nächsten Tag in das Land einreisen würden, aus dem eine der vielen Frauen stammte, denen er sein Herz geöffnet hatte, in die er sich verliebt hatte und die er dennoch verloren hatte, die ihm aber viele wichtige Dinge beigebracht hatte, darunter auch, in Augenblicken der Verzweiflung Mut vorzutäuschen. Es war wie das Rad des Lebens, das sich in einem kreisförmigen Raum drehte, das Gutes wegtrug und Schmerzen brachte, Schmerzen mitnahm und Gutes brachte.

Karla sah, wie die beiden sich unterhielten, und beobachtete gleichzeitig Mirthe aus den Augenwinkeln. Warum kam Paulo nicht zurück und tanzte um das Feuer, warum ließ er nicht ein für alle Mal die bösartigen Schwingungen hinter sich, die ihn in der Kneipe befallen hatten und nun hier auf dem Feld fortwirkten, auf dem sie den Bus geparkt hatten.

Doch dann tanzte sie weiter, während die Funken, die aus dem Feuer sprühten, den heute sternenlosen Himmel mit Licht erfüllten.

*

Michael kümmerte sich um die Musik. Auch er musste sich von den Vorkommnissen in der Kneipe und mit der Polizei erholen, wenngleich es nicht das erste Mal war, dass er so etwas erlebt hatte. Je lauter die Musik war und je mehr Leute tanzten, desto besser. Er fragte sich, ob die Polizei noch einmal auftauchen und sie auffordern würde, auch von hier zu verschwinden. Doch er besann sich eines Besseren – sich nicht weiter in Angst und Schrecken versetzen zu lassen, nur weil eine Bande, die sich für die Hüter von Ruhe und Ordnung und folglich für die Herren der Welt hielt, versucht hatte, ihm einen Tag seines Lebens zu vermiesen. Nun ja, es war nur ein einziger Tag, aber ein Tag war unendlich kostbar. Nur noch einen einzigen Tag – darum hatte seine Mutter auf dem Sterbebett gebetet. Ein einziger Tag war mehr wert als alle Königreiche der Welt.

Drei Jahre zuvor hatte Michael etwas Verrücktes getan. Nach dem Abschluss seines Medizinstudiums hatten ihm seine Eltern einen gebrauchten vw geschenkt. Doch anstatt damit in Edinburgh mit seinen Freunden und Freundinnen herumzufahren, war er eine Woche später zu einer Reise nach Südafrika aufgebrochen. Er hatte während seines praktischen Jahres mit Arbeit in Privatkliniken genug gespart, um zwei oder drei Jahre lang zu reisen. Es war schon immer sein Traum gewesen, die Welt kennenzulernen. Gerade weil er den menschlichen Körper gut kannte und wusste, wie zerbrechlich er war.

*

Auf der langen Reise durch die ehemaligen französischen und englischen Kolonien, während deren er sich darum bemüht hatte, Kranken und Leidenden beizustehen, war ihm der Gedanke vertraut geworden, dass der Tod immer nah war, und er gelobte sich, alles dafür zu tun, um die Armen und Verlassenen zu unterstützen. Er fand heraus, dass Güte eine heilbringende und schützende Wirkung hatte – niemals, nicht einen einzigen Augenblick, war er auf Schwierigkeiten gestoßen oder musste Hunger leiden. Der Volkswagen, der nicht für so eine Reise gebaut und bereits zwölf Jahr alt war, hatte auf seiner Fahrt durch die vielen, zum Teil im Krieg befindlichen Länder, nur einmal einen Platten gehabt. Michael ging, ohne dass er davon wusste, der Ruf seiner guten Taten voraus, und er wurde in jedem Dorf als der große Retter begrüßt.

Sein Ruf war ihm auch in ein schönes Dorf an einem See im Kongo vorausgeeilt. Am dortigen Rotkreuzposten gab man ihm Gelbfieberimpfstoff, Verbandsmaterial und eine kleine chirurgische Ausrüstung. Und man riet ihm eindringlich, im Konfliktfall immer unparteiisch zu bleiben und die Verwundeten beider Seiten zu behandeln. »Das ist unsere Aufgabe«, erklärte ein junger Rotkreuzmitarbeiter. »Nicht einmischen, nur heilen.«

Die Reise, für die Michael zwei Monate eingeplant hatte, dauerte am Ende fast ein Jahr. Er fuhr fast nie allein, weil er immer wieder Frauen mitnahm, die auf der Flucht vor Gewalt oder den überall herrschenden Stammesfehden waren und vor Erschöpfung nicht mehr weiterlaufen konnten. Außerdem wurde er ständig an irgendwelchen Kontrollposten angehalten. Doch es war, als reise er unter einem unsichtbaren Schutz: Zwar verlangten sie seinen Pass zu sehen, ließen ihn jedoch immer gleich wieder weiterfahren, wohl weil er, wie er vermutete, jeweils kurz zuvor einen Bruder, einen Sohn, den Freund von irgendjemandem geheilt hatte.

Es war eine sehr eindrückliche Erfahrung. Er legte vor Gott das Gelöbnis ab, jeden Tag, jeden einzelnen Tag als Dienender, wie Christus, zu leben, den er tief verehrte. Er nahm sich vor, Priester zu werden, sobald er am südlichen Ende des afrikanischen Kontinents angekommen wäre.

Nach seiner Ankunft in Kapstadt wollte er sich etwas ausruhen, bevor er sich dort an die Kommunität der Gesellschaft Jesu wandte und um Aufnahme als Postulant bat. Der heilige Ignatius von Loyola, der anfangs als Soldat, später als Pilger und Studierender in der Welt weit herumgekommen war und schließlich einer der Begründer des Jesuitenordens wurde, war sein großes Vorbild.

Michael fand ein einfaches, billiges Hotel, in dem er eine Woche ausspannte, um all das Adrenalin aus seinem Körper herauszubekommen, damit darin wieder Frieden einkehren konnte. Er versuchte, nicht an die Gewalt und das Leid zu denken, die er gesehen hatte – es bringt nichts, zurückzuschauen, dadurch legt man sich nur imaginäre Fußfesseln an und erstickt jede Spur von Hoffnung in die Menschheit.

Michael wollte nach vorn schauen. Er überlegte, wie er den VW verkaufen könnte. Von seinem Hotelfenster aus blickte er auf das Meer. Er beobachtete, wie die Farbe der Sonne und des Wassers sich je nach Tageszeit veränderte und wie weiße Männer mit Tropenhelmen und Tabakpfeifen und weiße Frauen, die angezogen waren wie zu einer Gartenparty der Queen, unten am Meer entlangspazierten. Es stimmte ihn traurig, auf der Promenade am Meer keinen einzigen Schwarzen zu sehen.

Die nächsten Tage betete er viel. Bereitete sich innerlich auf sein Gespräch mit den Jesuiten vor.

Dann, eines Morgens, als er gerade einen Kaffee trank, traten zwei Männer in hellen Anzügen an seinen Tisch.

»Sie sind also der Mann, der dem Namen des britischen Imperiums die Ehre erwiesen hat.«

Das britische Imperium gab es überhaupt nicht mehr, es

war durch das Commonwealth ersetzt worden. Michael war nicht klar, was der Mann meinte.

»Ich habe jedem einzelnen Tag die Ehre erwiesen«, war seine Antwort, und er wusste, dass sie ihn nicht verstehen würden.

Tatsächlich hatten sie ihn nicht verstanden, denn das Gespräch, das dann folgte, bewegte sich in eine höchst gefährliche Richtung.

»Sie werden überall, wo Sie hinkommen, respektiert. Wir brauchen Leute wie Sie, die mit uns zusammen für die britische Regierung arbeiten.«

Hätte der Mann nicht »für die britische Regierung« gesagt, hätte man meinen können, die beiden würden ihn einladen, in einer der Minen, auf einer der Plantagen oder in einer der Fabriken als Vorarbeiter oder sogar als Arzt zu arbeiten. Doch »britische Regierung« bedeutete etwas anderes. Michael war ein guter Mensch, aber er war durchaus nicht naiv.

»Vielen Dank. Ich habe andere Pläne.«

»Wie bitte?«

»Ich will Priester werden. Gott dienen.«

»Und Sie finden nicht, dass Sie Gott dienen, indem Sie Ihrem Land dienen?«

Michael begriff, dass er nicht an diesem Ort bleiben konnte, den er unter so vielen Mühen erreicht hatte. Er musste mit dem erstbesten Flug nach Schottland zurückkehren – das Geld dazu hatte er –, und er erhob sich, ohne den Männern Gelegenheit zu geben, das Gespräch fortzusetzen. Er wusste, wozu er höflich aufgefordert wurde: Spionage.

Er hatte gute Beziehungen zu den bewaffneten schwarzen

Einheiten, kannte viele Leute, und dass Letzte, was er tun würde, wäre, das Vertrauen derer zu verraten, die an ihn glaubten.

Er packte seine Sachen, erklärte dem Hotelmanager, dass er seinen Wagen gern verkaufen würde, und gab ihm die Adresse eines Freundes, an den er das Geld schicken sollte. Dann machte er sich auf zum Flughafen. Elf Stunden später landete er in Heathrow. Während er auf die U-Bahn nach London wartete, sah er auf dem Bahnhof zwischen dort angeschlagenen Jobangeboten für Putzfrauen, Zimmermädchen, Kellnerinnen und Bardamen eine Anzeige »FAHRER FÜR ASIENROUTE GESUCHT«. Anstatt gleich ins Zentrum zu fahren, nahm er die Anzeige und begab sich direkt zur dort angegebenen Adresse. Es handelte sich um ein kleines Büro mit einem Schild an der Tür: BUDGET BUS.

»Die Stelle ist schon vergeben«, meinte der langhaarige junge Mann, während er das Fenster öffnete, damit der leichte Haschischgeruch abziehen konnte. »Aber ich habe gehört, dass in Amsterdam qualifizierte Leute gesucht werden. Hast du Erfahrung?«

»'ne Menge!«

»Dann fahr doch rüber. Sag, dass dich Ted schickt. Die kennen mich.«

Er reichte ihm einen Prospekt, auf dem ein noch surrealerer Name stand als ›Budget Bus‹: MAGIC BUS, mit einem ebenso surrealen Angebot. »Lerne Länder kennen«, las Michael, »von denen du nie gedacht hast, du würdest sie je besuchen. Preis: siebzig Dollar pro Person, Verpflegung nicht inbegriffen. Drogen verboten, weil dir sonst der Kopf abgeschnitten wird, bevor du Syrien erreichst.«

Darunter prangte das Foto von einem bunten Bus, vor dem einige Leute standen, die das Zeichen machten, das ebenso typisch für Churchill war, wie es heute für die Hippies ist, wenngleich es nicht dasselbe meint. Michael flog nach Amsterdam, wo er sofort eingestellt wurde – offensichtlich war die Nachfrage größer als das Angebot.

Diese Reise war seine dritte, und er hatte es immer noch nicht satt, die Pässe Asiens zu überqueren. Er schob eine Musikkassette ins Radio, und zwar eine, die er selbst zusammengestellt hatte. Das erste Stück war von Dalida, einer in Ägypten geborenen Französin, die in ganz Europa großen Erfolg hatte. Die Leute tanzten begeistert – der Alptraum war vorüber.

*

Als Rahul sah, dass der Brasilianer wieder fast auf dem Damm war, schlenderte er zu ihm hin, ging neben ihm in die Hocke und erkundigte sich, wie er sich fühlte.

»Sag mal, Paulo«, fragte er, »vorhin in der Kneipe, als die Schlägerbande hereinkam, hast du überhaupt nicht verängstigt gewirkt, sondern im Gegenteil bereit, dich mit ihnen zu prügeln. Aber zum Glück ist die Situation nicht weiter eskaliert. Eine Prügelei hätte uns nur Probleme gebracht. Wir sind Reisende und letztlich von der Gastfreundschaft anderer abhängig.«

Paulo nickte zustimmend.

»Dann aber, als die Polizei kam, warst du plötzlich wie gelähmt. Bist du vor einem Problem auf der Flucht? Hast du jemanden getötet?«

»Nein, aber noch vor nicht allzu langer Zeit hätte ich es zweifellos getan. Das Problem war nur, dass ich die Gesichter meiner Peiniger nie gesehen habe, jedenfalls nicht alle.«

Damit der Inder nicht dachte, dass er ihm etwas vorlog, erzählte er ihm mit wenigen Worten, was in Ponta Grossa geschehen war. Rahul zeigte sich nicht besonders beeindruckt.

»Weißt du, da leidest du unter einer Angst, die viel verbreiteter ist, als du denkst. Alle haben Angst vor der Polizei, sogar diejenigen, die ihr ganzes Leben lang die Gesetze befolgt haben.«

Die Bemerkung beruhigte Paulo, jedenfalls vorübergehend. Er sah Karla herankommen.

»Warum bist du nicht bei den andern? Wollt ihr beiden euch jetzt auch abkapseln, wie vorher die beiden kleinen Schottinnen?«, fragte sie.

»Wir wollen beten. Nichts weiter.«

»Und kann ich an diesem Gebet teilnehmen?«

»Tanzen ist auch eine Form der Gottesanbetung. Geh zurück zu den anderen und tanze weiter.«

Doch Karla, das zweitschönste Mädchen im Bus, gab sich nicht geschlagen. Inder hatte sie in Amsterdam schon oft beten sehen. Nun aber wollte sie gern an einem Gebet auf brasilianische Art teilnehmen.

Paulo schlug vor, dass sie einander die Hände gaben, und wollte gerade den ersten Vers des Gebets sprechen, als Rahul ihn unterbrach:

»Lass uns das Beten mit Worten auf später verschieben. Heute ist es das Beste, wenn wir mit dem Körper beten – und tanzen.«

Damit ging er, von Paulo und Karla gefolgt, zum Feuer

zurück, wo ihre Reisegefährten durch Tanz und Musik die Kräfte des Bösen, die sie berührt hatten, zu bannen versuchten. Die würden sie nicht mehr daran hindern, gemeinsam ihren Weg fortzusetzen.

Sie sagten sich: Wir sind hier zusammen, aber früher oder später werden wir uns trennen und uns voneinander verabschieden müssen. Auch wenn wir uns nicht alle gut kennen, auch wenn wir nicht alle Worte gewechselt haben, die wir hätten wechseln können, sind wir aus einem geheimnisvollen Grund, den wir nicht kennen, hier zusammengekommen. Heute ist das erste Mal, dass wir gemeinsam um ein Feuer tanzen, so wie einst unsere Vorfahren, die dem Universum näher waren und aus dem nächtlichen Sternenhimmel und tagsüber aus den Wolken und Unwettern, aus Feuer und Wind die Bewegung und Harmonie lasen und deswegen tanzten – um das Leben zu feiern.

Der Tanz verändert alles, fordert einem alles ab, im Tanz sind alle gleich. Wer innerlich frei ist, tanzt, selbst wenn er in einer Zelle oder in einem Rollstuhl sitzt. Denn tanzen besteht nicht nur darin, bestimmte Bewegungen zu wiederholen, es bedeutet, mit einer höheren Macht ganz ohne Angst und Selbstbezogenheit zu kommunizieren.

Und so tanzten die Reisegefährten in jener Nacht im September 1970, ohne sich darum zu scheren, dass sie eben erst aus einer Kneipe geworfen und von der Polizei erniedrigt worden waren. Und sie dankten Gott für ihr Leben, das so viel Interessantes, so viele Überraschungen und Herausforderungen für sie bereithielt.

Sie durchquerten ohne Schwierigkeiten die zum damaligen sozialistischen Jugoslawien gehörigen Teilrepubliken Slowenien, Kroatien und Serbien (wo noch zwei junge Männer, ein Hirte und ein Musiker, zustiegen). Als sie durch Belgrad, die jugoslawische Hauptstadt, kamen, erinnerte sich Paulo voller Zärtlichkeit – wenn auch ohne Sehnsucht – an seine ehemalige Freundin, mit der er zum ersten Mal eine Reise ins Ausland gemacht und die ihm Autofahren, Englisch und Sex beigebracht hatte. Er stellte sich vor, wie sie hier während des Zweiten Weltkriegs mit ihrer Schwester Schutz vor den Bomben gesucht hatte.

»Sobald die Sirenen heulten, gingen wir in den Keller. Meine Mutter wies uns an, unseren Kopf in ihren Schoß zu legen und den Mund offen zu halten, und beugte sich dann schützend über uns.«

»Warum musstet ihr den Mund offen halten?«

»Um zu verhindern, dass der ohrenbetäubende Lärm der Explosionen unsere Trommelfelle zerstörte und wir für den Rest unseres Lebens schwerhörig wurden.«

*

In Bulgarien folgte ihnen ständig ein Wagen mit vier finster aussehenden Typen drin. Seit dem fröhlichen gemeinsamen Bad in dem kleinen Gebirgsfluss in Österreich und den traumatischen Erlebnissen in der Nähe der Grenze zu Jugoslawien war die Reise eintönig geworden. In Istanbul war eine Woche Aufenthalt vorgesehen, doch bis dahin mussten sie noch etwas durchhalten. Genauer gesagt fehlten noch hundertneunzig Kilometer, was aber angesichts der bereits fast dreitausend zurückgelegten so gut wie gar nichts war.

*

Wenige Stunden später zeichneten sich die Minarette der beiden großen Moscheen in der Ferne ab.

Istanbul. Sie waren angekommen!

Paulo wusste genau, was er in Istanbul machen wollte. Er hatte einmal an einer Darbietung der Derwische mit den weiten Röcken teilgenommen. Es hatte ihn so sehr fasziniert, dass er sich damals vornahm, diesen Tanz zu lernen. Doch je mehr er über die Sufis (so heißen die Tänzer) erfuhr, desto klarer wurde ihm, dass es sich nicht um einen Tanz, sondern um eine Möglichkeit handelte, in Kontakt mit Gott zu treten. Eines Tages, so hatte er sich damals vorgenommen, würde er die Türkei besuchen und mit den Sufis trainieren.

Und jetzt war er da! Die Minarette kamen immer näher, der Verkehr wurde immer dichter, stockte, es hieß Geduld haben. Doch noch bevor der nächste Tag begann, würde er die Derwische sehen.

»Wir brauchen wohl noch gut eine Stunde bis ins Zentrum!«, kündigte der Fahrer an. »Wir werden hier eine

Woche bleiben, allerdings nicht, weil das hier eine Touristenreise ist, was ihr euch sicher schon gedacht habt. Bevor wir aus Amsterdam losgefahren sind ...«

Amsterdam. Das schien ein Jahrhundert zurückzuliegen!

»... wurden wir darauf hingewiesen, dass aufgrund eines zum Glück gescheiterten Attentats auf den König von Jordanien am Anfang des Monats das Gebiet, durch das wir müssen, in ein Minenfeld verwandelt wurde. Ich habe die Entwicklungen verfolgt. So wie es aussieht, hat sich die Situation beruhigt, aber wir haben bereits in Amsterdam entschieden, kein Risiko einzugehen.

Wir werden planmäßig weiterfahren – aber sowohl Rahul als auch ich müssen uns etwas ausruhen, mal wieder ordentlich essen, trinken und uns amüsieren. Die Stadt ist billig, besser gesagt, SUPERBILLIG, die Türken sind wahnsinnig nett, und das Land ist, trotz allem, was ihr auf den Straßen sehen werdet, nicht muslimisch, sondern laizistisch. Dennoch rate ich unseren Damen zu züchtiger Kleidung und den Herren, sich nicht wegen irgendwelcher Witze über ihre langen Haare zu Handgreiflichkeiten hinreißen zu lassen.«

Die Botschaft war klar.

»Noch etwas: Als ich von Belgrad aus zu Hause in der Zentrale angerufen habe, um zu sagen, dass alles okay ist, habe ich erfahren, dass jemand von einer großen Presseagentur in Frankreich euch dazu interviewen will, was es bedeutet, ein Hippie zu sein. Die Zentrale sagte, das Interview sei wichtig als indirekte Reklame für die Magic Busses, und ich hatte nicht die Geistesgegenwart, sie vom Gegenteil zu überzeugen.

Der Journalist wusste, wo wir tanken und essen würden, und erwartete mich schon. Er hat mir jede Menge Fragen gestellt, und ich konnte keine beantworten – ich habe ihm nur gesagt, was ihr immer sagt, nämlich dass eure Seele und euer Körper so frei wie der Wind seien. Der Journalist wollte wissen, ob er einen Korrespondenten in Istanbul vorbeischicken dürfe, damit er direkt mit euch redet. Ich habe ihm gesagt, ich wüsste nicht, ob ihr mitmachen würdet, aber da wir alle im selben Hotel absteigen werden, übrigens dem billigsten, das wir finden konnten, mit Vierbettzimmern ...«

»Ich zahle extra, aber ich teile mein Zimmer nicht. Meine Tochter und ich nehmen ein Doppelzimmer.«

»Das gilt auch für mich!«, sagte Ryan.

Paulo blickte Karla fragend an, die schließlich sagte: »Auch für uns bitte ein Doppelzimmer.«

Die zweite Muse des Omnibusses musste mal wieder zeigen, dass sie den dünnen Brasilianer unter ihrer Fuchtel hatte. Sie hatten sehr viel weniger Geld ausgegeben, als sie gedacht hatten – vor allem, weil sie sich fast ausschließlich von Sandwiches ernährten und die meiste Zeit im Bus oder davor schliefen. Wenige Tage zuvor hatte Paulo sein Bargeld nachgezählt: noch 821 Dollar. Die Langeweile der letzten Tage hatten Karla etwas sanfter werden lassen, und jetzt gab es mehr Körperkontakt zwischen den beiden – sie lehnten sich im Schlaf aneinander, und hin und wieder hielten sie sogar Händchen. Das war zwar für beide eine neue und schöne Erfahrung, aber Küsse oder größere Intimitäten waren bislang nicht ausgetauscht worden.

»Es wird also irgendein Journalist auftauchen. Falls ihr

keine Lust habt, seid ihr nicht gezwungen, etwas zu sagen. Ich gebe nur wieder, was mir gesagt wurde.«

Der Verkehr floss wieder etwas.

»Ich habe noch etwas Wichtiges vergessen«, sagte der Fahrer, nachdem ihm Rahul etwas ins Ohr geflüstert hatte. »Es ist kein Problem, auf der Straße an Drogen zu kommen – Haschisch und Heroin. Ebenso einfach wie in Amsterdam, Paris, Madrid oder Stuttgart beispielsweise. Nur: Falls ihr erwischt werdet, wird niemand, wirklich niemand, euch wieder rechtzeitig aus dem Gefängnis holen können, damit ihr weiter mitreisen könnt. Also, ihr habt es gehört, und ich hoffe, ihr habt es auch SEHR GUT verstanden.«

Die Botschaft war angekommen, aber Michael hatte seine Zweifel, ob sie auch befolgt würde, vor allem weil alle seit fast drei Wochen nichts mehr genommen hatten. Er hatte seine Fahrgäste während der vergangenen Zeit genau im Blick gehabt und festgestellt, dass sie nichts von dem konsumierten, was sie sonst täglich in Amsterdam und anderen europäischen Städten genommen hatten.

Was seinem Zweifel an der Behauptung, Drogen machten süchtig, neue Nahrung gab. Er, der in Afrika verschiedene Pflanzen mit halluzinogener Wirkung ausprobiert hatte, um zu sehen, ob er sie nicht bei seinen Patienten einsetzen konnte, wusste, dass nur Opiumderivate abhängig machten.

Und natürlich auch Kokain, das in Europa selten ankam, weil fast alles, was in den Anden produziert wurde, die US-Amerikaner konsumierten.

Dennoch zahlten die Regierungen ein Vermögen für Anti-Drogen-Kampagnen, wohingegen Zigaretten und Alkohol in jedem Laden an der Ecke verkauft wurden.

Vielleicht war es wieder einmal eine Frage des Geldes oder wer wen schmierte und in welche Kassen die Gelder für die Anti-Drogen-Kampagnen tatsächlich flossen.

＊

Er wusste, dass die Holländerin, die gerade um ein Doppelzimmer für sich und den Brasilianer gebeten hatte, eine Seite des Buchs, in dem sie so eifrig las, mit einer LSD-Lösung getränkt hatte. Sie hatte das gegenüber einigen ihrer Reisegefährten erwähnt. Alle wussten über alles Bescheid, auch im Bus war eine »Unsichtbare Zeitung« in Umlauf. Wenn die Zeit dafür gekommen wäre, würde sie ein Stückchen abreißen, es schlucken und die Halluzinationen bekommen, die ihrer gegenwärtigen Verfassung und der Situation entsprachen.

Aber das war kein Problem. Das in der Schweiz von Albert Hofmann entdeckte und von Harvard-Professor Timothy Leary auf der ganzen Welt propagierte Lysergsäurediethylamid war zwar mittlerweile verboten, aber noch immer nicht nachzuweisen.

Als Paulo aufwachte, lag Karlas Arm über seiner Brust. Sie schlief tief und fest, und er überlegte, wie er aufstehen konnte, ohne sie zu wecken.

Sie waren ziemlich früh im Hotel angekommen. Die Gruppe hatte gemeinsam in einem Restaurant gegessen (der Fahrer hatte recht, Istanbul war enorm billig), und als Paulo und Karla ihr Zimmer bezogen, stellten sie fest, dass darin nicht zwei Betten standen, sondern ein Doppelbett. Ohne sich groß darüber aufzuregen, hatten beide geduscht, ihre Wäsche gewaschen und zum Trocknen über den Badewannenrand gehängt und waren erschöpft ins Bett gefallen. Offensichtlich hatten beide nach den vielen Übernachtungen im Bus oder unter freiem Himmel nur den einen Wunsch: tief und fest zu schlafen. Doch zwei sich berührende nackte Körper hatten andere Pläne. Noch ehe sie es sich versahen, küssten sie sich.

Paulos Erektion kam nicht recht zustande, Karla half aber auch nicht nach. Sie signalisierte nur, dass sie nicht abgeneigt war. Sie hatten bislang nur freundschaftliche Küsse ausgetauscht und Händchen gehalten. Weiter waren sie nicht gegangen. *Würde Karla sich weniger schön und weniger begehrt fühlen, wenn er nicht mit ihr schlief,* fragte sich Paulo.

Und sie dachte: *Ich lasse ihn noch ein bisschen schmoren,*

soll er ruhig denken, ich wäre sauer, falls es mit ihm nichts wird und er sich einfach nur umdreht und einschläft. Ich kann immer noch nachhelfen. Einstweilen warte ich noch ein bisschen.

Am Ende klappte es doch mit der Erektion, sie schliefen miteinander, aber sein Orgasmus kam zu schnell, obwohl er versucht hatte, sich zurückzuhalten. Er war sehr lange abstinent gewesen ...

Karla hatte keinen Orgasmus gehabt, das war Paulo klar. Sie strich ihm zärtlich durchs Haar, drehte sich zur Seite und merkte im selben Augenblick, dass auch sie erschöpft war. Sie schlief ein, ohne an die Dinge zu denken, die ihr normalerweise beim Einschlafen halfen. Und auch Paulo schlief augenblicklich ein.

*

Jetzt war er wach, erinnerte sich an die vergangene Nacht und beschloss aufzustehen, bevor er irgendetwas dazu sagen musste. Vorsichtig schob er Karlas Arm weg, zog die Ersatzhose aus dem Rucksack an, die Schuhe, die Jacke, und als er gerade die Tür öffnete, hörte er:

»Wohin gehst du? Sagst du mir nicht mal guten Morgen?«

»Guten Morgen.«

Istanbul erwartet dich. Es ist eine faszinierende Stadt. Sie wird dir gefallen, dachte er.

»Warum hast du mich nicht geweckt?«

»Weil ich dachte, dass du vielleicht gerade etwas Schönes träumst. Denn schließlich kommuniziert man im Schlaf durch die Träume mit Gott – das habe ich gelernt, als ich mich mit dem Okkultismus beschäftigt habe. Oder weil ich dachte, dass du vielleicht einfach nur müde bist. Keine Ahnung.«

Worte, nichts als Worte, die nur dazu dienten, die Dinge zu verkomplizieren.

»Erinnerst du dich noch an gestern Nacht?«

Sie hatten miteinander geschlafen. Einfach so, im Grunde genommen nur, weil sie beide nackt im selben Bett gelegen hatten.

»Ja, ich erinnere mich. Bitte verzeih mir. Ich weiß, dass es nicht das war, was du erwartet hattest.«

»Ich hatte gar nichts erwartet. Gehst du los, um dich mit Ryan zu treffen?«

Er wusste natürlich, dass die Frage eigentlich lautete: »Gehst du los, um dich mit Ryan und *Mirthe* zu treffen?«

»Nein.«

»Und wohin gehst du dann?«

»Ich weiß, wohin ich will, aber nicht, wo es liegt. Ich muss mich noch beim Empfang informieren. Hoffentlich wissen sie es.«

Er hoffte, sie würde die Fragestunde nun beenden, ihn nicht dazu zwingen, zu sagen, was er suchte: einen Ort, an dem er Leute treffen könnte, die die tanzenden Derwische kannten. Doch Karla wollte es genau wissen.

»Ich bin auf dem Weg zu einer religiösen Zeremonie. Etwas, das mit Tanzen zu tun hat.«

»Du willst den ersten Tag in einer Stadt, die so anders ist, in einem so besonderen Land, genau das Gleiche machen, was du schon in Amsterdam gemacht hast? Haben dir die Hare Krishna nicht gereicht? Hat dir die Nacht am Feuer nicht gereicht?«

Nein, hatte es nicht. Leicht genervt erzählte er ihr von den tanzenden türkischen Derwischen, die er in Brasilien gesehen hatte. Männer, die einen hohen rotbraunen, konisch geformten hohen Hut auf dem Kopf trugen und makellos weiße Röcke und die sich mit ausgebreiteten Armen um die eigene Achse drehten.

Diese Bewegung, so erzählte Paulo weiter, versetzt den Derwisch nach einer gewissen Zeit in Trance. Die Derwische gehören einer jahrhundertealten Strömung des Islam an. Im 12. Jahrhundert bildeten sich Sufi-Orden heraus. Einer der Sufi-Orden ist der der Mevlevis, der der tanzenden Derwische. Er geht auf den persischsprachigen, in der Türkei verstorbenen Dichter Rumi zurück.

»Der Sufismus erkennt nur eine Wahrheit an: Nichts kann geteilt werden, das Sichtbare und das Unsichtbare gehen Hand in Hand, die Menschen sind nur Illusionen aus Fleisch und Blut.« Deshalb hatte Paulo sich nicht so sehr für die Sache mit den parallelen Realitäten interessiert. »Wir sind zugleich alles und alle – und die Zeit gibt es eigentlich auch nicht. Wir vergessen das, weil wir täglich durch die Medien mit Informationen bombardiert werden. Wenn wir die Einheit akzeptieren, brauchen wir weiter nichts. Wir werden den Sinn des Lebens für einen kurzen Augenblick erkennen, und dieser kurze Augenblick wird uns die Kraft geben, bis zu dem zu gelangen, was wir Tod nennen, was aber in Wahrheit nur der Übergang in eben diese zirkuläre Zeit ist.«

Paulo hielt kurz inne und fragte dann Karla: »Hast du das alles verstanden?«

»Vollkommen. Ich allerdings werde in den großen Basar der Stadt gehen – ich gehe mal davon aus, dass Istanbul einen Basar hat –, wo Menschen Tag und Nacht arbeiten und den wenigen Touristen, die sich dorthin verirren, ihr Kunsthandwerk darbieten. Kaufen werde ich jedoch nichts. Nicht etwa aus Sparsamkeit, sondern einfach nur, weil in meinem Rucksack kein Platz dafür ist. Aber ich werde versuchen, ihnen zu verstehen zu geben, wie sehr ich ihre Kunst bewundere und respektiere. Du hast mir zwar interessante Erläuterungen zu religiösen und philosophischen Fragen gegeben, aber für mich steht die Schönheit an erster Stelle.«

Sie ging quer durchs Zimmer ans Fenster, und er sah sie nackt im Gegenlicht. Sosehr sie sich auch bemühte, nervig zu sein, er empfand eine tiefe Achtung für sie. Als er das Zimmer verließ, überlegte er, ob es nicht besser wäre, sie zu begleiten – es würde möglicherweise schwierig werden, Zutritt zum Orden der Mevlevis zu erhalten.

Und Karla am Fenster dachte: *Warum hat er mich nicht eingeladen, mit ihm zu gehen?* Sie hatten doch noch sechs Tage in Istanbul, der Basar würde auch morgen noch geöffnet sein, und es wäre bestimmt spannend, eine Tradition wie die der Sufis kennenzulernen.

Sie waren – wieder einmal – in gegensätzliche Richtungen aufgebrochen, sosehr sie auch versuchten, einander zu begegnen.

Als Karla die Treppe herunterkam, traf sie die meisten anderen der Gruppe vor der Rezeption an, und jeder wollte sie zu irgendeinem besonderen Ausflug einladen – zur Blauen Moschee, zur Hagia Sophia, ins archäologische Museum oder zu der riesigen Zisterne mit ihren zwölf Säulenreihen (insgesamt 336 Säulen, meinte jemand), die den byzantinischen Kaisern einst als Wasserreservoir gedient hatte. Doch Karla sagte, sie habe bereits andere Pläne. Niemand fragte, welche – wie auch niemand nach der vergangenen Nacht fragte, die sie mit dem Brasilianer in einem Zimmer verbracht hatte. Sie frühstückten alle gemeinsam, und dann brachen sie grüppchenweise zu ihren Zielen auf.

Karlas Ziel war kein Programmpunkt in einem Reiseführer. Sie ging hinunter zum Bosporus und schaute auf eine der Brücken, die Europa mit Asien verbindet. Eine Brücke! Die zwei so unterschiedliche und einander so ferne Kontinente verband! Sie rauchte zwei, drei Zigaretten, zog die Träger ihres Tops etwas über die Schultern herunter und sonnte sich einen Augenblick lang – bis zwei Männer sie ansprachen und sie sich gezwungen sah, die Träger wieder hochzuziehen.

Als die Reise ereignislos und langweilig geworden war, hatte Karla angefangen, über sich selbst nachzudenken, und ihre Lieblingsfrage war gewesen: *Warum will ich nach Nepal?* Im Grunde hatte sie kein großes Interesse an Mantras, Yoga, Weihrauch und esoterischen Sekten. Sie wollte nicht nach Nepal reisen, um Antworten auf religiöse Fragen zu finden – die hatte sie bereits. Ihre protestantische Erziehung bestimmte noch immer ihre Haltung zur Religion. Doch sie hatte es satt, sich immer stark und mutig zu zeigen, und konnte ihre eigene ständige Aggressivität, ihr permanentes Konkurrenzdenken nicht mehr ertragen. Immer wollte sie die anderen übertrumpfen, schaffte es aber nie, über sich selber hinauszuwachsen. Sie hatte sich damit abgefunden, die zu sein, die sie war, obwohl sie dafür eigentlich noch zu jung war.

Sie wollte, dass sich alles veränderte, war aber außerstande, sich selber zu ändern.

Sie hätte dem Brasilianer gern sehr viel mehr gesagt, vor allem auch, dass er in ihrem Leben eine immer wichtigere Rolle spielte. Doch dass Paulo sich wegen seiner miesen sexuellen Performance in der vergangenen Nacht schuldig fühlte, amüsierte sie irgendwie, und sie tat nichts, um ihm die Schuldgefühle zu nehmen, beispielsweise, indem sie zu ihm sagte: ›Ach, Liebling (Liebling!!), mach dir bloß keine Sorgen, beim ersten Mal geht es doch oft schief, wir haben doch alle Zeit der Welt.‹

Auch wenn sie sich manchmal mehr Nähe wünschte, war sie ihr doch unerträglich. Sei es, weil sie für andere Menschen nicht viel Geduld aufbrachte, sei es, weil ihre jeweiligen Partner auch nicht viel dazu beitrugen, indem sie versuchten, sie so zu akzeptieren, wie sie war. Entsprechend hielten ihre Beziehungen nie lange, und keiner ihrer bisherigen Partner war auch nur ansatzweise imstande gewesen, die Eiswand zu durchbrechen, hinter der sie sich verschanzte.

*

Dabei dachte sie, dass sie durchaus in der Lage wäre zu lieben, ohne Gegenliebe, Veränderungen oder Dank zu erwarten.

Und sie hatte in ihrem Leben ja auch schon oft geliebt. Und jedes Mal hatte die Energie der Liebe das Universum um sie herum verwandelt. Bei Karla gab es allerdings ein Problem: Sie ertrug es nicht, lange zu lieben.

Sie wäre gern eine Blume gewesen, die, von der Liebe in eine Vase gestellt, in deren immer frischem Wasser sie, wie eben gepflückt, auf denjenigen wartete, der den Mut – genau, das war das Wort: MUT – hätte, sie sich zu nehmen. Aber es kam nie jemand – besser gesagt, die Männer kamen und gingen gleich wieder, ganz verschreckt, weil sie nicht eine Blume in einer Vase vorfanden, sondern eine Naturgewalt, ein Unwetter mit Blitzen, Sturm und Donner.

Sie wollte, dass ihre Liebespartner ihre innere Schönheit entdeckten, aber die sahen nur das harte Äußere und nie den weichen Kern.

Sie dachte an ihre Eltern – die, obwohl sie praktizierende, fromme Christen waren, nie versucht hatten, ihr etwas aufzuzwingen. Zwar hatte sie als Kind hin und wieder mal eine Ohrfeige bekommen, diese aber nie als traumatisierend empfunden, und schließlich war es vielen aus ihrer Generation genauso gegangen.

Sie war sehr gut in der Schule gewesen, überragend in

Sport, die Hübscheste unter ihren Klassenkameradinnen (und wusste es auch), hatte keine Mühe, einen Freund zu finden – und dennoch war sie schon immer am liebsten allein.

Allein sein. Ihre große Freude und auch der Ursprung für ihren Traum, nach Nepal zu gehen, dort eine Höhle zu finden und in ihrem ALLEIN zu sitzen, bis ihr Haar weiß wurde, ihr die Zähne ausfielen und die Bewohner des nahen Dorfes ihr nichts mehr zu essen brachten und sie bei ihrem letzten Sonnenuntergang auf die schneebedeckten Berge blickte.

Allein.

Ihre Schulkameradinnen beneideten sie um die Lässigkeit, mit der sie mit Jungen umging; ihre Studienkollegen an der Uni bewunderten sie für ihre Unabhängigkeit und dass sie immer wusste, was sie wollte; ihre Arbeitskollegen verblüffte sie mit ihrer Kreativität – kurz, sie war die perfekte Frau. Seit sie achtzehn war, hatte sie von einigen Männern Heiratsanträge bekommen – insbesondere von reichen Männern, deren Antrag auch noch erfreuliche Nebeneffekte wie Schmuckgeschenke hatte (zwei Brillantringe – von den mehreren, die sie besaß – hatten ausgereicht, um ihre Reise nach Nepal zu bezahlen und noch Geld übrig zu haben, um dort lange zu leben).

Immer wenn sie von ihren Verehrern ein teures Geschenk erhielt, warnte sie sie, dass sie es im Falle einer Trennung nicht zurückgeben werde. Doch die Männer, die sich ein Leben lang nur immer gegen andere Männer behaupten mussten, nahmen sie nicht ernst. Sie fielen am Ende in den Graben, den Karla um sich herum ausgehoben hatte, und merkten erst dann, dass sie in Wahrheit der faszinierenden jungen Frau nie nahe gewesen waren, weil die Brücke zu ihr für Alltag und

Routine zu wenig tragfähig war. Wenn es nach einer Woche oder einem Monat unweigerlich zur Trennung kam, brauchte Karla kein Wort zu verlieren – keiner der Männer wagte es, sein Geschenk zurückzufordern.

Bis einer von ihnen am dritten Tag ihrer Beziehung, während sie gemeinsam im Bett eines sündhaft teuren Hotels in Paris frühstückten, in dem sie anlässlich der Promotion-Tour für eines seiner Bücher abgestiegen waren (Paris ist immer eine Reise wert, lautete seine Devise), etwas zu ihr sagte, das sie nie wieder vergessen würde:

»Du hast eine Depression.«

Sie hatte nur gelacht. Sie kannten sich kaum, hatten in einem ausgezeichneten Restaurant gegessen, hatten den besten Wein und den besten Champagner getrunken, und dann sagte er so etwas?

»Lach nicht. Du hast eine Depression. Oder leidest unter Ängsten. Oder unter beidem. Tatsache aber ist, dass du dich mit zunehmendem Alter in eine Sackgasse hineinmanövrierst. Das solltest du dir frühzeitig klarmachen.«

Sie hätte ihm gern gesagt, wie privilegiert sie im Leben sei, dass sie eine großartige Familie habe, eine Arbeit, die ihr gefiel, Kollegen, die sie bewunderten, doch aus ihrem Mund kam nur die Frage:

»Wieso sagst du das?«

Sie tat so, als nähme sie seine Bemerkung nicht besonders ernst. Der Mann, dessen Namen sie noch am selben Nachmittag aus ihrem Gedächtnis streichen würde, sagte, er wolle nicht weiter darüber reden – er sei zwar von Beruf Psychiater, aber nicht als solcher hier.

Doch sie ließ nicht locker. Möglicherweise wollte er im

Grunde doch weiter darüber reden – jedenfalls bildete Karla sich ein, dass er davon träumte, den Rest seines Lebens mit ihr zu verbringen.

»Wieso sagst du, ich hätte eine Depression, dabei sind wir doch erst seit so kurzer Zeit zusammen?«

»Weil diese kurze Zeit in Wahrheit immerhin zweiundsiebzig Stunden waren, die wir zusammen verbracht haben. Und ich konnte dich bei der Signierstunde am Dienstag und gestern beim Abendessen beobachten. Hast du jemals jemanden wirklich geliebt?«

»Sehr viele sogar.«

Was gelogen war.

»Und was verstehst du unter lieben?«

Die Frage verblüffte sie so, dass sie, wie von einer unterschwelligen Angst erfasst, hektisch etwas zusammenphantasierte.

»Es bedeutet, alles zuzulassen. Nicht an Sonnenuntergänge oder Dornröschen zu denken, sondern sich mitreißen zu lassen, sich ganz der Freude zu öffnen. Das ist Lieben für mich.«

»Und weiter?«

»Und frei zu bleiben, so dass der Mensch an unserer Seite sich nie angekettet fühlt. Liebe ist etwas Ruhiges, Gelassenes, ich würde sogar sagen, etwas Einsames. Lieben um der Liebe willen, aus keinem anderen Grund – wie Ehe, Kinder, finanzielle Sicherheit oder dergleichen.«

»Schöne Worte. Ich schlage vor, dass du später über das nachdenkst, was ich gesagt habe. Aber jetzt sollten wir uns den Aufenthalt in dieser einzigartigen Stadt nicht dadurch verderben lassen, dass ich dich dazu bringe, dir selber Fragen zu stellen, und du mich arbeiten lässt.«

Na gut, Punkt für dich, dachte sie. *Doch warum sagst du, dass ich eine Depression oder Ängste habe? Und warum interessierst du dich so wenig für das, was ich zu sagen habe?*

»Und warum soll ich eine Depression haben?«, fragte sie.

»Weil du bislang nicht imstande warst, richtig zu lieben, wäre eine Antwort. Aber das bringt uns jetzt nicht weiter. Viele Menschen kommen in meine Praxis, weil sie mit einem Zuviel an Liebe und Hingabe nicht zurechtkommen. Tatsächlich glaube ich – und da sage ich etwas, was ich nicht sagen sollte –, dass deine Depression auch physische Ursachen hat. Weil dir eine Substanz im Organismus fehlt. Es kann Serotonin sein, Dopamin, aber in deinem Fall ist es bestimmt nicht Noradrenalin.«

»Dann ist Depression also etwas Chemisches?«

»Natürlich nicht. Es gibt unzählige Faktoren. Aber wollen wir uns nicht anziehen und einen Spaziergang an der Seine machen?«

»Na klar. Aber vorher möchte ich, dass du deinen Gedankengang zu Ende führst: welche Faktoren?«

»Du hast gesagt, dass Liebe in Einsamkeit gelebt werden kann. Zweifellos, aber nur von Menschen, die beschlossen haben, ihr Leben Gott oder ihrem Nächsten zu weihen. Visionäre. Revolutionäre. In deinem Fall spreche ich von einer menschlicheren Liebe, die sich nur offenbart, wenn wir dem geliebten Menschen nahe sind. Die unendliches Leid hervorruft, falls man unfähig ist, sie auszudrücken, oder falls sie nicht auf Gegenliebe stößt. Ich bin sicher, dass du eine Depression hast, denn du bist nie ganz im Hier und Jetzt. Deine Blicke irren umher, deine Augen leuchten nicht, sondern wirken stumpf, gelangweilt. Am Abend der Signierstunde habe ich gesehen, wie du dich krampfhaft bemüht hast, mit den anderen Leuten ins Gespräch zu kommen. Gleichzeitig sahst du so aus, als fändest du sie alle sterbenslangweilig, zu dumm, dir nicht ebenbürtig.«

Karla war aus dem Bett aufgestanden.

»Das brauche ich mir nicht weiter anzuhören. Ich gehe jetzt ins Bad.«

»Geh du nur. Ich packe inzwischen meinen Koffer.«

»Ich habe es nicht eilig, nach allem, was ich gerade gehört habe, muss ich ein bisschen allein sein.«

Er lachte, so als wollte er sagen: ›Habe ich es nicht gesagt?‹ Dann stand er auf und ging ins Bad. Fünf Minuten später hatte Karla ihren Koffer gepackt und sich angezogen. Lautlos öffnete und schloss sie die Tür. Ging am Empfang vorbei, wo man ihr etwas erstaunt nachschaute, doch die Suite ging nicht auf ihren Namen, also stellte niemand Fragen.

Sie wandte sich an den Concierge und fragte nach dem nächsten Flug in die Niederlande.

Welche Stadt?

»Irgendeine, ich komme von dort und kenne mich dort aus.«

Der nächste Flieger ging um Viertel nach zwei mit der KLM.

»Sollen wir den Flug für Sie buchen und ihn auf die Zimmerrechnung setzen?«

Sie zögerte kurz, überlegte, ob sie sich an dem Mann rächen sollte, der unerlaubt in ihrer Seele gelesen hatte und mit seiner Diagnose zweifellos danebenlag.

Aber sie sagte nur: »Nein danke, ich habe Geld dabei.« Wenn Karla auf diesem Planeten irgendwohin reiste, war sie nie von den Männern abhängig, die sie hin und wieder dafür aussuchte, dass sie ihr ein wenig Gesellschaft leisteten.

*

Sie schaute wieder auf die Brücke, erinnerte sich an alles, was sie über Depressionen gelesen hatte – und was sie bewusst nicht gelesen hatte, weil ihr nämlich beim Lesen ganz schwummrig geworden war. Sie nahm sich vor, dass sie von dem Augenblick an, in dem sie diese Brücke überquert hätte, eine andere Frau sein würde. Sie würde ihrer Verliebtheit nachgeben. Ihrer Verliebtheit in einen Mann, der höchstwahrscheinlich der Falsche war, weil er am anderen Ende der Welt lebte, was bedeutete, dass sie entweder mit ihm gehen musste oder aber sich vor Sehnsucht nach ihm verzehren würde, wenn sie ohne ihn zurückblieb und in der Höhle in Nepal meditierte. Aber so wie bisher konnte sie nicht weiterleben: das Leben eines Menschen führen, der alles hat, aber nichts, absolut nichts davon genießt.

Paulo stand vor einer Tür ohne Schild oder sonstigen Hinweis in einer Gasse mit mehreren verlassen wirkenden Häusern. Er hatte lange herumfragen müssen, bis es ihm gelang, ein Sufi-Zentrum ausfindig zu machen, obwohl er noch lange nicht sicher war, dass er dort einen tanzenden Derwisch antreffen würde. Zuerst war er in den Basar gegangen – wo er hoffte, Karla zu treffen, sie aber nicht fand. Er hatte versucht, den heiligen Tanz nachzuahmen, sich mit ausgebreiteten Armen um sich selbst gedreht und dazu »Derwisch« gesagt. Doch die Leute hatten nur gelacht, ihm den Vogel gezeigt und waren ihm aus dem Weg gegangen – weil er sie sonst mit seinen ausgebreiteten Armen angerempelt hätte.

Doch er hatte nicht aufgegeben. In den Auslagen verschiedener Läden gab es ähnliche Hüte wie die, die er bei der Aufführung damals in Rio gesehen hatte – eine Art rote, konische Kappe, die man normalerweise mit den Türken assoziierte. Er kaufte eine, setzte sie auf, ging von einem Gang des Basars zum anderen und fragte mittels Pantomime – nun mit Hut –, wo er einen Ort finden könnte, an dem Leute so etwas machten. Diesmal lachten die Leute weder, noch wichen sie ihm aus, sondern unterhielten sich mit ernster Miene auf Türkisch miteinander.

Paulo gab sich noch immer nicht geschlagen.

Schließlich fand er einen weißhaarigen Mann, der zu verstehen schien, was er sagen wollte. Er wiederholte das Wort »Derwisch«, doch der Herr, der auf ihn zugegangen war, sagte:

»Darwesh.«

Ja, das genau musste es sein, er hatte es nur falsch ausgesprochen. Wie zur Bestätigung ahmte nun der Herr die Bewegungen der tanzenden Derwische nach und blieb dann mit einem tadelnden Gesichtsausdruck vor Paulo stehen.

»*You muslim?*«

Paulo schüttelte den Kopf.

»*No*«, sagte der Mann und schüttelte seinerseits den Kopf. »*Only Islam.*«

Da baute sich Paulo vor ihm auf.

»*Poet Rumi! Darwesh! Sufi!*«

Der Name Rumis, des Gründers des Mevlevi-Ordens, und das Wort Dichter mussten das Herz des Mannes erweicht haben, denn er packte, wenn auch mit einem leicht ärgerlichen Gesichtsausdruck, Paulo am Arm, schob ihn vor sich her, aus dem Basar und brachte ihn zu dem Ort, an dem er sich jetzt befand, vor dieses fast verfallene Haus. Da stand er nun und überlegte, was er jetzt machen sollte.

Schließlich klopfte er mehrfach, aber niemand öffnete. Er drehte am Türknauf, die Tür war offen. Sollte er hineingehen? Konnte man ihn wegen Hausfriedensbruch anklagen? War es nicht so, dass verlassene Häuser von bissigen Hunden bewacht wurden, die dafür sorgten, dass sich dort keine Bettler niederließen?

Er öffnete die Tür einen Spaltbreit. Wartete auf Hundegebell, doch er hörte nur eine Stimme, eine einzige Stimme in der Ferne, die etwas in einer fremden Sprache sagte, was er nicht verstand, und nahm gleich darauf etwas wahr, das ihm sagte, dass er sich am richtigen Ort befand: Weihrauchgeruch.

Er bemühte sich, herauszuhören, was diese Männerstimme gerade sagte. Das war unmöglich, also blieb ihm nichts anderes übrig, als einzutreten. Das Schlimmste, was ihm passieren konnte, wäre, dass man ihn hinauswarf. Was hatte er schon zu verlieren? Er stand kurz davor, einen seiner Träume zu verwirklichen – in Kontakt mit den tanzenden Derwischen zu gelangen.

Er musste es wagen. Er trat ein, schloss die Tür hinter sich, und als sich seine Augen an die Dunkelheit gewöhnt hatten, sah er, dass er sich in einem vollkommen leeren Schuppen befand, der ganz und gar grün gestrichen war. Der Fußboden war abgetreten. Durch ein paar zerbrochene Fensterscheiben fiel Licht herein, was ihm erlaubte, in einer Ecke des Raumes, der von innen sehr viel größer wirkte als von außen, einen Mann auf einem Plastikstuhl zu sehen, der aufhörte, vor sich hin zu reden, als er den unerwarteten Besucher bemerkte.

Er sagte ein paar Worte auf Türkisch, doch Paulo schüttelte nur den Kopf. Er könne diese Sprache nicht. Der Mann schüttelte ebenfalls den Kopf, womit er zeigte, wie sehr ihn Paulos Anwesenheit störte, der ihn bei etwas Wichtigem unterbrochen hatte.

»Was willst du hier?«, fragte er auf Englisch mit französischem Akzent.

Was sollte Paulo antworten? Die Wahrheit. Die tanzenden Derwische.

Der Mann lachte.

»Großartig. Da bist du wie ich hierhergekommen. Ich bin eines Tages von Tarbes aufgebrochen – einer kleinen Stadt mit einer einzigen Moschee in den französischen Pyrenäen – und bin auf der Suche nach Wissen und Weisheit hier gelandet. Darauf bist du doch auch aus, oder? Mache es wie ich, als ich einem von ihnen begegnet bin. Studiere tausend und einen Tag lang einen Dichter, lerne auswendig, was er geschrieben hat. Wenn du imstande bist, auf jede Frage mit Weisheiten aus seinen Gedichten zu antworten, dann und erst dann kannst du mit dem Training beginnen. Denn deine Stimme wird sich mit der des Erleuchteten und seinen vor achthundert Jahren geschriebenen Versen vermischen.«

»Rumi?«

Der Mann verneigte sich, als er den Namen hörte. Paulo setzte sich auf den Boden.

»Und wie kann ich das lernen? Ich habe viele seiner Gedichte gelesen, aber ich verstehe nicht, wie er sie in die Praxis umgesetzt hat.«

»Ein Mensch auf der Suche nach Spiritualität weiß wenig, denn er liest darüber und versucht seinen Intellekt mit etwas zu füllen, das er für weise hält. Verkaufe deine Bücher und erwirb stattdessen Verrücktheit und Begeisterung – damit kommst du dem Ganzen schon ein wenig näher. Bücher enthalten Meinungen und Studien, Analysen und Vergleiche, wohingegen die heilige Flamme der Verrücktheit uns zur Wahrheit führt.«

»Ich trage keine Bücher mit mir. Ich bin als jemand gekommen, der Erfahrungen sucht – in diesem Falle die Erfahrung des Tanzes.«

»Das ist Suche nach Wissen, nicht Tanz. Der Verstand ist der Schatten Allahs. Welche Macht hat der Schatten im Vergleich zur Sonne? Überhaupt keine. Tritt aus dem Schatten heraus, gehe in die Sonne und akzeptiere, dass ihre Strahlen dich mehr als jedes weise Wort inspirieren.«

Der Mann wies auf eine Stelle zehn Meter von seinem Platz entfernt, auf die ein Sonnenstrahl fiel. Paulo ging zu dieser Stelle.

»Verneige dich vor der Sonne. Lasse zu, dass sie deine Seele überschwemmt – denn Wissen ist eine Illusion, die Ekstase ist Realität. Das Wissen erfüllt uns mit Schuldgefühlen, die Ekstase lässt uns mit jenem eins werden, der das Universum ist, bevor es existierte und nachdem es zerstört wurde. Wissen ist wie sich mit Sand waschen, wenn es nebenan einen Brunnen mit kristallklarem Wasser gibt.«

In dem Augenblick begannen die auf den Minaretten der Moscheen angebrachten Lautsprecher zu rezitieren, und ihr Klang erfüllte die Stadt. Sie riefen zum Gebet. Paulo wandte das Gesicht der Sonne zu, deren Strahl durch die Staubkörnchen deutlich sichtbar war, und ein Geräusch in seinem Rücken sagte ihm, dass der alte Mann mit dem französischen Akzent nach Mekka ausgerichtet niedergekniet sein musste und nun sein Gebet begann. Paulo fing an, seinen Kopf zu leeren, was in diesem schmucklosen Raum nicht allzu schwierig war – es standen nicht einmal Koransuren in ihrer Malereien ähnelnden Kalligraphie an den Wänden. Er befand sich in der vollkommenen Leere, die Dinge, die er gelernt hatte, die Dinge, die er lernen wollte, das Gute oder das Böse, alles befand sich in diesem Raum. Er war ganz im Hier und Jetzt.

Er verneigte sich, hob wieder den Kopf, hielt die Augen geöffnet, und ihm wurde bewusst, dass die Sonne mit ihm sprach – sie versuchte nicht, ihm etwas beizubringen. Sie erfüllte nur alles ringsum mit Licht.

Mein Geliebter, mein Licht, möge deine Seele in ewiger Anbetung verweilen. Bald schon wirst du diesen Ort verlassen, weil die Zeit noch nicht gekommen ist, allem zu entsagen. Doch die höchste, Liebe genannte Gabe wird dazu beitragen, dass du das Werkzeug meiner Worte bist – von Worten, die ich nicht ausgesprochen habe, die du aber verstehst.

Wenn du in die Große Stille eintauchst, lehrt dich die Stille etwas. Die Stille kann in Worte übersetzt werden. Sie in Worte zu übersetzen wird dein Schicksal sein, versuche mit dem Schreiben auf keinen Fall etwas zu erklären, bringe die Menschen dazu, das Mysterium zu achten.

Willst du ein Pilger auf dem Weg des Lichts sein? Dann lerne, in der Wüste zu wandern. Rede mit deinem Herzen, denn Worte sind nicht zufällig – und, obwohl du sie brauchst, um mit den anderen zu kommunizieren, lasse dich nie durch Meinungen und Erklärungen in die Irre führen. Die Menschen hören nur das, was sie wollen. Versuche nie, jemanden zu überzeugen, folge nur angstfrei deinem Schicksal – oder aber auch voller Angst, aber folge deinem Schicksal.

Möchtest du den Himmel erreichen und zu mir gelangen? Dann mache Disziplin und Barmherzigkeit zu deinen Flügeln.

Die Tempel, die Kirchen und die Moscheen sind voller Menschen, die sich vor der Welt dort draußen fürchten – und am Ende mit toten Worten indoktriniert werden. Mein Tempel aber ist die Welt, verlasse meinen Tempel nicht. Verlasse ihn nicht, auch wenn es dir schwerfällt – selbst wenn du von anderen ausgelacht wirst.

Rede mit anderen, aber versuche nicht, jemanden zu überzeugen. Nimm niemals Schüler an, und lasse nicht zu, dass Menschen, die an deine Worte glauben, dir folgen. Denn geschieht dies, hören sie auf, an das zu glauben, was ihre eigenen Herzen ihnen sagen, und das in Wahrheit das Einzige ist, auf das sie hören sollten.

Geht gemeinsam, trinkt und erfreut euch am Leben, aber haltet Abstand zueinander, damit einer den anderen nicht stützen kann – Stürzen gehört zum Weg, und alle müssen lernen, allein wieder aufzustehen.

Die Muezzin waren verstummt. Paulo wusste nicht, wie lange die Sonne zu ihm gesprochen hatte – der Strahl schien jetzt auf eine andere Stelle, nicht mehr dorthin, wo er saß. Er wandte sich um, und der Mann, der aus einem fernen Land gekommen war, nur um etwas herauszubekommen, was er auch in den Bergen seines Landes hätte herausfinden können, war bereits gegangen. Er war allein.

Er spürte, dass er in einen Zustand geistiger Verzückung geraten war. Es war Zeit zu gehen. Er hoffte, niemandem erklären zu müssen, wo er gewesen war. Ihm war so, als ob sich sein Blick verändert hätte, als ob er buchstäblich leuchtete.

Er zündete eines der Weihrauchstäbchen neben dem

Plastikstuhl an. Dann ging er hinaus und schloss die Tür, obwohl er wusste, dass für jene, die versuchen, eine Schwelle zu übertreten, die Türen immer offen sind. Man muss nur am Türknauf drehen.

Die Korrespondentin der französischen Nachrichten-
agentur wirkte sichtlich genervt von ihrem Auftrag,
Hippies zu interviewen – Hippies mitten in Istanbul, die
mit dem Bus nach Asien reisten, während viele Migranten
mit dem Bus aus der Gegenrichtung kamen, um in Europa
Arbeit und Reichtum zu finden! Die Journalistin hegte
weder den einen noch den anderen gegenüber Vorurteile.
Sie hatte ganz andere Sorgen: Seit die Konflikte in Nahost
begonnen hatten, hörte das Telex nicht auf, Nachrichten
auszuspucken. Es gab Gerüchte über Bataillone in Jugoslawien, die sich gegenseitig töteten, Griechenland stand mit
der Türkei auf Kriegsfuß, die Kurden wollten Autonomie,
der türkische Präsident wusste nicht mehr, was er machen
sollte, Istanbul war zu einem Spionagezentrum geworden,
in dem Agenten des KGB und der CIA nebeneinanderlebten,
der König von Jordanien hatte einen Aufstand der Palästinenser niedergeschlagen, die nun schworen, sich zu rächen.
Was machte sie jetzt bloß in diesem drittklassigen Hotel?

Sie folgte Anweisungen. Der Fahrer des besagten Magic
Bus hatte angerufen, ein gewiefter, sympathischer Engländer,
der sie am Eingang zum Hotel erwartete und das Interesse
der Auslandspresse an dem Thema ebenso wenig verstand
wie sie, aber beschlossen hatte, so gut es ging zu helfen.

In der Hotellobby war weit und breit kein Hippie zu sehen, nur ein Typ, der wie Rasputin aussah, und ein etwa fünfzigjähriger Mann, der überhaupt nicht wie ein Hippie wirkte. Neben ihm saß ein junges Mädchen.

»Er wird die Fragen beantworten«, sagte der Fahrer. »Er spricht Ihre Sprache.«

Das war von Vorteil, es würde das Interview einfacher machen und beschleunigen. Zuerst einmal notierte sie sich ein paar Stichworte zur Person: Name: Jacques / Alter: 47 / Gebürtig aus Amiens, Frankreich / Beruf: ehemaliger Marketingdirektor einer Spitzenkosmetikmarke / Familienstand: geschieden.

»Wie man Ihnen bestimmt gesagt hat, bereite ich auf Bitten der Agence France Presse eine Reportage über die Hippiebewegung vor, die, wie ich gelesen habe, in den Vereinigten Staaten entstanden ist …«

Beinahe wäre ihr herausgerutscht: ›… von Kindern reicher Eltern initiiert, die nichts besseres zu tun haben …‹

»… und sich in Windeseile über die ganze Erde ausgebreitet hat.«

Jacques nickte, während die Journalistin in Gedanken hinzufügte: ›… in Wahrheit dort, wo die größten Vermögen der Welt zu Hause sind.‹

»Was genau wollen Sie wissen?«, fragte Jacques, der bereits bereute, dem Interview zugestimmt zu haben, statt sich wie der Rest der Gruppe die Stadt anzusehen und sich zu amüsieren.

»Es ist inzwischen allgemein bekannt, dass es sich um eine Bewegung handelt, die keine Vorurteile kennt, sich auf Drogenkonsum, Musik, große Open-Air-Konzerte gründet, eine Bewegung, in der alles erlaubt ist, Reisen, vollkommene Verachtung allen denen gegenüber, die zurzeit für ein Ideal, für eine freie, gerechtere Gesellschaft kämpfen …«

»… Wie beispielsweise …«

»… Wie beispielsweise die, welche die unterdrückten Völker zu befreien versuchen. Die Ungerechtigkeit anprangern, am Klassenkampf teilnehmen, bei dem die Menschen ihr Blut und ihr Leben dafür hingeben, damit der Sozialismus nicht nur eine Utopie bleibt, sondern bald zu einer Realität wird.«

Jacques nickte – es lohnte sich nicht, auf derartige Provokationen einzugehen, er würde nur Zeit verlieren und sich seinen kostbaren ersten Tag in Istanbul verderben lassen.

»… Und die eine sehr viel freiere, ich würde sogar sagen, libertäre Vorstellung von Sexualität haben, in der Männer mittleren Alters nichts dabei finden, mit Mädchen auszugehen, die ihre Töchter sein könnten.«

Jacques wollte auch diese Provokation übergehen, doch jemand mischte sich in das Gespräch ein.

»Das Mädchen, das seine Tochter sein könnte – ich nehme an, Sie meinten mich –, ist tatsächlich seine Tochter. Wir wurden einander nicht vorgestellt: Mein Name ist Marie, zwanzig Jahre alt, in Lisieux geboren, Studentin der Politikwissenschaften, Bewunderin von Camus, Simone de Beauvoir und Ravi Shankar. Zurzeit schreibe ich an meiner Abschlussarbeit darüber, wie das sozialistische Paradies namens Sowjetunion, für das die Menschen ihr Leben hingeben, ebenso repressiv geworden ist wie die Diktaturen, die der Dritten Welt von den kapitalistischen Ländern wie den Vereinigten Staaten, England, Belgien, Frankreich aufgezwungen wurden. Reicht das?«

Die Journalistin schluckte trocken, dankte für den Kommentar und dachte dann, nachdem sie kurz überlegt hatte, ob die junge Frau tatsächlich die Tochter ihres Gesprächspartners war, dass genau dies das interessante Thema sein könnte: die Geschichte eines Mannes, eines ehemaligen Direktors eines großen französischen Unternehmens, der sich in einer existenziellen Krise die eigene Tochter geschnappt hatte und sich auf Weltreise begab – ohne die Risiken zu bedenken, die das für das Mädchen, oder besser die junge Frau, mit sich bringen könnte. Oder für das, der Art zu reden nach zu urteilen, frühreife Mädchen. Ihr war die Führung im Interview entglitten, sie musste wieder die Initiative ergreifen.

»Haben Sie schon einmal Drogen ausprobiert?«, fragte sie deshalb die Tochter.

»Natürlich: Marihuana, Tee aus halluzinogenen Pilzen, ein paar chemische Drogen, die mir nicht bekommen sind, LSD. Heroin, Kokain und Opium habe ich nie angerührt.«

Die Journalistin schaute zum Vater hinüber, der sich alles ungerührt anhörte.

»Und sind Sie auch der Meinung, dass Sex frei sein sollte?«

»Seit die Pille erfunden wurde, sehe ich keinen Grund, weshalb Sex nicht frei sein sollte.«

»Und wie halten Sie es damit?«

»Das geht Sie überhaupt nichts an.«

Der Vater, der mitbekam, dass das Gespräch in einen Streit auszuarten drohte, beschloss das Thema zu wechseln.

»Sind wir nicht hier, um über die Hippies zu sprechen? Sie haben unsere Philosophie sehr gut wiedergegeben. Was wollen Sie noch wissen?«

Unsere Philosophie? Ein Mann von fast fünfzig Jahren hatte gerade »unsere Philosophie« gesagt?

»Ich möchte wissen, warum Sie mit dem Bus nach Nepal fahren. Wenn ich es richtig sehe, beispielsweise an kleinen Details der Kleidung von Ihnen beiden, hätten Sie genug Geld, um zu fliegen.«

»Weil für mich das Unterwegssein am wichtigsten ist. Es geht mir darum, Menschen zu begegnen, die ich in der ersten Klasse von Air France nie kennenlernen würde, mit der ich früher oft geflogen bin und in der die Leute nicht miteinander reden – auch nicht, wenn sie nebeneinandersitzen.«

»Aber es gibt doch ...«

»Ja, es gibt bequemere Busse als diesen umgebauten Schulbus mit grausamer Federung und den nicht verstellbaren Rückenlehnen, wenn es das ist, was Sie meinen. Während meines früheren Lebens als Marketingdirektor habe ich bereits alle Arten von Menschen kennengelernt, die ich damals kennen musste. Und ehrlich gesagt, glichen sie einander wie Duplikate – die gleichen Rivalitäten, die gleichen Interessen, das gleiche demonstrative Auftreten. Ein Leben, das so anders war als in meiner Kindheit, als ich in der Nähe von Amiens meinem Vater noch bei seiner Arbeit auf dem Feld half.«

Die Journalistin begann, ihre Notizen durchzublättern. Sie fühlte sich jetzt entschieden im Hintertreffen. Harte Nüsse, dieses Vater-Tochter-Gespann.

»Was suchen Sie?«

»Das, was ich mir über die Hippies notiert habe.«

»Aber Sie hatten das doch bereits gut zusammengefasst: Sex, Musik, Drogen und Reisen.«

Dieser Franzose fing an, ihr gewaltig auf die Nerven zu gehen.

»Sie glauben vielleicht, dass es nur darum geht. Aber es geht doch um sehr viel mehr.«

»Dann klären Sie mich doch bitte auf, denn bevor ich zu dieser Reise aufbrach, zu der mich meine Tochter eingeladen hat, die sah, wie unglücklich ich war, hatte ich leider keine Zeit, mich eingehend zu informieren.«

Die Journalistin meinte, es sei schon in Ordnung, sie habe alle Antworten, die sie brauche – und dachte im Stillen: Ich kann ja irgendetwas zu diesem Interview erfinden, niemand wird es je erfahren. Doch Jacques ließ nicht locker. Er fragte, ob sie lieber Kaffee oder Tee wollte.

»Kaffee, ich habe den süßen Pfefferminztee satt.«

»Türkischen Mokka oder normalen Kaffee?«

»Türkischen Kaffee, ich bin in der Türkei, es ist im Grunde genommen lächerlich, die Flüssigkeit zu filtern, das Pulver muss mit drin sein.«

»Ich finde, meine Tochter und ich verdienen es, etwas dazuzulernen. Wir wissen beispielsweise nicht, woher das Wort *Hippie* kommt.«

Der Franzose veräppelte sie ganz offensichtlich, doch sie tat so, als hätte sie es nicht bemerkt, und beschloss weiterzumachen. Sie brauchte ganz dringend einen Kaffee.

»Niemand weiß es. Aber wir Franzosen versuchen ja immer, alles genau zu erklären: Also, die Vorstellung von Sex, Vegetarismus, freier Liebe und gemeinsamem Leben stammt möglicherweise aus Persien, aus einer nach einem gewissen Mazdak benannten Kultur. Viel Material ist darüber nicht erhalten. Das wäre die eine Erklärung. Aber da wir Journalisten immer öfter dazu gezwungen sind, über diese Hippie-Bewegung zu schreiben, haben einige Kollegen noch eine andere Herkunft entdeckt: Sie sehen sie bei antiken griechischen Philosophen, bei den sogenannten Kynikern.«

»Zyniker?«

»Nein, Kyniker. Das hat nichts mit dem zu tun, was wir heute unter Zynismus verstehen. Diogenes war deren bekanntester Vertreter. Ihm zufolge sollten die Menschen das, was ihnen die Gesellschaft aufzwang, hinter sich lassen und zu den ursprünglichen Werten zurückkehren. Besser gesagt sollte man mit der Natur im Einklang leben, sich mit wenig begnügen, sich über jeden neuen Tag freuen und alles ablehnen, wozu wir erzogen wurden – Machterwerb, Besitzgier, Geiz oder dergleichen. Für die Kyniker war der einzige Zweck des Lebens, sich von allem Überflüssigen zu befreien und in jeder Minute, mit jedem Atemzug Freude zu finden. Diogenes – so sagt die Legende – lebte übrigens in einer Tonne.«

Der Fahrer kam heran. Der Hippie, der wie Rasputin aussah, schien ebenfalls Französisch zu sprechen, denn er setzte sich auf den Boden und hörte zu. Der Kaffee kam und animierte die Journalistin dazu, ihre Lehrstunde fortzusetzen. Plötzlich war die allgemeine Feindseligkeit verschwunden, und sie stand im Mittelpunkt der Aufmerksamkeit.

»Diese Haltung fand im Christentum ihre Fortsetzung, als die Mönche in der Wüste den Frieden für einen Kontakt mit Gott suchten. Und sie wurde bis in die neuere Zeit durch bekannte Philosophen wie den Amerikaner Thoreau und den Befreier Indiens, Mahatma Gandhi, weitergeführt. Vereinfache dein Leben, sagten sie alle. Vereinfache dein Leben, und du wirst glücklicher sein.«

»Aber wieso wurde es plötzlich zu einer Mode, einer Art, sich zu kleiden, sich – im heutigen Wortsinn – zynisch zu geben, an nichts zu glauben, weder an die Rechte noch an die Linke, beispielsweise?«

»Das weiß ich leider nicht. Es heißt, es waren die großen Rockkonzerte wie das in Woodstock. Es heißt, es waren bestimmte Musiker wie Jerry García und die Grateful Dead, oder Frank Zappa und The Mothers of Invention, die in San Francisco Gratiskonzerte gaben. Eigentlich hätte ich Sie das fragen wollen.«

Sie blickte auf die Uhr und stand auf.

»Tut mir leid, aber ich muss gehen. Ich habe noch zwei Interviews vor mir.«

Sie raffte ihre Papiere zusammen und zog ihren Rock zurecht.

»Ich begleite Sie bis zur Tür«, erbot sich Jacques galant. Die Feindseligkeit war vollkommen verschwunden – sie war ein Profi, die versuchte, ihre Arbeit gut zu machen, und keine Feindin, die hergekommen war, um ihre Interviewpartner schlechtzumachen.

»Vielen Dank, nett von Ihnen, aber das brauchen Sie nicht.«

»Ich bestehe darauf …«

Sie gingen zusammen hinaus. Jacques fragte, wo der Gewürzbasar liege – er habe nicht vor, etwas zu kaufen, aber er würde nur zu gern an den Pflanzen und Kräutern schnuppern, die er vielleicht nie wieder riechen würde.

Die Journalistin zeigte ihm die Richtung und ging dann mit schnellen Schritten in die entgegengesetzte Richtung davon.

Jacques, der von Berufs wegen jahrelang alle sechs Monate Werbekampagnen für Produkte entworfen hatte, die niemand wirklich brauchte, sagte sich auf dem Weg zum Gewürzbasar, dass Istanbul unbedingt ein gut funktionierendes Tourismusbüro brauchte. Er war von den Gassen, von den kleinen Läden, an denen er vorbeikam, von den Kaffeehäusern fasziniert, in denen die Zeit stehengeblieben zu sein schien – das Dekor, die Kleidung der Besucher, die Schnurrbärte. Warum ließen sich die meisten Türken bloß einen Bart stehen?

Den Grund dafür fand er ganz zufällig heraus, als er in einem Kaffeehaus landete, das bessere Tage gesehen haben musste und ganz im Art-nouveau-Stil gehalten war, den man in Paris noch heute in versteckten, eleganten Läden findet. Er beschloss, den zweiten türkischen Kaffee des Tages zu trinken – mit Wasser aufgebrühtes, ungefiltertes staubfeines Kaffeepulver, das in einer kleinen Kupferkanne mit seitlichem geradem Griff serviert wurde, etwas, das er bislang nur hier in der Türkei gesehen hatte. Er hoffte, dass die aufputschende Wirkung bis zum Tagesende nachlassen und er eine weitere Nacht tief und fest schlafen würde.

Das Kaffeehaus war kaum besucht – in Wahrheit gab es außer ihm nur noch einen Kunden und den Besitzer, der gleich sah, dass er einen Ausländer vor sich hatte, und ein Gespräch mit ihm anfing.

Er fragte nach Frankreich, England, Spanien, erzählte ihm die Geschichte seines Cafés, des Café de la Paix, wollte wissen, wie sein Gast Istanbul fand (»Ich bin gerade erst angekommen, aber finde, dass die Stadt bekannter sein müsste«), die großen Moscheen und den großen Basar (»Ich war noch nicht dort«), und fing dann an, den ausgezeichneten Kaffee zu rühmen, den er zubereitete.

Doch Jacques unterbrach ihn:

»Mir ist etwas Interessantes aufgefallen, aber ich kann mich auch irren. Zumindest in diesem Stadtteil tragen alle einen Schnurrbart – auch Sie. Beruht das auf irgendeiner Tradition? Sie brauchen mir aber keine Antwort zu geben, wenn Sie nicht wollen.«

Der Besitzer des Kaffeehauses schien überglücklich, ihm die Frage beantworten zu dürfen.

»Es macht mich sehr zufrieden, dass Ihnen das aufgefallen ist – ich glaube, Sie sind der erste Ausländer, der mich dies fragt. Und wissen Sie, wegen meines ausgezeichneten Kaffees kommen oft Touristen hierher, weil ich ihnen von den großen Hotels empfohlen werde.«

Ohne um Erlaubnis zu bitten, setzte er sich an den Tisch und bat seinen Gehilfen – einen eben der Pubertät entwachsenen bartlosen Jungen, ihm einen Pfefferminztee zu bringen.

Kaffee und Pfefferminztee. Das schienen die einzigen Getränke in diesem Land zu sein.

»Hat das etwas mit der Religion zu tun?«

»Wie bitte?«

»Der Schnurrbart …«

»Nein, überhaupt nicht. Es hat damit zu tun, dass wir Männer sind. Damit, dass wir Ehre und Würde haben – ich habe das von meinem Vater gelernt, der ebenfalls einen sehr gepflegten Schnurrbart hatte und der immer zu mir sagte, eines Tages würde ich auch so einen haben. Er hat mir erklärt, dass in der Generation meines Urgroßvaters, also in den zwanziger Jahren, als die verdammten Engländer und die – pardon – verdammten Franzosen Istanbul besetzten, die Türken ihre Zukunft selbst in die Hand nehmen mussten. Und da es überall von Spionen wimmelte, drückten die Bewohner Istanbuls ihre politische Haltung wie mit einer Art Code durch die Form ihres Schnurrbarts aus.

Diejenigen, die für die Reformen der verdammten Engländer und – pardon – der verdammten Franzosen waren, trugen einen M-förmigen Schnurrbart. Diejenigen, die dagegen waren, ließen die Spitzen so wachsen, dass sie ein umgekehrtes U bildeten. Das ist seit dem Ende des glorreichen Osmanischen Reiches so geblieben.«

»Und diejenigen, die weder dafür noch dagegen waren?«

»Die rasierten sich das Gesicht glatt. Aber es war eine Schande für eine Familie, wenn ein Mitglied das tat – als wäre er eine Frau.«

»Und gilt das auch heute noch?«

»Der Vater der Türken – Kemal Atatürk, der Soldat, dem es schließlich gelang, der Ära der Diebe ein Ende zu bereiten, die von den europäischen Mächten auf den Thron gesetzt wurden – trug manchmal einen Schnurrbart, manchmal nicht. Damit hat er alle verwirrt. Aber es ist schwierig, Traditionen, die sich einmal herausgebildet haben, in Vergessenheit geraten zu lassen. Außerdem, um auf den Beginn unserer Unterhaltung zurückzukommen, was ist schlecht daran, das Symbol der Männlichkeit zu tragen?«

Atatürk, dachte Jacques. Der mutige Soldat, der im Ersten Weltkrieg gekämpft, das Sultanat abgeschafft, dem Osmanischen Reich ein Ende bereitet, den Islam vom Staat getrennt hatte (was viele noch kurz zuvor für unmöglich gehalten hatten), und der sich, was für die verdammten Engländer und Franzosen noch wichtiger war, geweigert hatte, den erniedrigenden Frieden mit den Alliierten zu schließen – anders als Deutschland mit dem Vertrag von Versailles, das damit ungewollt die Saat für den Faschismus ausbrachte. Er hatte schon viele Fotos der größten Ikone der modernen Türkei gesehen – als das Unternehmen, für das er arbeitete, dieses Reich erneut zu erobern oder vielmehr durch Werbung zu verführen versuchte –, aber ihm war nie aufgefallen, dass er darauf manchmal mit Schnurrbart und manchmal ohne abgebildet war; auf den Fotos mit Schnurrbart war ihm nur aufgefallen, dass Atatürk ihn weder in M- noch in U-Form trug, sondern nach der traditionellen westlichen Art, bei der der Schnurrbart über den Mundwinkeln endet.

Meine Güte, da hatte er aber einiges über Schnurrbärte und ihre geheimen Botschaften gelernt! Er fragte, wie viel er für den Kaffee bezahlen müsse. Doch der Kaffeehausbesitzer weigerte sich, Geld anzunehmen: Er würde das nächste Mal etwas verlangen.

»Viele arabische Scheichs kommen übrigens zur Schnurrbartimplantation hierher«, meinte er abschließend. »Darin sind wir Weltspitze.«

Jacques unterhielt sich noch etwas weiter mit dem Besitzer, der sich aber bald entschuldigte, weil allmählich die Kunden für das Mittagessen eintrafen. Jacques ergriff seine Chance, um bei dem bartlosen Jungen zu bezahlen, und ging hinaus. Dabei dankte er im Stillen seiner Tochter, die ihn im wahrsten Sinne des Wortes aus der Tür seines Jobs geschubst hatte, noch dazu mit einer großartigen Abfindung. Und würde er, wenn er aus dem »Urlaub« zurückkehrte, seinen Freunden etwas über die Schnurrbärte und die Türken erzählen? Sie würden das alle sehr interessant und sehr exotisch finden, es aber gleich wieder vergessen.

Er ging weiter zum Gewürzbasar und fragte sich, warum er es nie geschafft hatte, seine Eltern dazu zu überreden, ihre Felder bei Amiens zu verlassen und auf Reisen zu gehen. Anfangs hatten sie angeführt, sie brauchten das Geld, um ihrem Sohn eine angemessene Ausbildung zu bezahlen. Als er dann sein Studium mit einem Master in Marketing abgeschlossen hatte, einem Bereich, der seinen Eltern absolut nichts sagte, vertrösteten sie ihn immer auf »nächstes Jahr« und dann auf das übernächste, das überübernächste … Dabei weiß jeder Landwirt, dass die Natur nie innehält und sich bei der Arbeit Zeiten von viel Schweiß – säen, pflegen, ernten – mit Zeiten großer Langeweile abwechseln, in denen er darauf wartet, dass die Natur ihren Zyklus vollendet.

In Wahrheit hatten sie nie vorgehabt, ihre Region zu verlassen, die sie so gut kannten. Der Rest der Welt war für sie ein bedrohlicher Ort, an dem sie sich in unbekannten

Straßen in vollkommen fremden Städten voller versnobter Menschen verlaufen würden, die sie gleich an ihrem Dialekt als aus der Provinz stammend erkannten. Nein, auf Erden war jedem ein Ort zugewiesen worden, und das musste man respektieren. Der Rest der Welt war unwichtig.

In seiner Kindheit und Jugend hatte Jacques manchmal unter der provinziellen Enge gelitten. Dann hatte er einen Plan aufgestellt: eine gute Arbeit finden (hatte er getan), eine Frau finden und heiraten (das war passiert, als er vierundzwanzig war), Karriere machen, die Welt kennenlernen (die lernte er kennen, hatte aber am Ende satt, seine Zeit in Flugzeugen, auf Flughäfen, in Hotels und Restaurants zu verbringen, während seine Frau geduldig zu Hause wartete und versuchte, einen Sinn in ihrem Leben zu finden außer dem, sich um die gemeinsame Tochter zu kümmern). Irgendwann würde er zum Direktor befördert werden, in Rente gehen, aufs Land zurückkehren und seine Tage an dem Ort beschließen, an dem er geboren worden war.

Eigentlich, dachte er Jahre später, hätte er alle Zwischenphasen überspringen können – aber seine Seele und seine ungeheure Neugier hatten ihn zu unendlich vielen Stunden bei einer Arbeit angetrieben, die er anfangs liebte, aber gerade dann zu hassen begann, als er befördert wurde.

Er hätte ein wenig warten und dann das Unternehmen zum richtigen Zeitpunkt verlassen können. Er war in der Hierarchie der Firma schnell aufgestiegen, sein Gehalt hatte sich verdreifacht, und die Tochter – deren Heranwachsen er zwischen zwei Reisen etappenweise mitverfolgte – hatte angefangen, Politikwissenschaften zu studieren. Als Marie zu ihrem Freund gezogen war, ließ seine Frau sich schließlich scheiden, weil sie nicht den ganzen Tag nutzlos und allein in der Wohnung herumsitzen wollte.

Die meisten seiner Ideen im Marketing (ein Wort und ein Beruf, die gerade in Mode kamen) wurden angenommen, aber einige Praktikanten, die die Aufmerksamkeit auf sich lenken wollten, stellten sie in Frage. Er war das gewohnt und stutzte jedem die Flügel, der sich besonders hervortun wollte. Die Boni am Jahresende wurden immer höher. Jetzt, wo er wieder single war, begann er mehr auf Partys zu gehen und lernte interessante und interessierte Frauen kennen – die Firma, für die er arbeitete, gehörte zu den bekanntesten Kosmetikmarken, und seine Freundinnen ließen immer wieder durchblicken, dass sie gern auf den Werbeplakaten für bestimmte Produkte erscheinen würden, und er sagte dann jedesmal weder ja noch nein. Die Zeit verging, interessierte Liebhaberinnen gingen wieder, echte Lieben wollten, dass er sie heiratete, aber er hatte seine Zukunft bereits genau geplant: noch zehn Jahre Arbeit, und er würde im besten Mannesalter voller Geld und Möglichkeiten aus der Firma ausscheiden. Er würde wieder um die Welt reisen, diesmal nach Asien, das er kaum kannte. Er würde sich mit fremden Kulturen beschäftigen, die seine Tochter, die dann seine beste Freundin wäre, ihm gern zeigen würde. Er stellte sich vor, dass sie gemeinsam an den Ganges, in den Himalaya, die Anden, nach Ushuaia, in die Nähe des Südpols reisen würden – erst wenn er in Rente ginge, natürlich. Und erst wenn sie ihr Studium abgeschlossen hätte, selbstverständlich.

Bis zwei Ereignisse sein Leben erschütterten.

Das erste Ereignis fiel auf den 3. Mai 1968. Er wartete im Büro auf seine Tochter. Sie wollte ihn abholen, damit sie zusammen mit der Métro zu ihm nach Hause fahren könnten. Nun war sie schon fast eine Stunde überfällig. Er beschloss, eine Nachricht für Sie am Empfang im Haus an der Place Saint-Sulpice zu hinterlassen (das Unternehmen besaß verschiedene Gebäude, und nicht alle Abteilungen befanden sich im luxuriösen Hauptsitz), und machte sich allein auf den Weg zur Métro.

Plötzlich sah er, dass Paris brannte. Dichter Rauch lag in der Luft, Sirenen gellten überall, und sein erster Gedanke war, dass die Russen seine Stadt bombardiert hätten.

Doch dann wurde er von einer Gruppe junger Leute, die ihm entgegenrannten, an eine Hauswand gedrückt. Sie hatten das Gesicht zum Schutz gegen Tränengas mit feuchten Tüchern bedeckt und riefen ›Nieder mit der Diktatur!‹ und andere Parolen, an die er sich jetzt nicht mehr erinnerte. Hinter ihnen kamen schwerbewaffnete Polizisten, die Tränengasgranaten warfen. Einige der jungen Leute waren gestolpert und gestürzt, und sie wurden sofort mit Schlagstöcken verprügelt.

Er spürte, wie seine Augen wegen des Tränengases brannten. Er begriff nicht, was da vor sich ging, aber vor allem musste er seine Tochter finden. Wo mochte sie nur sein? Er versuchte, in Richtung Sorbonne zu gehen, aber auf den Straßen war kein Durchkommen, sie waren durch Schlachten zwischen »Ordnungskräften« und Demonstranten versperrt, die wirkten, als wären sie einem Horrorfilm entsprungen. Autoreifen brannten, Steine wurden in Richtung Polizei geworfen, Molotowcocktails flogen in alle Richtungen, die öffentlichen Verkehrsmittel fuhren nicht mehr. Noch mehr Tränengas, noch mehr Geschrei, noch mehr Sirenen, noch mehr Steine, die aus dem Pflaster gerissen wurden, noch mehr junge Leute, die mit Schlagstöcken verprügelt wurden. Wo war seine Tochter?

Wo ist meine Tochter?

Es wäre ein Fehler, reiner Selbstmord, direkt auf die Kämpfenden zuzugehen. Besser war es, nach Hause zu gehen und dort auf einen Anruf von Marie zu hoffen und das Ende der Auseinandersetzungen abzuwarten, die doch bestimmt noch vor Tagesanbruch ausgestanden sein würden.

Er selbst hatte nie an Studentendemonstrationen teilgenommen, seine Ziele im Leben waren andere gewesen, und die Demonstrationen, in die er zufällig geraten war, hatten nie länger als ein paar Stunden gedauert. Ihm blieb nur, auf den Anruf seiner Tochter zu warten – allein um diesen Anruf bat er Gott in diesem Augenblick inständig. Der Pariser lebte in einem privilegierten Land, in dem die jungen Menschen alles hatten, was sie wollten, und die Erwachsenen bei entsprechend harter Arbeit mit einer guten Rente rechnen konnten, weiterhin den besten Wein und die beste Küche der Welt genießen und sorglos durch die schönste Stadt der Welt schlendern durften.

Der Anruf der Tochter kam um zwei Uhr morgens – er hatte die ganze Zeit den Fernseher an, denn die beiden staatlichen Sender berichteten über das Geschehen in Paris in Endlosschleife.

»Mach dir keine Sorgen, Papa. Es geht mir gut. Ich muss das Telefon jemandem neben mir weitergeben, später erkläre ich dir alles.«

Er wollte noch etwas sagen, aber sie hatte bereits aufgelegt.

Die restliche Nacht machte er kein Auge zu. Die Demonstrationen dauerten länger, als er gedacht hatte. Die Fernsehmoderatoren hatten die Revolte ebenso wenig vorausgeahnt wie er, und sie bemühten sich, Ruhe auszustrahlen. Sie versuchten, die Zusammenstöße zwischen Polizei und Studenten anhand hochtrabender Sätze von Soziologen, Politikern, Analysten, dem einen oder anderen Polizisten und einigen wenigen Studenten zu erklären.

Das Adrenalin in seinem Blut nahm irgendwann ab, und er fiel erschöpft aufs Sofa. Als er wieder erwachte, war es bereits heller Tag und Zeit, ins Büro zu gehen, aber im Fernsehen, das die ganze Nacht lang weitergelaufen war, wurde davor gewarnt, auf die Straße zu gehen, da die »Anarchisten« die Universitätsgebäude und Métrostationen besetzt und die Straßen abgesperrt hätten und generell den Verkehr behinderten. Womit sie angeblich das Grundrecht eines jeden Bürgers verletzten.

Er rief in seinem Büro an, doch niemand nahm ab. Er rief im Hauptsitz der Firma an, wo sich eine Mitarbeiterin meldete, die lange gearbeitet und dann nicht nach Hause in ihren Vorort hatte fahren können, und ihm nun davon abriet zu kommen, da nur ganz wenige Kollegen, die in Fußdistanz zum Hauptsitz wohnten, es überhaupt hergeschafft hätten.

Als er bat, mit seinem Chef verbunden zu werden, erfuhr er, dass der ebenfalls zu Hause geblieben war.

Der Aufruhr und die Zusammenstöße legten sich nicht wie erhofft – ganz im Gegenteil, sie verschlimmerten sich noch angesichts der Behandlung der Studenten durch die Polizei.

Die Sorbonne, die Hochburg der französischen Kultur, war besetzt worden, und die Professoren hatten die Wahl, sich entweder den Demonstranten anzuschließen oder aus der Universität geworfen zu werden. Komitees wurden gegründet, die Vorschläge machten, die entweder sofort umgesetzt oder abgelehnt wurden, berichtete das Fernsehen, das inzwischen den Studenten gegenüber mehr Sympathien zeigte.

Die Geschäfte im Viertel waren alle geschlossen bis auf eins, das von einem Inder geführt wurde und vor dem sich eine lange Schlange gebildet hatte. Er stellte sich geduldig an und hörte sich die Kommentare der anderen Wartenden an: »Warum tut die Regierung nichts?«; »Warum zahlen wir so hohe Steuern für eine Polizei, die unfähig ist, mit so einer Situation fertigzuwerden?«; »Das ist Schuld der Kommunistischen Partei!«; »Wir hätten unsere Kinder anders erziehen sollen. Die glauben jetzt, sich gegen alles wenden zu können, was wir für richtig halten.«

Das Einzige, was niemand unter den Wartenden sich erklären konnte, war, warum das alles geschah. »Wir haben keine Ahnung.«

Der erste Tag verging.

Und der zweite.

Und die erste Woche ging zu Ende.

Und alles wurde nur noch schlimmer.

Jacques' Wohnung lag drei Métrostationen von seiner Arbeit entfernt in Montparnasse, und vom Fenster aus konnte er die Sirenen hören, den Rauch der brennenden Autoreifen sehen, nur seine Tochter kam und kam nicht. Drei Tage später erschien sie endlich, nahm allerdings nur ein schnelles Bad, raffte ein paar Sachen zum Anziehen zusammen, die immer noch in ihrem alten Zimmer waren, aß im Stehen etwas und eilte mit einem gemurmelten »ich erkläre es dir später« schon wieder weg.

Was er für einen spontanen, kurzfristigen, räumlich begrenzten Gewaltausbruch gehalten hatte, breitete sich über ganz Frankreich aus; Angestellte entführten ihre Chefs, und ein Generalstreik wurde ausgerufen. Die meisten Fabriken waren von den Arbeitern besetzt – so wie eine Woche zuvor die Universitäten von den Studenten.

Frankreich stand still. Und das Problem waren jetzt nicht mehr nur die Studenten, die im Übrigen ihren Fokus geändert zu haben schienen und nun Fahnen mit »Freie Liebe« oder »Nieder mit dem Kapitalismus« oder »Öffnung der Grenzen für alle«, oder »Ihr Bourgeois, ihr versteht gar nichts« schwenkten.

Das Problem war jetzt der Generalstreik.

*

Das Fernsehen war Jacques' einzige Informationsquelle. Dort sah er überrascht und beschämt, wie nach zwanzig

Tagen Hölle der Präsident Frankreichs, General Charles de Gaulle (der den Widerstand gegen die Nazis angeführt hatte, der dem Kolonialkrieg in Algerien ein Ende bereitet hatte, den alle bewunderten), schließlich vor die Nation trat, um seinen Landsleuten zu verkünden, er werde ein Referendum zu »einer kulturellen, gesellschaftlichen und wirtschaftlichen Erneuerung« auf den Weg bringen und, falls das Referendum scheitere, zurücktreten.

Was er vorschlug, sagte den Arbeitern wenig, die nur sehr wenig an freier Liebe, an einem Land ohne Grenzen und dergleichen interessiert waren. Nach Jaques' Meinung dachten sie ohnehin nur an eines: an eine deutliche Lohnerhöhung. Premierminister Georges Pompidou traf sich mit Vertretern der Gewerkschaften, der Trotzkisten, Anarchisten, Sozialisten, und langsam flaute die Krise ab – weil, als sie einander gegenüberstanden, jeder andere Forderungen hatte. Wie heißt noch mal der Grundsatz jeder Regierung? Teile und herrsche.

Jacques beschloss, an einer Demonstration für de Gaulle teilzunehmen. Ganz Frankreich erlebte schreckensstarr das Geschehen. In praktisch allen Städten gingen die Menschen *en masse* auf die Straße, und die »Anarchie«, wie Jacques bis heute die Ereignisse nannte, begann zurückzuweichen.

Neue Arbeitsverträge wurden ausgehandelt und unterzeichnet. Die Studenten, die nichts mehr zu fordern hatten, kehrten in die Hörsäle zurück.

Ende Mai (oder Anfang Juni, genau konnte er sich nicht erinnern) besuchte ihn seine Tochter und sagte, sie hätten erreicht, was sie wollten, erklärte aber weiter überhaupt nichts. Doch sie wirkte müde, enttäuscht, frustriert. Die

Restaurants öffneten wieder, Vater und Tochter trafen sich zu einem Candlelight-Dinner, vermieden es aber, über die Ereignisse der letzten Wochen zu sprechen – Jacques würde ihr niemals sagen, dass er an einer Demonstration für die Regierung teilgenommen hatte. Ihre einzige Bemerkung, die er ernst, sehr ernst nahm, war:

»Ich habe es hier satt. Ich werde reisen und weit weg von hier leben.«

Am Ende verschob sie ihre Pläne, weil sie »erst einmal das Studium beenden« musste. Und er begriff, dass die Anhänger eines wohlhabenden, wettbewerbsfähigen Frankreichs die wahren Gewinner waren. Echte Revolutionäre sind nicht im mindesten daran interessiert, ein Studium abzuschließen und ein Diplom zu erwerben.

Seither hatte er jede Menge Erklärungen und Rechtfertigungen von Philosophen, Politikern, Verlegern und Journalisten gelesen. Sie führten als Auslöser für die Unruhen die Schließung der Universität in Nanterre Anfang Mai an, doch das konnte die Wut, die er bei den wenigen Malen erlebt hatte, als er seine Wohnung verließ, nicht rechtfertigen.

Nichts hatte ihn spontan sagen lassen: ›Ach, *das* war es also, was alles ausgelöst hat.‹

*

Das zweite und letztlich ausschlaggebende Ereignis, das ihn nachhaltig verändern sollte, war ein Abendessen in einem der luxuriösesten Restaurants von Paris, in das er auch an jenem Abend besondere Kunden ausführte – potenzielle Großkunden. Der Mai 1968 war in Frankreich bereits überwunden, auch wenn das Feuer danach auf andere Länder übergesprungen war. Niemand wollte mehr daran denken, und wenn ausländische Kunden ihn darauf ansprachen, wechselte Jacques mit dem Hinweis ›die Zeitungen übertreiben immer maßlos‹ einfach das Thema.

Und damit hatte es sich.

Er kannte den Restaurantbesitzer sehr gut, der ihn mit Vornamen begrüßte, und das beeindruckte seine Gäste – ein Teil der Strategie natürlich. Die Kellner führten ihn gleich an »seinen« Tisch (der immer ein anderer war, je nachdem, wie voll das Restaurant war, aber das wussten seine Gäste nicht), sofort wurde jedem ein Glas Champagner serviert, die Speisekarten gereicht, die Bestellungen aufgenommen, ein teurer Wein geordert (»Der übliche, nicht wahr?«, fragte der Kellner, und Jacques nickte), und die Gespräche drehten sich meist um das Gleiche, etwa ob Jacques eher den Lido, das Crazy Horse oder das Moulin Rouge empfehle (unglaublich, wie Paris im Ausland nur darauf reduziert wurde). Man redete bei einem Geschäftsessen aus Prinzip nicht über die Arbeit, allenfalls gegen Ende, bei einer ausgezeichneten kubanischen Zigarre. Dann wurden die letzten Details von Leuten »geregelt«, die sich für ungeheuer wichtig hielten, wo in Wirklichkeit die Verkaufsabteilung bereits alles vorbereitet hatte und nur noch die Unterschriften fehlten, die immer geleistet wurden.

Nachdem die Gäste ihre Bestellungen aufgegeben hatten, wandte sich der Kellner an ihn: »Das Übliche?«

Das Übliche: für ihn als Vorspeise Austern. Er erklärte, dass sie lebend serviert werden müssten; da seine Gäste meist Ausländer waren, zeigten sie sich entsetzt. Sein Plan war, anschließend Schnecken zu bestellen – die berühmten Escargots. Er würde mit einem Gericht mit Froschschenkeln schließen.

Niemand würde wagen, dasselbe zu bestellen, und das genau wollte er. Das war ebenfalls Teil seiner Strategie.

Die Vorspeisen wurden alle gleichzeitig serviert. Die Austern kamen, und seine Gäste beobachteten gespannt, wie er ein wenig Zitrone über der ersten Auster ausdrückte, die sich zum Entsetzen seiner Gäste bewegte. Er ließ sie in seinen Mund gleiten und schluckte sie herunter. Dabei genoss er das Salzwasser, das immer in der Austernschale zurückblieb.

Zwei Sekunden später bekam er schon keine Luft mehr. Er versuchte Haltung zu bewahren, aber das war unmöglich – er sank zu Boden, und ihm war klar, dass er gleich sterben würde. Er schaute an die Decke mit den Lüstern aus wahrscheinlich echtem böhmischem Kristall.

Seine Farbwahrnehmung veränderte sich, er sah nur noch Schwarz und Rot. Er versuchte sich aufzusetzen – er hatte in seinem Leben doch schon zig Austern gegessen –, aber sein Körper reagierte nicht. Er versuchte einzuatmen, ohne Erfolg.

Es gab einen kurzen Augenblick der Angst, und Jacques starb.

Plötzlich schwebte er an die Decke des Restaurants, er sah seine Geschäftskunden um seinen Körper herumstehen, andere Gäste machten dem marokkanischen Kellner Platz, der in die Küche rannte. Sein Sehvermögen war getrübt, als gäbe es da eine durchsichtige Membran oder als wäre da eine Art Wasservorhang zwischen ihm und der Szene unter ihm. Er hatte keine Angst mehr – ein unendlicher Friede legte sich über alles, und die Zeit, denn es gab die Zeit immer noch, verging immer langsamer. Die Menschen dort unten schienen sich in Zeitlupe zu bewegen oder, besser gesagt, in einem Film in Einzelbildern. Der Marokkaner kam aus der Küche zurück, und die Bilder verschwanden – zurück blieb vollkommene, weiße Leere und ein beinahe greifbarer Friede. Im Gegensatz zu dem, was viele behaupten, sah er in diesem Augenblick keinen schwarzen Tunnel; er spürte, dass um ihn herum eine Energie der Liebe war, etwas, das er seit langem nicht mehr erlebt hatte. Er war ein Kind im Leib seiner Mutter, nur das – er wollte nie mehr dort heraus.

Plötzlich fühlte er, wie eine Hand ihn packte und nach unten zog. Er wollte nicht – er genoss das, worum er immer gekämpft hatte und worauf er sein ganzes Leben lang gehofft hatte – Ruhe, Liebe, Musik, Liebe, Ruhe. Aber die Hand zog so kräftig an ihm, dass er nachgab.

Das Erste, was er sah, als er die Augen öffnete, war das Gesicht des Restaurantbesitzers, dessen Ausdruck zwischen Sorge und Erleichterung schwankte. Sein Herz raste, ihm war speiübel, er hätte sich fast übergeben, beherrschte sich aber. Ihm brach kalter Schweiß aus, und einer der Kellner brachte ein Tischtuch und deckte ihn damit zu.

»Wo haben Sie bloß diese graue Schminke und diesen schicken blauen Lippenstift her?«, fragte sein Freund, der Wirt, scherzhaft, um die bleierne Stimmung etwas aufzulockern.

Seine Tischgenossen, die um ihn herum auf dem Boden hockten, schienen ebenfalls erleichtert und erschrocken. Er versuchte aufzustehen, doch der Wirt hielt ihn zurück.

»Keine Sorge. Bleiben Sie einfach liegen. Das war nicht das erste Mal, dass so etwas hier passiert ist, und es wird, vermutlich, auch nicht das letzte sein. Deshalb sind nicht nur wir, sondern die meisten Restaurants dazu verpflichtet, eine Erste-Hilfe-Ausrüstung mit Verbandszeug, Desinfektionsmitteln, einem Defibrillator für Herzstillstände und der Adrenalininjektion zu haben, die wir Ihnen gerade verpasst haben. Können Sie uns die Telefonnummer eines Verwandten geben? Wir haben den Krankenwagen gerufen, aber Sie sind ganz außer Gefahr. Die werden Sie auch um eine Telefonnummer bitten, aber falls Sie keine haben, wird sicher einer ihrer Begleiter mit Ihnen fahren können.«

»War die Auster nicht frisch?«, waren seine ersten Worte.

»Natürlich war sie das – unsere Produkte sind erstklassig! Aber warum ausgerechnet diese Auster, anstatt eine Perle zu bilden, versucht hat, Sie zu töten, ist ein Rätsel. Wer weiß, was sie gefressen hat.«

»Was heißt das?«

In diesem Augenblick war der Krankenwagen gekommen. Die Krankenpfleger legten ihn auf eine Trage, doch er sagte, es gehe ihm gut. Er wollte es beweisen, stand unter leichten Mühen auf, aber sie legten ihn gleich wieder hin, und er ließ es mit sich geschehen. Er gab die Telefonnummer seiner Tochter an, die er auswendig wusste, was er als gutes Zeichen wertete, immerhin konnte er noch klar denken.

Die Krankenpfleger maßen seinen Blutdruck, wiesen ihn an, mit den Augen dem Strahl einer kleinen Taschenlampe zu folgen und mit der rechten Hand die Nasenspitze zu berühren, was er alles brav tat, er wollte nur hier weg. Er brauchte überhaupt kein Krankenhaus!

»Wir werden Sie eine Nacht zur Überwachung dabehalten«, sagte einer von ihnen auf dem Weg zum Krankenwagen, der vor der Tür stand und um den herum sich bereits einige jener Leute versammelt hatten, die immer glücklich sind, wenn sie jemanden sehen, dem es schlechter geht als ihnen. Die Faszination für das Morbide im Menschen kennt keine Grenzen. Auf dem Weg ins Krankenhaus (zum Glück ohne Sirene) fragte er, ob es an der Auster gelegen habe. Der Krankenpfleger an seiner Seite bestätigte, was der Wirt gesagt hatte. Nein. Wäre die Auster nicht frisch gewesen, hätte es länger gedauert, möglicherweise mehrere Stunden.

Was war es dann?

»Eine heftige allergische Reaktion.«

Jacques bat, es ihm genauer zu erklären, und sie bestätigten, was der Restaurantbesitzer ihm bereits gesagt hatte, nämlich dass es etwas gewesen sein könnte, das die Auster gefressen hatte. Niemand wisse, warum und wann es zu einer solchen Reaktion komme – aber sie wüssten, wie man sie behandle. Der Fachbegriff sei »anaphylaktischer Schock«. Er wolle ihn nicht erschrecken, meinte einer der Krankenpfleger, aber Allergien könnten immer wieder und ohne Vorwarnung auftreten.

»Sie können beispielsweise von Kindheit an Granatäpfel essen, aber eines Tages kann ein Granatapfel Sie innerhalb von wenigen Minuten umbringen, weil das Immunsystem Ihres Körpers plötzlich heftig auf eine allergieauslösende Substanz reagiert. So arbeitet jemand jahrelang in seinem Garten, die Gräser sind die gleichen, die Pollen haben sich nicht verändert, aber eines Tages beginnt er zu husten, spürt Schmerzen im Hals, denkt, es handle sich um eine Erkältung. Er will ins Haus gehen, schafft es aber nicht mehr. Es war kein Halsschmerz, sondern eine Verengung des Kehlkopfes. *Trop tard.* Zu spät. Und das geschieht mit Dingen, mit denen wir unser ganzes Leben lang Kontakt haben.

Insekten sind möglicherweise genauso gefährlich, dennoch können wir uns doch nicht ein Leben lang vor Bienen fürchten, oder?

Aber keine Angst. Allergien sind im Allgemeinen nicht lebensbedrohlich und können in jedem Alter ausbrechen. Lebensbedrohlich ist ein anaphylaktischer Schock, wie Sie einen hatten – normalerweise läuft nur die Nase, juckt die Haut oder so.«

*

Sie kamen im Krankenhaus an. Dort wartete seine Tochter bereits am Empfang. Sie hatte schon erfahren, dass ihr Vater einen allergischen Schock gehabt hatte. Sie brachten ihn in ein Zimmer auf der Privatstation – Marie hatte dem Krankenhaus seine Krankenversicherungsnummer durchgegeben.

Er zog sich um – in der Eile hatte Marie vergessen, einen Schlafanzug mitzubringen, also zog er den vom Krankenhaus bereitgestellten an. Ein Arzt kam herein, maß ihm den Puls – er war wieder normal; der Blutdruck war immer noch etwas hoch, aber das schrieb er dem Stress der vergangenen zwanzig Minuten zu.

Er meinte, Marie könne ruhig schon gehen, er sei ja schon morgen wieder zu Hause. Aber sie zog einen Stuhl ans Bett, nahm seine Hände, und plötzlich begann Jacques zu weinen. Anfangs liefen ihm nur die Tränen die Wangen hinunter, dann begann er immer stärker zu schluchzen. Er spürte, dass es ihm guttat, deshalb riss er sich nicht zusammen. Während er weinte, streichelte Marie nur zärtlich seine Hand, gleichzeitig erleichtert, aber auch etwas erschrocken, da sie ihren Vater zum ersten Mal weinen sah.

Ganz allmählich beruhigte er sich, und ihm war, als hätte man ihm eine Last von den Schultern genommen, von der Brust, vom Kopf, aus seinem Leben. Marie fand, dass es Zeit war, zu gehen und ihn schlafen zu lassen, und wollte gerade ihre Hand wegziehen, doch er hielt sie fest.

»Bitte geh noch nicht. Ich muss dir etwas erzählen.«

»Aber dir ist schon klar, dass es dir wieder gutgeht und du morgen normal arbeiten kannst, oder, Papa?«

Sie legte ihren Kopf auf seine Knie, wie sie es als Kind immer getan hatte, wenn er ihr Geschichten erzählt hatte. Er streichelte ihr Haar.

Ja, das wusste er. Und am nächsten Tag würde er zur Arbeit gehen – doch nicht in das Gebäude, in dem sein Büro lag, sondern zum Hauptsitz der Firma. Der derzeitige Direktor war mit ihm zusammen im Unternehmen groß geworden, und er hatte ihm eine Nachricht geschickt, in der er ihm sagte, dass er ihn gern sprechen würde.

»Und jetzt möchte ich dir etwas erzählen: Ich bin ein paar Sekunden oder Minuten oder eine kleine Ewigkeit lang tot gewesen – ich habe keine Ahnung, wie viel Zeit vergangen ist, denn alles spielte sich wie in Zeitlupe ab. Und plötzlich war ich von einer Energie der Liebe umhüllt, wie ich sie vorher noch nie erlebt habe. Es war so, als befände ich mich in der Gegenwart …«

Seine Stimme begann zu zittern, als müsste er gleich wieder weinen. Aber er fuhr fort.

»… als befände ich mich in der Gegenwart Gottes. Wie

du weißt, habe ich nie an ihn geglaubt. Ich habe eine katholische Schule für dich ausgewählt, weil sie in der Nähe unserer Wohnung lag und der Unterricht dort einen ausgezeichneten Ruf hatte, aber an den Gottesdiensten und christlichen Feiern teilzunehmen hat mich immer zu Tode gelangweilt, auch wenn ich mir vor deinen Schulkameradinnen und vor allem vor deiner Mutter nichts anmerken ließ, die immer ganz stolzerfüllt dasaß. Aber in Wirklichkeit war das ein Opfer, das ich für euch beide gebracht habe.«

Er streichelte weiter den Kopf seiner Tochter – ihm war nie eingefallen, sie zu fragen, ob sie an Gott glaubte oder nicht, weil nie der rechte Zeitpunkt dafür gekommen war. Offenkundig lebte sie nicht den strengen Katholizismus, zu dem sie erzogen worden war. Sie trug immer exotische Kleider, hatte langhaarige Freunde und hörte andere Musik als Dalida oder Edith Piaf.

»Ich habe immer alles genau geplant, diese Pläne immer durchgeführt, und meinem Zeitplan zufolge würde ich in einigen Jahren in Rente gehen und genug Geld haben, um das zu tun, wozu ich Lust habe. Aber das alles hat sich in den Minuten, Sekunden oder der kleinen Ewigkeit geändert, in denen Gott meine Hand gehalten hat. Sobald ich zurück im Restaurant war, auf dem Boden lag und das besorgte Gesicht des Besitzers sah, der vorgab, ruhig zu sein, war mir klar, dass ich niemals wieder so leben würde wie bisher.«

»Aber du liebst doch deine Arbeit.«

»Ich liebte sie so, dass ich der Beste war in dem, was ich tat. Und jetzt möchte ich mich morgen von dieser Arbeit verabschieden und nur gute Erinnerungen daran mitnehmen. Und ich möchte dich um einen Gefallen bitten.«

»Was immer du möchtest. Du warst immer ein Vater, der mich die Dinge mehr lehrte, indem er sie mir vorlebte, als dass er darüber sprach.«

»Genau darum möchte ich dich bitten. Jahrelang habe ich dich erzogen, und jetzt möchte ich, dass du mich erziehst. Lass uns zusammen durch die Welt reisen, Dinge entdecken, die ich nie gesehen habe, Nacht und Tag bewusst erleben. Bitte kündige deinen Job und komm mit mir. Bitte deinen Freund um Verständnis und darum, geduldig auf deine Rückkehr zu warten, und komm mit mir.

Denn ich will von Grund auf neu leben lernen. Ich will meine Seele und meinen Körper in Flüsse eintauchen lassen, die ich noch nicht kenne, Dinge trinken, die ich noch nie getrunken habe, Berge anschauen, die ich nur aus dem Fernsehen kenne, zulassen, dass dieselbe Liebe sich offenbart, die ich an diesem Abend erlebt habe, auch wenn es im Jahr nur eine Minute geschieht. Und ich möchte, dass du mir deine junge Welt zeigst. Ich verspreche dir auch, dir nicht zur Last zu fallen, und wenn doch, brauchst du es mir nur zu sagen.«

Die Tochter rührte sich nicht. Ihr Vater war nicht nur in die Welt der Lebenden zurückgekehrt, sondern hatte eine Tür oder ein Fenster zu ihrer Welt geöffnet – zu einer Welt, die sie nie mit ihm zu teilen gewagt hatte.

Beide sehnten sich nach Unendlichkeit. Und es war einfach, diese Sehnsucht zu stillen – man musste nur zulassen, dass das Unendliche sich offenbarte. Und dazu brauchten sie keinen besonderen Ort, nur das eigene Herz und den Glauben, dass es eine gestaltlose Kraft gibt, die alles durchdringt und in sich das trägt, was die Alchimisten Anima Mundi, die Weltenseele, nennen.

Jacques stand nun vor dem Basar, in den mehr Frauen als Männer hineingingen, mehr Kinder als Erwachsene, weniger Schnurrbärte und mehr Frauen mit bedecktem Kopf. Von da, wo er stand, konnte er einen intensiven Duft wahrnehmen, genau genommen eine Mischung aus Düften, die sich in einen einzigen verwandelten, der zum Himmel aufstieg und wieder zur Erde zurückkehrte, und mit dem Regen und dem Regenbogen den Segen mit sich brachte.

Karlas Stimme klang irgendwie weicher, als sie sich beide im Hotelzimmer trafen, um sich zum Abendessen umzuziehen.

»Wo hast du deinen Tag verbracht?«

Er wunderte sich – für ihn war das eine Frage, die seine Mutter seinem Vater oder andere Eheleute einander stellen würden. Er sah nicht ein, warum er darauf antworten sollte, und sie bohrte nicht nach.

»Ich dachte, du würdest zum Basar kommen, um nach mir zu suchen«, meinte sie lachend.

»Ich bin in die Richtung gegangen, habe es mir dann aber anders überlegt und bin dorthin zurück, wo ich am Vormittag war.«

»Ich mache dir jetzt einen Vorschlag, den du nicht ablehnen kannst: Lass uns in Asien abendessen gehen.«

Es war klar, was sie damit meinte: über die Brücke gehen, die die beiden Kontinente verbindet. Mit dem Magic Bus würden sie die Brücke bald ebenfalls überqueren. Wozu also die Eile?

»Ich könnte dann eines Tages meinen Freunden etwas erzählen, was die niemals glauben werden: Ich habe in Europa einen Kaffee getrunken und zwanzig Minuten später in einem Restaurant in Asien zu Abend gegessen.«

Letztlich war das gar keine schlechte Idee. Er könnte seinen Freunden dasselbe sagen. Auch von ihnen würde das keiner glauben, sondern denken, er sei auf einem Trip. Aber was machte das schon? Tatsächlich gab es da etwas, das wie eine Droge langsam seine Wirkung entfaltete. Es hatte mit dem Mann zu tun, mit dem er heute zwei Mal in dem leeren, grüngestrichenen Kulturzentrum gesprochen hatte.

Karla hatte sich auf dem Basar offensichtlich mit Kosmetik eingedeckt, weil sie mit khôlumrandeten Augen und intensiv getuschten Augenwimpern aus dem Bad kam. So hatte er sie noch nie gesehen. Sie lächelte die ganze Zeit, das hatte er bei ihr ebenfalls noch nie gesehen. Paulo überlegte, ob er sich rasieren sollte – nicht seinen Spitzbart, denn der verbarg sein vorstehendes Kinn. Normalerweise rasierte er sich, sooft es ging, denn wenn er es nicht tat, erinnerte ihn das an die grauenhaften, im Gefängnis verbrachten Tage. Er hatte aber vollkommen vergessen, neue Wegwerfrasierer zu kaufen – den letzten aus der alten Packung hatte er noch vor der Grenze nach Jugoslawien benutzt. Er zog einen in Bolivien gekauften Pullover an, dazu die Jeansjacke mit den Sternenbuttons, und dann gingen sie gemeinsam hinunter in die Lobby.

Dort wartete noch niemand aus dem Bus außer dem Fahrer. Der las gerade die Zeitung. Paulo fragte, wie sie über die Brücke nach Asien kommen könnten. Der Fahrer lächelte.

»Ich weiß. Ich habe das auch gemacht, als ich das erste Mal hierherkam.«

Er gab ihnen die notwendigen Informationen, um einen Bus zu nehmen (sie sollten bloß nicht auf den Gedanken kommen, die Brücke zu Fuß zu überqueren), und bedauerte, den Namen des ausgezeichneten Restaurants vergessen zu haben, in dem er einmal auf der anderen Seite des Bosporus zu Mittag gegessen hatte.

»Wie sieht die Weltlage aus?«, fragte Karla, indem sie auf die Zeitung wies. Der Fahrer wirkte ebenso überrascht wie Paulo über Karlas Make-up und ihre heitere Stimmung. Etwas hatte sich verändert.

»Seit einer Woche ist es etwas ruhiger. Für die Palästinenser, die in Jordanien die Bevölkerungsmehrheit bilden und laut dieser Zeitung einen Staatsstreich vorbereitet hatten, wird dieser Monat als der Schwarze September in Erinnerung bleiben. Genauso, nämlich Schwarzer September, nennen sie sich auch. Dennoch sollten wir gut durchkommen. Ich habe allerdings prophylaktisch im Büro in Amsterdam angerufen und um Instruktionen gebeten.«

»Großartig, niemand hat es eilig. Istanbul ist eine Welt, die es zu entdecken gilt!«

»Ihr müsst unbedingt auch Anatolien kennenlernen.«

»Alles zu seiner Zeit.«

Auf dem Weg zur Bushaltestelle merkte er, dass Karla seine Hand hielt, als wären sie ein Liebespaar – was sie nicht waren. Sie redeten ein bisschen über dies und das, freuten sich, dass der Vollmond schien und dass, da es weder stürmte noch regnete, überhaupt ideales Wetter für ihr Abendessen zu zweit herrschte.

»Ich zahle heute die Rechnung«, sagte sie. »Ich habe nämlich einen Wahnsinnsdurst.«

Der Bus war vor der Brücke angekommen, und nun fuhren sie in andächtigem Schweigen über den Bosporus, als machten sie gerade eine religiöse Erfahrung. Gleich beim ersten Halt nach der Brücke stiegen sie aus und schlenderten am asiatischen Ufer des Bosporus entlang, wo es fünf oder sechs Restaurants mit Plastikdecken auf den Tischen gab. Sie setzten sich ins erste, blickten auf die Meerenge vor ihnen und den asiatischen Teil der Stadt, in dem die Denkmäler nicht künstlich beleuchtet, sondern von Mondlicht beschienen waren.

Der Kellner kam und fragte sie nach ihren Wünschen.

Beide meinten, er solle für sie aussuchen und ihnen die ortstypischen Spezialitäten bringen.

»Ich muss aber wissen, was Sie wollen. Hier wissen alle immer, was sie wollen.«

»Wir möchten das Beste. Reicht Ihnen das als Antwort?«

Das tat es zweifellos. Und der Kellner akzeptierte einfach, dass das Ausländerpärchen ihm vertraute. Womit er eine große Verantwortung übernahm, was ihm aber auch große Freude machte. »Was möchten Sie trinken?«

»Den besten Wein der Region. Nichts aus Europa, wir sind schließlich in Asien.«

Sie aßen zum ersten Mal in ihrem Leben in Asien zu Abend. »Leider servieren wir hier keine alkoholischen Getränke. Strikte Regeln der Religion.«

»Aber die Türkei ist doch ein laizistisches Land, nicht wahr?«

»Ja, aber der Besitzer ist ein frommer Mann.«

Wenn sie wollten, könnten sie das Lokal wechseln, zwei Blocks weiter hinten würden sie finden, was sie wollten. Aber zwei Blocks weiter hinten würden sie diesen herrlichen Blick auf das vom Mondlicht beschienene Istanbul nicht mehr haben. Karla fragte sich, ob sie das, was sie zu sagen vorhatte, auch würde sagen können, ohne etwas Alkoholisches zu trinken. Paulo zögerte nicht – es würde ein Abendessen ohne Wein sein.

Der Kellner brachte eine rote Kerze in einer metallenen Laterne, stellte sie auf ihren Tisch und zündete sie an. Paulo und Karla verfolgten andächtig und schweigend seine Bewegungen.

»Wir wollten uns unseren Tag erzählen. Du hast mir gesagt, du seist in Richtung Basar gegangen, um mich zu finden, hättest es dir dann aber anders überlegt. Das war gut, denn ich war letztlich gar nicht im Basar. Wenn du magst, können wir morgen zusammen dorthingehen.«

Sie verhielt sich so anders, seltsam und für sie so untypisch sanft. Ob sie jemandem begegnet war und ihm davon erzählen wollte?

»Fang du an. Hast du es geschafft, die religiöse Zeremonie zu finden, nach der du gesucht hast?«

»Den Ort habe ich zwar gefunden, aber nicht genau, was ich suchte.«

Ich wusste, dass du zurückkommen würdest«, hatte der Mann ohne Namen gesagt, als er den bunt gekleideten jungen Mann wieder hereinkommen sah. »Ich nehme an, dein Besuch heute Morgen hat in dir nachgewirkt, denn dieser Ort hier ist von der Energie der tanzenden Derwische erfüllt. Obwohl, und das muss ich einfach erwähnen, alle Orte auf dieser Welt in den kleinsten Wesen und Dingen die Gegenwart Gottes in sich tragen, in den Insekten ebenso wie im Sandkorn ...«

»Ich möchte dem Sufismus näherkommen. Ich brauche einen Meister.«

»Dann suche die Wahrheit. Versuche, immer an ihrer Seite zu bleiben, auch wenn sie dich verletzt, lange schweigt oder nicht sagt, was du hören möchtest. Das ist Sufismus. Alles andere sind heilige Zeremonien, die nichts weiter tun, als diesen Zustand von Ekstase zu verstärken. Zudem müsstest du, um an diesen Ritualen teilzunehmen, zum Islam übertreten, was ich dir, ehrlich gesagt, nicht rate – weil es nicht notwendig ist, nur wegen solcher Rituale einer Religion beizutreten.«

»Aber ich brauche jemanden, der mich auf den Weg der Wahrheit führt.«

»Das entspricht nicht dem Sufismus. Tausende von Büchern wurden über den Weg der Wahrheit geschrieben, und keines erklärt genau, was sie ist. Im Namen der Wahrheit hat die Menschheit die schlimmsten Verbrechen begangen. Männer und Frauen wurden bei lebendigem Leib verbrannt, ganze Zivilisationen ausgelöscht, diejenigen, die Sünden des Fleisches begingen, wurden verstoßen, und diejenigen, die einen anderen Weg suchten, wurden ausgegrenzt. Einer wurde im Namen der ›Wahrheit‹ am Ende sogar gekreuzigt. Bevor er jedoch starb, hat er uns noch eine umfassende Definition Seiner ›Wahrheit‹ hinterlassen. Diese Wahrheit gibt uns keine Gewissheiten. Sie gibt uns keine Tiefe. Sie macht uns nicht besser als andere. Sie befreit uns aber aus dem Gefängnis der Vorurteile. Die Wahrheit macht uns frei. ›Ihr werdet die Wahrheit erkennen, und die Wahrheit wird euch frei machen‹, sagte Jesus.«

Der alte Mann ohne Namen machte eine Pause und sagte dann:

»Der Sufismus ist nichts weiter als eine ständige Erneuerung des Selbst, ein Neuprogrammieren des Geistes, das Begreifen, dass Worte zu begrenzt sind, als dass sie das Absolute, das Unendliche zu erfassen vermöchten.«

D as Essen kam. Karla wusste genau, was Paulo gemeint hatte. Und was er von seinen Erlebnissen erzählen würde, wäre entscheidend für das, was sie selbst sagen würde, wenn sie an der Reihe war.

»Essen wir schweigend?«, fragte sie.

Wieder wunderte sich Paulo über sie. Normalerweise hätte sie den Satz mit einem Ausrufezeichen am Ende gesagt.

Ja, sie aßen schweigend. Blickten in den Himmel, auf den Vollmond, auf den von ihm beschienenen Bosporus, auf die von den Kerzen beleuchteten Gesichter ringsum, und das Herz ging ihnen auf. Je mehr wir der Welt uns zu geben erlauben, umso mehr erhalten wir von ihr – sei es Liebe, sei es Hass.

Doch in diesem Augenblick erfüllte ihn weder Liebe noch Hass, sondern, obwohl es ein Widerspruch in sich war, eine Leere, die ihn alles vergessen ließ: die Suche nach Erleuchtung, Traditionen, die man einhielt, dem Inhalt heiliger Texte, Logik, Philosophie.

*

Sie fragten nicht nach den Namen der Gerichte, die man ihnen jetzt in kleinen Portionen auf vielen Plastiktellerchen servierte. Sie wollten auf Nummer sicher gehen und hatten daher statt Leitungswasser Mineralwasser bestellt.

Paulo stellte endlich die Frage, die ihn die ganze Zeit schon vor Neugier umkommen ließ. Sie könnte den Abend verderben, aber er konnte sich nicht mehr beherrschen.

»Du bist so ganz anders heute Abend. Als hättest du jemanden getroffen und dich verliebt. Aber du brauchst nicht zu antworten, wenn du nicht willst.«

»Ich habe jemanden getroffen und mich verliebt, obwohl er das nicht weiß.«

»Und das war dein heutiges Erlebnis? Das willst du mir erzählen?«

»Ja. Sobald du deine Geschichte zu Ende erzählst hast. Oder ist sie bereits zu Ende?«

»Nein. Aber ich kann sie gar nicht zu Ende erzählen, denn sie hat noch kein Ende.«

»Ich würde dennoch gern den Rest hören.«

Sie war über seine Frage nicht zornig gewesen. Er versuchte sich auf das Essen zu konzentrieren. Niemand möchte, wenn er mit einer Frau bei Kerzenschein zu Abend isst, dass sie mit ihren Gedanken woanders ist, weil sie sich frisch verliebt hat. Er wollte, dass sie ganz da war, im Hier und Jetzt, beim Abendessen mit ihm, im Mondlicht, das auf das Wasser und die Stadt schien.

Er begann, von jedem Tellerchen etwas zu probieren – mit Fleisch gefüllte Teigtaschen, die Ravioli ähnelten, gefüllte Weinblätter, ungesäuertes, ofenwarmes Brot, Bohnen, Fleischspieße, eine in Bootsform gebackene, mit Oliven und Gewürzen gefüllte Art Pizza. Es würde eine Ewigkeit dauern, bis sie das alles vertilgt hätten. Aber zu ihrer beider

Überraschung putzten sie die vielen Speisen im Nu weg – die türkischen Spezialitäten waren einfach zu lecker, als dass sie sie kalt werden lassen konnten.

Der Kellner kam, sammelte die Plastiktellerchen ein und fragte, ob er nun den Hauptgang servieren dürfe.

»Auf gar keinen Fall! Wir sind total satt!«

»Aber er wird gerade vorbereitet, ich kann die Bestellung jetzt nicht mehr rückgängig machen.«

»Wir bezahlen den Hauptgang, aber BITTE bringen Sie nichts mehr, sonst können wir das Restaurant nicht mehr auf zwei Beinen verlassen.«

Der Kellner lachte, und sie stimmten in sein Lachen ein. Es wehte ein anderer Wind, brachte Neues, erfüllte alles mit anderen Aromen und Farben.

Das hatte nichts mit dem Essen, mit dem Vollmond, dem Bosporus oder der Brücke, die sie eben überquert hatten, zu tun – sondern mit dem, was beide an diesem Tag erlebt hatten.

»Kannst du jetzt deine Geschichte zu Ende erzählen?«, fragte Karla, während sie zwei Zigaretten anzündete und ihm eine reichte. »Ich kann es kaum erwarten, über meinen Tag und meine Begegnung mit mir selber zu berichten.«

Offenbar war sie ihrer Zwillingsseele begegnet, dachte Paulo.

In Wahrheit war er schon nicht mehr an ihrer Geschichte interessiert, doch er hatte darum gebeten, sie zu hören, also musste er jetzt bis zum Ende durchhalten.

In Gedanken kehrte er zurück in den grünen Saal mit den Dachbalken, von denen die Farbe abblätterte, und den zerbrochenen Fensterscheiben, die einmal wahre Kunstwerke gewesen sein mussten. Und er erzählte Karla:

»Die Sonne war bereits untergegangen, der Saal lag im Halbdunkel, und es war Zeit, ins Hotel zurückzukehren, doch ich ließ bei dem Mann ohne Namen nicht locker:

›Aber Sie selbst haben doch sicher einen Meister gehabt.‹

›Ich hatte sogar drei – und keiner hatte etwas mit dem Islam zu tun oder war Kenner der Gedichte Rumis. Während meiner Lehrzeit fragte mein Herz den Herrn: Bin ich auf dem richtigen Weg? Er antwortete: Ja, das bist du. Ich fragte weiter: Wer seid Ihr, Herr? Er antwortete: Du.‹

›Wer waren Ihre drei Meister?‹

›Der alte Mann lächelte, zündete die Wasserpfeife an, die neben ihm stand, paffte ein paarmal, reichte sie mir. Ich zog auch daran und stellte sie dann auf den Boden.‹

›Der erste war ein Dieb‹, sagte er. ›Ich hatte mich einmal in der Wüste verlaufen und kam deshalb erst spät wieder nach Hause. Ich hatte meinen Schlüssel beim Nachbarn gelassen, brachte es jedoch nicht über mich, ihn zu dieser späten Stunde zu wecken. Schließlich fand ich jemanden, den ich um Hilfe bat und der das Schloss im Handumdrehen öffnete.

Ich war sehr beeindruckt und bat ihn, es mir beizubringen. Er sagte, er lebe davon, andere Menschen zu bestehlen, doch ich war ihm so dankbar, dass ich ihn einlud, in meinem Haus zu übernachten.

Er blieb einen Monat bei mir. Jeden Abend verließ er das Haus mit den Worten: ›Ich gehe jetzt arbeiten, fahrt Ihr mit Eurer Meditation fort und betet viel.‹ Wenn er zurückkam, fragte ich ihn immer, ob er Erfolg gehabt habe. Und er antwortete mir jedes Mal: ›Heute Nacht hatte ich keinen Erfolg. Aber so Gott will, werde ich es morgen wieder versuchen.‹

Er war ein zufriedener Mensch, und ich habe ihn nie über den Mangel an Erfolg verzweifeln sehen. Wenn ich später in meinem Leben meditierte und meditierte und nichts geschah und der Kontakt zu Gott sich einfach nicht einstellte, sollte ich noch oft an die Worte des Diebes denken: Heute Nacht hatte ich keinen Erfolg, aber so Gott will, werde ich es morgen wieder versuchen. Das hat mir die Kraft verliehen, nicht aufzugeben.‹

›Und wer war der zweite Meister?‹

›Das war ein Hund. Ich ging an einem Bach spazieren und wollte gerade etwas Wasser schöpfen, um mich zu erfrischen, als dieser Hund auftauchte. Auch er hatte Durst. Doch als er am Wasser angelangt war, sah er dort einen weiteren Hund – der nichts weiter war als sein Spiegelbild.

Er hatte Angst, wandte sich ab und bellte nach Kräften, um den anderen Hund zu verjagen. Was ihm natürlich nicht gelang. Doch weil sein Durst so groß war, fasste er sich schließlich ein Herz, stellte sich der Situation und stürzte sich in den Bach. In dem Augenblick verschwand das Bild.‹

Der namenlose Mann hielt inne und fuhr dann fort:

›Mein dritter Meister war ein Kind. Es ging mit einer brennenden Kerze in der Hand zur Moschee. Ich fragte: ‚Hast du diese Kerze selber angezündet?‘ Der Junge nickte. Da sagte ich: ‚Weißt du auch, woher das Feuer gekommen ist, das sie entzündet hat?‘

Da lachte der Junge, löschte die Kerze und fragte zurück: ‚Und könnt Ihr mir sagen, wohin das Feuer gegangen ist, das vorher hier war?‘

Da begriff ich, wie dumm ich gewesen war. Wer zündet die Kerze der Weisheit an? Wohin geht sie? Ich begriff, dass jeder Mensch in bestimmten Augenblicken in seinem Herzen das heilige Feuer trägt – wie eine Kerze. Dabei spielt es keine Rolle, ob er sich bewusst ist, wo oder wodurch sie entzündet wurde. Seither habe ich Kontakt zu allem aufgenommen, was um mich ist, zu den Wolken, den Bäumen, Flüssen und Wäldern, anderen Menschen. Seither habe ich in meinem Leben Tausende von Meistern.

Ich habe gelernt, darauf zu vertrauen, dass die Flamme immer leuchten wird, wenn ich sie brauche: Ich war ein Schüler des Lebens und bin es noch heute. Ich habe von den einfachsten Wesen und Dingen gelernt, insbesondere von solchen, bei denen man es am wenigsten erwartet, wie in den Geschichten, die Eltern abends ihren Kindern erzählen.

Deshalb ist fast die gesamte Sufi-Weisheit nicht in den heiligen Texten zu finden, sondern in Geschichten, Gebeten, in Tänzen und in der Kontemplation.‹

Wieder ertönten die Lautsprecher auf den Minaretten, riefen die Muezzin die Gläubigen zum Abendgebet. Der Mann ohne Namen kniete nach Mekka gewandt nieder und betete. Als er geendet hatte, fragte ich ihn, ob ich am nächsten Tag wiederkommen dürfe.

›Selbstverständlich‹, antwortete er. ›Aber du wirst nicht mehr lernen als das, was dein Herz dich lehren will. Denn alles, was ich für dich habe, sind Geschichten und ein Ort, den du immer aufsuchen kannst, wenn du Stille brauchst – und wir nicht gerade unsere religiösen Tänze vollführen.‹ «

P aulo wandte sich an Karla.
»Jetzt bist du an der Reihe.«

Ja, das wusste sie. Sie bezahlte die Rechnung, und beide gingen hinunter zum Ufer der Meerenge. Man hörte die Hörner der Schiffe und die Hupen auf der Brücke, aber sie konnten dem Mondlicht, dem Wasser und dem Blick auf Istanbul ihren Zauber nicht nehmen.

»Ich habe mich heute am anderen Ufer hingesetzt und stundenlang auf das vorbeifließende Wasser geschaut. Ich habe mein bisheriges Leben Revue passieren lassen, mich an die Männer erinnert, die ich kennengelernt hatte, an mein Verhalten, das sich nie zu ändern schien – ich hatte mich selber satt.

Und ich habe mich gefragt: Warum bin ich so? Bin ich die Einzige oder gibt es noch andere Menschen, die unfähig sind zu lieben? Ich habe in meinem Leben viele Männer kennengelernt, die bereit waren, alles für mich zu tun, aber ich habe mich in keinen verliebt. Manchmal glaubte ich, meinen Prinzen gefunden zu haben, aber dieses Gefühl hielt nie lange an, denn bald langweilte er mich, mochte er noch so aufmerksam und zärtlich sein. Ich gab nie weitere Erklärungen ab, sagte immer einfach nur die Wahrheit, wie es um mich stand. Sie versuchten dann, mich umzustimmen, aber es half nichts. Allein schon eine Berührung am Arm stieß mich ab.

Einer von ihnen hat sogar damit gedroht, sich umzubringen – Gott sei Dank war es eine leere Drohung. Ich war nie eifersüchtig. Irgendwann, als ich die Teenie-Zeit hinter mir hatte, dachte ich, ich sei krank. Ich war nie treu – hatte immer parallel mehrere Liebhaber, auch wenn ich gleichzeitig mit jemandem zusammen war, der alles für mich zu tun bereit war. Ich habe einen Psychiater oder Psychoanalytiker kennengelernt, was er genau war, weiß ich nicht, und wir sind nach Paris gefahren. Er war der Erste, der etwas gemerkt hat, kam aber sofort mit den üblichen Phrasen von wegen ich brauchte ärztliche Hilfe, meinem Organismus fehle etwas, was von Drüsen produziert wird. Anstatt ärztliche Hilfe zu suchen, fuhr ich nach Amsterdam zurück.

Wie du sicher gemerkt hast, fällt es mir leicht, Männer zu verführen. Aber ich verliere sofort das Interesse. Deshalb kam ich auf den Gedanken, nach Nepal zu reisen: Ich wollte nie wieder zurückzukommen, dort meine Liebe zu Gott entdecken und auch dort alt werden – allerdings hatte ich es, ehrlich gesagt, bislang nicht so sehr mit der Liebe zu Gott.

Tatsache aber ist, dass ich keine Antwort auf die Frage fand, was mit mir los war. Und da einen Arzt zu konsultieren für mich nicht in Frage kam, wollte ich einfach nur aus der Welt verschwinden und mich der Kontemplation widmen. Mehr nicht.

Denn ein Leben ohne Liebe lohnt sich nicht. Was ist ein Leben ohne Liebe? Es ist wie ein Baum, der keine Früchte trägt. Es ist wie schlafen, ohne zu träumen. Manchmal bedeutet es auch, überhaupt nicht mehr schlafen zu können.

Es ist, als wenn man tagein, tagaus darauf hofft, dass die Sonne in unser schwarzgestrichenes, verbarrikadiertes Zimmer scheint und man zwar weiß, dass es einen Schlüssel gibt, aber keine Lust hat, die Tür zu öffnen und hinauszugehen.«

Nun begann ihre Stimme zu zittern, als wollte sie gleich in Tränen ausbrechen. Paulo rückte an sie heran und wollte den Arm um sie legen, aber Karla schob ihn weg.

»Ich bin noch nicht fertig. Ich war immer eine Meisterin darin, die anderen zu manipulieren. Das gab mir Selbstvertrauen und auch ein gewisses Überlegenheitsgefühl. Unbewusst muss ich mir wohl immer gesagt haben: Ganz hingeben werde ich mich nur dem, der fähig ist, mich zu zähmen. Und bis heute ist niemand gekommen.«

Sie drehte sich ihm zu, doch jetzt hatte sie keine Tränen mehr in den Augen, sondern funkelte ihn an:

»Warum, glaubst du, bist du an diesem traumhaften Ort? WEIL ICH ES WOLLTE. Weil ich jemanden brauchte, der mich begleitet, und weil ich dachte, dass du der ideale Begleiter wärst, selbst als ich nach und nach deine Schwächen entdeckt habe – hinter den Hare Krishnas hertanzen, so tun, als wärst du ein freier Mann, in ein *House of the Rising Sun* gehen, um Mut zu zeigen, wo es im Grunde genommen eine Dummheit war. Einwilligen, eine Mühle zu besuchen – EINE MÜHLE! –, als würdest du zum Mars fliegen.«

»Du hattest darauf bestanden.«

Karla hatte nicht darauf bestanden, es nur vorgeschlagen, aber offensichtlich wurden ihre Vorschläge als Befehle empfunden … Sie fuhr einfach fort.

»Als wir dann von der Mühle zurückkamen und uns zu MEINEM Ziel aufmachten, nämlich die Tickets zu kaufen, um nach Nepal zu fahren, wurde mir klar, dass ich mich verliebt hatte. Es gab keinen besonderen Grund, nichts war anders als am Tag zuvor, und es lag auch nicht daran, dass du irgendetwas Besonderes gesagt oder getan hättest. Ich war verliebt. Und ich wusste, dass es wie bei den Malen davor nicht lange dauern würde – du bist für mich der vollkommen falsche Mann.

Ich habe darauf gewartet, dass das Gefühl wieder verging, aber es verging nicht. Als wir uns mehr mit Ryan und Mirthe unterhalten haben, war ich eifersüchtig. Ich war früher manchmal neidisch, wütend, unsicher gewesen, aber eifersüchtig? Niemals. Ich fand, dass ihr euch mehr um mich kümmern müsstet, weil ich mir doch so unabhängig, hübsch und intelligent vorkomme und auch so genau weiß, was ich will. Ich schloss daraus, dass es nicht die Eifersucht auf eine andere Frau war, sondern die Tatsache, in diesem Augenblick nicht im Mittelpunkt der Aufmerksamkeit zu stehen.«

Karla ergriff seine Hand.

»Und heute Morgen, als ich in den Fluss schaute und mich an die Nacht erinnerte, in der wir um das Feuer herumtanzten, entdeckte ich, dass es keine Leidenschaft war, die ich für dich empfand, nichts dergleichen, sondern Liebe. Sogar nachdem wir gestern Nacht miteinander geschlafen hatten und du dich als wirklich schlechter Liebhaber erwiesen hast, habe ich dich weiter geliebt. Als ich mich an das Ufer der Meerenge gesetzt habe, liebte ich dich weiter. Ich weiß, dass ich dich liebe, und weiß, dass du mich liebst. Und dass wir den Rest unseres Lebens zusammen verbringen können, egal ob unterwegs, in Nepal, Rio oder auf einer einsamen Insel. Ich liebe dich, und ich brauche dich.

Frag mich nicht, warum ich dir das alles sage – es ist für mich das erste Mal. Ich meine es ernst. Ich liebe dich, und es ist mir egal, warum.«

Sie wandte ihm ihr Gesicht zu in der Hoffnung, dass Paulo sie küssen würde. Er tat es auch, doch gleich darauf sagte er, es wäre vielleicht besser, wieder ans europäische Ufer und ins Hotel zurückzukehren – es sei ein Tag voller starker Emotionen und Überraschungen gewesen.

Karla bekam plötzlich Angst.

Paulo hatte noch mehr Angst, weil er in Wahrheit ein schönes Abenteuer mit ihr erlebte – es hatte Augenblicke der Leidenschaft gegeben, Augenblicke, in denen er wünschte, sie würde immer an seiner Seite sein. Aber das war vorbei.

Nein, er liebte sie nicht.

Die Reisegefährten trafen sich wie üblich zum Frühstück, um Erfahrungen und Anregungen auszutauschen. Karla war allein, und als die anderen sie nach Paulo fragten, sagte sie, er wolle jede Minute nutzen, um sich in die Tradition der sogenannten tanzenden Derwische einweihen zu lassen, und gehe daher jeden Morgen zu einem alten Mann, der ihm etwas darüber beibringe.

»›Die Denkmäler, die Moscheen, die Zisternen, die Wunder von Istanbul können warten‹, hat er zu mir gesagt. ›Denn die werden immer dort sein. Aber die Tradition, über die ich gerade etwas lerne, kann plötzlich verschwinden.‹«

Die anderen hatten dafür Verständnis. Schließlich gab es zwischen den beiden, soweit sie wussten, kein intimes Verhältnis, obwohl sie ein Doppelzimmer bewohnten.

*

In der Nacht, als sie gleich nach dem Abendessen von der asiatischen Seite zurückgekommen waren, hatten sie sich geliebt. Zum Schluss hatte Karla schweißgebadet dagelegen. Es war wunderbar gewesen, und sie war glücklich, bereit, alles für diesen Mann zu tun. Er dagegen wurde immer schweigsamer.

Sie wagte nicht, das übliche »Liebst du mich?« zu fragen, weil sie sicher war, dass es so war. Sie wollte nicht egoistisch sein und stattdessen zulassen, dass er sich Tag für Tag mit dem Franzosen traf, weil es für Paulo eine einzigartige Gelegenheit war, mehr über den Sufismus zu lernen. Der Typ, der wie Rasputin aussah, lud sie ein, mit ihm das Topkapi-Museum zu besuchen. Sie lehnte ab. Ryan und Mirthe forderten sie auf, mit ihnen zum Basar zu gehen – sie waren so sehr mit dem Besuch der Sehenswürdigkeiten beschäftigt gewesen, dass sie das Wichtigste ganz vergessen hatten: Wie lebten die Leute? Was aßen sie? Was kauften sie? Das wollten sie jetzt nachholen. Karla willigte ein, und sie verabredeten sich für den nächsten Tag.

Doch da mischte sich Michael ein, der ihnen ankündigte, dass sie morgen abreisen würden, die Konflikte in Jordanien seien jetzt unter Kontrolle. Er bat Karla, Paulo Bescheid zu sagen, als wäre sie seine Freundin, seine Geliebte, seine Frau.

Ihre Antwort war: »Klar, mache ich«, während sie früher so etwas Ähnliches wie Kain über Abel gesagt hätte: »Bin ich denn meines Bruders Hüter?«

Die meisten waren über die Nachricht verärgert. Wieso denn? Es hatte doch geheißen, sie würden eine ganze Woche in Istanbul bleiben. Dies war erst der dritte Tag, und im Übrigen zählte der erste überhaupt nicht, weil viele bei ihrer Ankunft so müde gewesen waren, dass sie am ersten Tag praktisch nur geschlafen hatten.

Doch der Fahrer blieb hart.

»Nein. Der Plan war, nach Nepal zu fahren. Wir haben hier nur Station gemacht, weil es anders nicht ging. Und wir müssen so schnell wie möglich weiter, da den Zeitungen und

meiner Agentur zufolge die Unruhen jederzeit wieder auf-
flammen können. Außerdem warten Leute in Kathmandu
auf ihre Rückreise.«

Die Ansage des Fahrers war endgültig. Wer am nächsten
Tag um elf Uhr nicht mitfahren wolle, müsse auf den nächsten Bus warten – und der komme in zwei Wochen.

Karla, Ryan und Mirthe entschieden deshalb, gleich in den
Basar zu gehen, und Jacques und Marie schlossen sich ihnen
an. Auch wenn keiner von ihnen Karla darauf anzusprechen
wagte, so fiel doch allen die Veränderung an ihr auf. Eine neue
Leichtigkeit ging von ihr aus, und sie strahlte regelrecht. Eins
war allen klar: Das Mädchen, das immer so selbstbeherrscht
war und genau wusste, was sie wollte, hatte sich Hals über
Kopf in den dünnen Brasilianer mit dem Spitzbart verliebt.

Und Karla dachte: ›Sie haben sicher bemerkt, dass ich
anders bin. Sie wissen nicht, warum, aber sie bemerken es.‹

Wie gut es ihr tat zu lieben. Sie begriff jetzt, warum es
für viele Menschen so wichtig war – besser gesagt für alle
Menschen. Beklommen erinnerte sie sich daran, wie viel
Leid sie anderen angetan hatte, aber das ließ sich nun mal
nicht rückgängig machen. Jetzt war unvermittelt *sie* von der
Liebe getroffen worden. Liebe war nun einmal so.

Sie lässt uns unsere Mission auf Erden begreifen, den Sinn
unseres Lebens. Wer aus Liebe handelt, der wird auf allen
seinen Wegen einen unsichtbaren, wohlwollenden Schutz
genießen und in schwierigen Augenblicken Ruhe bewahren
können. Wer wirklich liebt, wird alles geben, ohne eine Gegenleistung zu erwarten, sich nur die Anwesenheit des geliebten Menschen an seiner Seite wünschen, das Gefäß des Lichts,
die Schale der Fruchtbarkeit, den Schein, der den Weg erhellt.

So sollte es sein – die Welt würde Liebenden gegenüber immer großzügig sein; das Böse würde sich in das Gute, die Lüge in Wahrheit, Gewalttätigkeit in Frieden verwandeln.

Die Liebe besiegt den Unterdrücker mit ihrer Sanftmut, löscht den Durst dessen, der das frische Wasser der Zärtlichkeit sucht, hält die Türen offen, damit das gesegnete Licht hereinkommen kann.

Und sie lässt die Zeit mal langsamer und mal schneller vergehen, doch nie wie vorher – im immer gleichen, unerträglich monotonen Rhythmus.

Karla war dabei, sich langsam zu verändern, denn wahre Veränderungen brauchen Zeit. Aber sie veränderte sich.

*

Bevor sie zum Basar aufbrachen, kam Marie zu ihr.

»Du hast den Iren mal gesagt, dass du LSD dabeihast. Stimmt das?«

Es stimmte. Es war nicht auffindbar, weil sie eine Seite des Romans *Der Herr der Ringe* mit einer Lösung aus Lysergsäurediethylamid getränkt hatte. Sie hatte sie vom Wind in Holland trocknen lassen, und jetzt war sie wieder nur ein Absatz in einem Kapitel von Tolkiens Buch.

»Ich würde es wahnsinnig gern heute mal ausprobieren. Ich bin von Istanbul ganz fasziniert und würde die Stadt gern mit anderen Augen sehen. Geschieht das dann?«

Ja, dem ist so. Aber für jemanden, der noch nie LSD genommen hat, kann es entweder der Himmel oder die Hölle sein.

»Mein Plan ist ganz einfach. Wir gehen in den Basar, ich

›verlaufe‹ mich dort und mache das weit von den anderen entfernt, ohne jemanden zu stören.«

Ihr ist nicht klar, was sie da sagt. Einen ersten Trip auf Acid ganz allein machen, ›ohne jemanden zu stören‹?

Einen Augenblick lang bereute Karla zutiefst, zugegeben zu haben, dass sie eine »Seite« Acid mitgebracht hatte. Sie hätte sagen können, dass Marie sie falsch verstanden habe, hätte sagen können, sie habe Personen aus dem Buch gemeint. Sie hätte sagen können, sie wolle sich kein schlechtes Karma damit verschaffen, indem sie jemand anderen in den Konsum welcher Droge auch immer einführte, ausgerechnet sie. Vor allem jetzt, da ihr Leben sich für immer veränderte. Warum nur begann man, sobald man jemanden liebte, zu allen freundlich zu sein?

Und sie sah sich diese junge Frau genauer an, die nur wenig jünger war als sie, die die Neugier jener wahren Kriegerinnen, der Amazonen, besaß, die bereit waren, das Unbekannte, das Riskante, das Andere zu wagen – ähnlich wie sie, die das Wagnis der Liebe einging. Es machte Angst, aber es war gut. Es war so gut und gleichzeitig so angsteinflößend, zu entdecken, dass man lebendig war und imstande, jede Minute zu erleben, ohne daran zu denken, dass ganz am Ende der Tod auf einen wartete.

»Lass uns in mein Zimmer hinaufgehen. Doch vorher musst du mir etwas versprechen.«

»Was du willst.«

»Dass du dich keine Minute lang von mir entfernst. Es gibt LSD in verschiedenen Stärken, und dieses hier ist das wirksamste – die Erfahrung damit kann wunderbar, aber auch grauenhaft sein.«

Marie lachte. Die Holländerin hatte keine Ahnung, wer sie war und was sie in ihrem Leben schon alles ausprobiert hatte.

»Versprich es mir«, wiederholte Karla.

»Okay, ich verspreche es.«

Die anderen wollten aufbrechen, und die Entschuldigung »Frauensachen« war perfekt. Danach würden sie bereit sein.

Karla öffnete die Tür und war stolz darauf, ihr Zimmer zu zeigen. Marie sah die zum Trocknen aufgehängten Kleider, das zum Lüften geöffnete Fenster und das Doppelbett, das so zerwühlt war, als wäre ein Hurrikan darüber hinweggegangen – was tatsächlich der Fall gewesen war. Er hatte vieles hinaus- und anderes hereinbefördert.

Karla ging zu ihrem Rucksack, nahm das Buch, schlug es auf Seite 155 auf und schnitt mit einer kleinen Schere, die sie immer dabeihatte, ein etwa einen Quadratzentimeter großes Stück davon ab.

Das gab sie dann Marie und bat sie, es zu schlucken.

»Nur das?«

»Tatsächlich hatte ich überlegt, dir nur die Hälfte zu geben. Aber ich dachte, es würde vielleicht überhaupt keine Wirkung haben, also gebe ich dir die normale Dosis, die ich immer genommen habe.«

Das stimmte nicht. Sie gab ihr die halbe Dosis, und je nach Verhalten und Toleranz von Marie würde es dazu führen, dass sie dennoch die richtige Erfahrung machen würde – nur etwas später.

»Vergiss nicht, was ich dir gesagt habe: Ich habe öfter LSD genommen, aber seit mehr als einem Jahr nicht mehr, und ich weiß nicht, ob ich es überhaupt noch einmal tun werde. Es gibt andere, wirksamere Mittel, um den gleichen Effekt zu erzielen, obwohl ich keine Lust habe, sie auszuprobieren.«

»Was denn zum Beispiel?« Marie hatte das Stückchen Papier in den Mund genommen. Jetzt war es zu spät, es sich noch anders zu überlegen.

»Meditation. Yoga. Umwerfende Leidenschaft. So etwas. Irgendetwas, das uns die Welt so erleben lässt, als sähen wir sie zum ersten Mal.«

»Wie lange dauert es, bis die Wirkung einsetzt?«

»Ich weiß nicht. Das hängt vom Menschen ab, der es nimmt.«

Sie schlug das Buch wieder zu und steckte es in den Rucksack zurück. Sie gingen hinunter zu den anderen, und alle machten sich auf den Weg zum Großen Basar.

Mirthe hatte wie alle anderen auch am Empfang des Hotels ein Faltblatt über den Basar mitgenommen, der, so stand es dort, nach der Eroberung Konstantinopels durch Sultan Mehmet Fatih im Jahr 1453 erbaut worden war. Als das Osmanische Reich einen großen Teil der damals im Westen bekannten Welt beherrschte, kamen Waren von überall her dorthin, und er wuchs so gewaltig, dass er mehrfach erweitert werden musste.

Obwohl sie darüber gelesen hatten, waren sie nicht im Geringsten auf das vorbereitet, was sie dort erwartete: Tausende gingen durch volle Gänge, an Springbrunnen, Restaurants, Gebetsräumen, Cafés vorbei und konnten alles kaufen, was sie auch im besten Warenhaus in Paris vorfinden würden: fein gearbeiteten Goldschmuck, Kleidungsstücke in allen Farben und Formen, Schuhe, alle Arten von Teppichen. Dazu gab es Handwerker, die, unbeeindruckt von den vorbeigehenden Menschen, ihre Arbeit taten.

Einer der Verkäufer wollte wissen, ob sie an Antiquitäten interessiert seien – man sah sofort, dass sie Touristen waren, allein schon daran, wie sie um sich blickten.

»Wie viele Läden gibt es hier?«, fragte Jacques den Verkäufer.

»Dreitausend. Zwei Moscheen. Mehrere Springbrunnen

und Hunderte von Ständen, an denen man nur allerbeste türkische Gerichte kosten kann. Aber ich habe ein paar Ikonen, die Sie sonst nirgendwo finden werden.«

Jacques dankte, meinte, er werde später noch einmal vorbeikommen, worauf der Verkäufer, der spürte, dass der Franzose das keineswegs vorhatte, noch eine Weile weiter auf ihn einredete, bis er merkte, dass es nichts brachte, und allen einen guten Tag wünschte.

»Wusstet ihr, dass Mark Twain hier war?«, fragte Mirthe, die schwitzte und angesichts des Menschengewühls leicht panisch war. Und wenn es einen Brand gäbe, wo könnten sie dann hinaus?, überlegte sie. Wo war die Tür, die winzige Tür, durch die sie hereingekommen waren? Und wie ließ sich die Gruppe zusammenhalten, wenn jeder an einem anderen Stand stehenblieb?

»Und was hat Mark Twain gesagt?«

»Er sagte, es sei unmöglich, das Gesehene zu beschreiben, aber dass der Basar ihn sehr viel mehr beeindruckt habe als die Stadt. Er sprach von den unendlich vielen Farbtönen, von den Teppichen, von vielen wild durcheinanderredenden Menschen, vom scheinbaren Chaos, in dem dennoch alles einer Ordnung folgte, die er nicht erklären könne. ›Jeder Gang ist für einen besondere Art Ware bestimmt‹, schrieb er. ›Wenn man ein Paar Schuhe kaufen möchte, hat man dafür einen ganzen Gang Spielraum. Man braucht sich dafür nicht damit müde zu laufen, die Geschäfte an weit auseinander-gelegenen Stellen zu suchen. Außerdem gibt es keinerlei Konkurrenz oder Irritationen zwischen den Händlern, denn letztlich ist ausschlaggebend, wer der bessere Verkäufer ist.‹«

Was Mirthe nicht erwähnte, war, dass der Basar bereits

vier Brände und ein Erdbeben hinter sich hatte – wie viele Menschen dabei gestorben waren, wurde im Faltblatt verschwiegen.

Karla bemerkte, dass Marie starr auf die Decke, auf das Gewölbe und die Querstreben blickte, dass sie selig zu lächeln begann und nichts anderes hervorbrachte als ›wie wunderschön, wie wunderwunderschön‹.

Sie schafften in einer Stunde ein paar hundert Meter: Wenn einer von ihnen stehenblieb, blieben alle stehen. Karla musste sich dringend um Marie kümmern – allein.

»Wenn wir so weitermachen, kommen wir nicht mal bis zur Ecke des nächsten Ganges. Warum trennen wir uns nicht und sehen uns im Hotel wieder? Leider, leider fahren wir ja morgen weiter, da gilt es, die verbleibende Zeit voll und ganz auszunutzen.«

Der Vorschlag wurde begeistert aufgenommen. Jacques wollte mit seiner Tochter weiter, doch Karla hinderte ihn daran.

»Ich kann doch nicht allein hierbleiben. Lassen Sie uns beide zusammen diese überirdische Welt entdecken.«

Jacques nahm wahr, dass seine Tochter ihn nicht einmal anschaute, sondern nur ›wie wunderschön‹ sagte und zur Decke hochstarrte. Hatte ihr etwa jemand beim Hereinkommen Drogen angeboten, und sie hatte sie heimlich genommen? Aber sie war erwachsen genug, um selber auf sich aufzupassen – er ließ sie mit Karla zurück, diesem Mädchen, das sich immer progressiv gab, immer zeigen wollte, wie viel klüger, gebildeter sie war als alle anderen, obwohl ihr Verhalten in diesen zwei Tagen in Istanbul etwas sanfter geworden war – allerdings nur etwas.

Er ging weiter und verlor sich in der Menge. Karla packte Marie am Arm.

»Lass uns hier sofort rausgehen.«

»Aber es ist doch alles so schön. Schau die Farben: wie wunderschön!«

Karla bat nicht, sie befahl und zog Marie sanft zum Ausgang.

Wo war der Ausgang? ›Wie wunderschön!‹ Was Marie sah, berauschte sie immer mehr, zugleich aber war sie vollkommen passiv, während Karla verschiedene Leute nach dem nächsten Ausgang fragte und widersprüchliche Antworten bekam. Langsam wurde sie nervös. Der Weg zum Ausgang war allein schon ein Trip, der ebenso heftig war wie einer auf LSD, und wenn beides bei Marie zusammenkam, wer weiß, wohin das noch führte.

Karlas aggressiveres, dominierendes Verhalten kam wieder zurück; sie bog mal nach rechts, mal nach links ab, konnte aber die Tür, durch die sie hereingekommen waren, weiterhin nicht finden. Es war egal, ob sie auf demselben Weg wieder dorthin kam, aber jede Minute zählte jetzt – die Luft war schwül, die Leute schwitzten und waren an nichts anderem interessiert als an dem, was sie kauften, verkauften oder worum sie feilschten.

Schließlich hatte Karla eine Eingebung. Anstatt kreuz und quer zu suchen, müsste sie einfach nur geradeaus in eine Richtung gehen, um früher oder später auf die Wand zu treffen, die den größten Konsumtempel, den sie je gesehen hatte, von der Außenwelt trennte. Sie entwarf im Geiste eine gerade Linie und betete zu Gott (Gott?), dass es die kürzeste sein möge. Während sie in die gewählte Richtung gingen, wurde sie mehrfach von Leuten angesprochen, die etwas verkaufen wollten, aber sie schubste sie einfach zur Seite. Ihr war jetzt egal, dass dies unhöflich war.

Unterwegs begegneten sie einem jungen Mann mit dem Anflug eines Bartes. Da er suchend um sich blickte, schien er eben erst hereingekommen zu sein. Karla beschloss, ihren ganzen Charme spielen zu lassen, ihre Verführungskünste, ihre Überzeugungskraft einzusetzen, und bat ihn, sie zum Ausgang zu bringen, weil ihre Schwester gerade unter Halluzinationen litt.

Der junge Mann schaute die »Schwester« an und sah, dass sie tatsächlich ziemlich weggetreten wirkte. Er wollte sich unterhalten, erklären, dass ein Onkel von ihm, der dort arbeitete, bestimmt helfen könne, doch Karla lehnte die Hilfe ab, sie kenne die Symptome, sagte sie, sie brauche nur ein wenig frische Luft, weiter nichts.

Etwas widerwillig, weil er die beiden hübschen Mädchen schon bald aus den Augen verlieren würde, begleitete er sie zu einem der Ausgänge – der nur zwanzig Meter von dort entfernt war, wo Karla ihn angesprochen hatte.

*

In dem Augenblick, in dem sie vor den Basar trat, schwor sich Marie feierlich, ihre Träume von einer Revolution aufzugeben. Sie würde sich nie wieder als Kommunistin ausgeben, die für die von ihren Bossen unterdrückten Arbeiter kämpfte.

Ja, sie kleidete sich wie ein Hippie, weil es manchmal guttat, »in« zu sein. Ja, sie hatte verstanden, dass ihr Vater ein wenig besorgt gewesen war und angestrengt darüber nachgedacht hatte, wie ernst es seiner Tochter mit ihrem politischen Engagement war. Ja, sie waren auf dem Weg nach Nepal, aber nicht, um in den Höhlen zu meditieren oder Tempel zu besuchen; sie hatte sich vorgenommen, dort Kontakt zu den Maoisten aufzunehmen, die einen großen Aufstand gegen eine ihrer Meinung nach überholte und tyrannische Monarchie vorbereiteten, in der ein König herrschte, dem das Leiden seines Volkes gleichgültig war.

Es war ihr gelungen, an der Uni Kontakt zu den Aufständischen aufzunehmen über einen Maoisten, der ins selbstgewählte Exil nach Frankreich gekommen war, um die Aufmerksamkeit auf die Dutzenden von Guerillakämpfern zu lenken, die in seinem Land ermordet worden waren.

Aber jetzt war das alles in den Hintergrund gerückt. Marie ging mit der Holländerin durch eine vollkommen gewöhnliche, uninteressante Straße – doch alles schien eine höhere Bedeutung zu haben. Da waren nicht nur einfach Wände mit abblätternder Farbe und Leute, die ihnen mit gesenktem Kopf entgegenkamen, ohne zur Seite zu blicken.

»Merkt man mir etwas an?«

»Ich bemerke nichts weiter, nur das strahlende Lächeln auf deinem Gesicht. Das ist keine Droge, die erfunden wurde, um auf sich aufmerksam zu machen.«

Marie bemerkte dennoch etwas an Karla: Ihre Begleiterin war nervös. Sie brauchte es ihr nicht zu sagen, und sie hätte es auch nicht an ihrem Tonfall festmachen können, sie las es einfach an den Schwingungen ab, die von ihr ausgingen. Sie hatte das Wort »Schwingungen« immer gehasst, glaubte nicht an so etwas – aber jetzt sah sie, dass es so etwas tatsächlich gab.

»Warum haben wir den Tempel verlassen, in dem wir gerade waren?«

Karla schaute sie fragend an.

»Ich weiß, dass wir in keinem Tempel waren, ich meine das eher metaphorisch. Ich kenne meinen Namen, deinen Namen, den der Stadt, durch die wir gerade gehen, Istanbul, unser Ziel, das Hotel, nur wirkt alles so anders, als ob ...«

Sie suchte nach den richtigen Worten.

»... als wäre ich durch eine Tür gegangen und hätte die bekannte Welt hinter mir gelassen, auch die Ängste und Zweifel. Das Leben wirkt einfacher und zugleich reicher, fröhlicher. Ich bin frei.«

Karla begann, sich etwas zu entspannen.

»Ich sehe Farben, die ich noch nie gesehen habe, der Himmel scheint lebendig zu sein, die Wolken zeichnen Dinge, die ich NOCH NICHT verstehe, aber ich bin sicher, dass sie mir Botschaften schicken, um mich in die Zukunft zu leiten. Ich bin im Frieden mit mir selber und betrachte die Welt nicht von außen: Ich *bin* die Welt. Ich trage das Wissen aller in mir, die vor mir gelebt und etwas davon in meinen Genen zurückgelassen haben. Ich *bin* auch meine Träume.«

Sie kamen an einem Kaffeehaus vorbei, das hundert anderen glich, die es in dem Stadtteil gab. Marie murmelte noch immer »wie wunderschön«, und Karla bat sie, damit aufzuhören, weil sie jetzt einen ziemlich verbotenen Ort betreten würden – einen, der nur von Männern frequentiert wurde.

»Sie wissen, dass wir Touristen sind, und ich hoffe, sie werfen uns nicht raus. Aber bitte benimm dich.«

Und genau das geschah. Sie traten ein und suchten sich einen Tisch in einer Ecke. Alle schauten überrascht auf, brauchten etwas Zeit, bis sie begriffen, dass sie Touristen vor sich hatten, die die Sitten des Landes nicht kannten, und kehrten zu ihren Gesprächen zurück. Karla bestellte für beide Pfefferminztee mit viel Zucker – es hieß, Zucker schwäche die Halluzinationen ab.

Aber Marie war vollkommen high. Sie redete über die leuchtenden Auren, die die Leute um sich hatten, sagte, sie sei imstande, die Zeit zu manipulieren, und vor ein paar Minuten sei es ihr gelungen, mit der Seele eines Christen zu kommunizieren, der hier einst, am selben Ort, an dem sich jetzt das Kaffeehaus befand, in einer Schlacht gestorben sei. Der Christ habe im Paradies den ewigen Frieden gefunden und freue sich, noch einmal mit jemandem auf Erden in Kontakt zu treten. Er habe sie, Marie, gebeten, seiner Mutter eine Botschaft zu übermitteln, doch als ihm klargeworden sei, dass seit seinem Tod Jahrhunderte vergangen waren – eine Information, die Marie ihm gab –, habe er davon abgesehen, sich bedankt und sei gleich darauf verschwunden.

Marie trank ihren Tee, als täte sie dies zum ersten Mal in ihrem Leben. Sie wollte durch Gesten und Seufzer verständlich machen, wie köstlich er war, aber Karla bat sie, sich zu beherrschen, und wieder spürte Marie diese »Schwingung«, die ihre Begleiterin umgab, deren Aura mehrere leuchtende Löcher aufwies. War das ein schlechtes Zeichen? Nein. Es schien, als wären die Löcher alte Wunden, die jetzt vernarbten. Marie versuchte, Karla zu beruhigen – sie konnte das, gleichzeitig ein Gespräch anfangen und weiterhin in völliger Trance bleiben.

»Bist du in den Brasilianer verliebt?«

Karla antwortete nicht. Eines der leuchtenden Löcher schien etwas kleiner zu werden, und Marie wechselte das Thema.

»Wer hat das Zeug hier erfunden? Und warum wird das nicht gratis an alle verteilt, die eine Vereinigung mit dem Unsichtbaren suchen, die so notwendig ist, um unsere Wahrnehmung der Welt zu verändern?«

Karla erklärte, dass LSD zufällig entdeckt worden sei, und zwar in einem Land, in dem man es am wenigsten vermutete: in der Schweiz.

»In der Schweiz? Die ist doch bekannt für ihre Banken, Uhren, Kühe und Schokolade.«

»Und wegen ihrer Pharmaunternehmen«, fügte Karla hinzu. Ursprünglich war die Substanz entwickelt worden, um eine bestimmte Krankheit zu heilen, an die sie sich jetzt nicht mehr erinnerte. Bis der Chemiker, der das LSD hergestellt hatte – oder, sagen wir, der Erfinder –, Jahre später auf die Idee kam, ein wenig von der Substanz zu probieren. Er nahm eine winzige Menge davon ein und fuhr dann mit dem Fahrrad nach Hause – es herrschte damals Krieg, und auch in der neutralen Schweiz der Schokolade, der Uhren und Kühe war Benzin rationiert –, als er bemerkte, dass er alles ganz anders wahrnahm.

Maries Zustand veränderte sich. Karla musste unbedingt immer weiterreden.

»Du fragst dich sicher, woher ich diese Geschichte kenne. Ich habe vor kurzem einen Artikel darüber in einer Zeitschrift gelesen. Dieser Schweizer notierte später sinngemäß: ›*Ich begann Farben zu sehen, die ich noch nie gesehen hatte,*

Formen, die mir nie aufgefallen waren und die noch da waren, wenn ich die Augen schloss. Es war so, als schaute ich durch ein großes Kaleidoskop, in dem sich bunte Kreise und Spiralen öffneten und wieder schlossen, Farben in Fontänen explodierten oder fröhlich dahinströmten.‹

Hörst du mir überhaupt zu?«

»Mehr oder weniger. Ich weiß nicht recht, ob ich alles ganz mitbekommen habe, was du gesagt hast. Es war sehr viel Information auf einmal: Schweiz, Fahrrad, Krieg, Kaleidoskop – könntest du das nicht einfacher erklären?«

Karla bestellte noch mehr Tee.

»Streng dich an. Schau mich an und hör mir gut zu. Konzentrier dich. Dieses Gefühl von Unwohlsein, das dich gerade befällt, vergeht gleich wieder. Ich muss dir etwas gestehen: Ich habe dir nur die Hälfte der Dosis gegeben, die ich immer genommen habe, als ich LSD konsumierte.«

Marie wirkte sichtlich erleichtert. Der Kellner brachte den Tee, den Karla bestellt hatte. Sie zwang ihre Begleiterin, ihn zu trinken, bezahlte die Rechnung, und beide gingen wieder hinaus an die frische Luft.

»Und der Schweizer?«

Es war gut, dass sie sich daran erinnerte, wo sie stehengeblieben waren. Karla fragte sich, wie sie es anstellen sollte, ein Beruhigungsmittel zu kaufen, für den Fall, dass Maries Zustand sich doch verschlimmern sollte – falls an die Stelle der Tore des Himmels die Tore der Hölle traten.

»Die Droge, die du genommen hast, war dann in den USA in den Apotheken mehr als fünfzehn Jahre lang frei verkäuflich, und du weißt, wie streng sie dort damit sind. LSD schaffte es aufgrund der guten Resultate in der psychiatrischen Therapie und der Therapie von Alkoholismus sogar auf die Titelseite des *Time Magazine*. Dennoch wurde LSD letztlich verboten, weil es hin und wieder zu unerwünschten Ergebnissen führte.«

»Wie das?«

»Lass uns später darüber reden. Jetzt versuche weiter am Tor zum Himmel zu bleiben und das Tor der Hölle zu vermeiden. Nutze die Gelegenheit. Hab keine Angst, ich bin bei dir und weiß, wovon ich spreche. Der Zustand, in dem du dich jetzt befindest, wird noch höchstens zwei Stunden anhalten.«

»Ich werde das Tor zum Himmel offenhalten«, sagte Marie. »Ich sehe deine Aura. Ich kann deine Gedanken lesen.«

»Das stimmt. Aber dann wirst du darin auch lesen, dass nicht die geringste Gefahr besteht, es sei denn, du beschließt, auf das Dach eines Wolkenkratzers zu steigen und auszuprobieren, ob du fliegen kannst.«

»Ich verstehe. Im Übrigen glaube ich, dass die Wirkung nachlässt.«

Und das Wissen, dass die junge Frau an ihrer Seite sie niemals auf das Dach eines Wolkenkratzers hinaufführen würde, ließ ihr Herz langsamer schlagen, und sie nahm sich vor, die ihr verbleibenden zwei Stunden zu genießen.

Und all ihre Sinne – der Tastsinn, das Sehen, das Hören, das Schmecken, das Riechen – wurden zu einem einzigen, als könnte sie alles mit vereinten Sinnen erleben. Sie hatte das Gefühl, dass das Licht draußen jetzt weniger intensiv war, aber die Aura der Menschen konnte sie immer noch sehen. Sie wusste, wer litt, wer glücklich war, wer demnächst sterben würde.

Alles war neu. Nicht nur, weil sie in Istanbul war, sondern weil sie in die Haut einer viel älteren, reiferen Marie geschlüpft war, mit einer älteren Seele, die sie vorher nicht gekannt hatte.

Die Wolken am Himmel ballten sich zusammen, vielleicht kündigten sie ein Gewitter an, jedenfalls waren sie nicht mehr so klar zu deuten. Marie wusste, dass die Wolken ihre eigene Sprache hatten, um mit den Menschen zu kommunizieren, deren Botschaft sie, wenn sie künftig in den Himmel schaute, bestimmt noch zu entschlüsseln lernte.

Sie überlegte, ob sie ihrem Vater erzählen sollte, warum sie ursprünglich nach Nepal hatte fahren wollen, aber nur weil der Grund dafür jetzt ein anderer war, wäre es dumm, die Reise nicht fortzusetzen. Sie und ihr Vater würden jetzt Dinge kennenlernen, die sie später, wenn ihr Vater gebrechlich werden würde, nicht mehr gemeinsam entdecken könnten.

Marie fragte sich, warum sie bisher nur so wenig über sich selbst gewusst hatte. Einige ihrer unangenehmen Kindheitserinnerungen kamen zurück, doch sie wirkten auf sie nicht mehr so unangenehm, waren nur noch Erinnerungen. Warum bloß hatte sie sie immer für so wichtig gehalten?

Nun, sie brauchte darauf keine Antwort. Sie fühlte, dass diese Frage sich von selber beantworten würde. Hin und wieder entdeckte sie um sich herum etwas, was sie für Geister hielt, das Tor zur Hölle lag vor ihr, aber sie war entschlossen, es nicht zu öffnen.

Sie genoss in diesem Augenblick eine Welt ohne Fragen und ohne Antworten. Ohne Zweifel und ohne Gewissheiten – sie genoss die Welt und war gleichzeitig ein untrennbar verbundener Teil von ihr. Ihr Geist war abwechselnd alt und dann wieder der eines Kindes, das staunend immer weiter Neues entdeckt, seine Finger betrachtet und merkt, dass sie sich unabhängig voneinander bewegen. Sie sah Karla an und freute sich, dass sie innerlich ruhiger wurde, ihr Leuchten war zurückgekehrt, sie war wirklich verliebt – die Antwort auf die Frage, die sie ihr zuvor gestellt hatte, erübrigte sich.

Als sie nach einem zweistündigen Spaziergang am Eingang vom Hotel ankamen, merkte Marie, dass die Holländerin so lange mit ihr durch die Stadt gestreift war, dass die Wirkung der Droge abgeklungen wäre, wenn sie wieder mit den anderen zusammentrafen. Da hörte sie das erste Donnergrollen. Und sie wusste, dass Gott mit ihr sprach, ihr sagte, sie solle jetzt in die Welt zurückkehren, denn vor ihr lag noch viel Arbeit. Sie musste ihrem Vater helfen, der davon träumte, Schriftsteller zu werden, aber noch kein einziges Wort zu Papier gebracht hatte, es sei denn für irgendwelche Präsentationen, Studien oder Artikel.

Sie musste ihrem Vater helfen, so wie er ihr geholfen hatte – das war seine Bitte gewesen. Sie wünschte sich, dass er noch lange lebte. Sie würde vielleicht irgendwann doch heiraten, was sie nie ernstlich erwogen hatte, und damit ein Leben ohne Einschränkungen aufgeben.

Bis dahin sollte ihr Vater Zufriedenheit mit seinem eigenen Leben erlangen, indem er endlich das tat, was ihm gefiel. Manchmal gab sie ihrem Vater die Schuld an der Scheidung ihrer Eltern, dennoch wünschte sie sich aufrichtig, dass er eine Partnerin fand, die ihr Leben mit ihm teilte.

Sie verstand jetzt, warum das Lysergsäurediethylamid inzwischen verboten war; die Welt würde mit ihr nicht funktionieren. Die Menschen würden Kontakt zu sich selber aufnehmen, ähnlich wie Mönche, die, den Qualen wie den Freuden der anderen enthoben, in innerlichen Höhlen meditieren. Die Autos würden nicht mehr fahren. Die Flugzeuge nicht mehr starten. Es würde weder gesät noch geerntet werden – es gäbe nur Begeisterung und Ekstase. Was anfangs ein reinigender Wind wäre, würde dereinst wie ein Tsunami die Auslöschung der Menschheit herbeiführen.

Sie war auf der Welt, gehörte zu ihr, musste dem Befehl Gottes folgen, den er ihr mit seiner Donnerstimme gegeben hatte – arbeiten, ihrem Vater helfen, gegen das angehen, was sie falsch fand, und die Alltagskämpfe ausfechten wie alle anderen auch.

Das war ihre Mission. Und sie würde sie bis zum Ende erfüllen. Es war dies ihr erster und letzter LSD-Trip gewesen, und sie war froh, dass er zu Ende war.

A m selben Abend versammelten sich die Reisegefährten, um den letzten Tag in Istanbul in einem Restaurant zu feiern, in dem alkoholische Getränke ausgeschenkt
wurden und wo sie essen, sich gemeinsam betrinken und
noch einmal die Erlebnisse des Tages miteinander teilen
konnten. Rahul und Michael, die beiden Fahrer, wurden
eingeladen; sie meinten zwar, es sei gegen die Vorschriften
des Unternehmens, ließen sich aber relativ leicht überreden.

»Aber denkt nicht, dass ihr mich dazu rumkriegen könnt,
noch einen Tag anzuhängen«, sagte Michael. »Das kann ich
nicht machen, sonst verlieren Rahul und ich unseren Job.«

Sie würden ihn zu gar nichts zu überreden versuchen. Es
lag noch viel Türkei vor ihnen, vor allem Anatolien, von dem
alle sagten, es sei großartig. Tatsächlich sehnten sie sich nach
einer ständig sich wandelnden Landschaft.

Paulo war von seinem geheimnisvollen Ort zurückgekehrt und hatte sich umgezogen. Er hatte bereits erfahren,
dass sie am nächsten Tag abreisen würden. Nun bat er die
anderen um Verständnis, dass er an diesem Abend gern mit
Karla allein zu Abend essen würde.

Der Wunsch nach Zweisamkeit wurde mit vielsagendem
Lächeln akzeptiert.

Zwei Frauen hatten leuchtende Augen: Marie und Karla. Niemand fragte, weshalb, und keine von beiden gab irgendeine Erklärung dazu ab.

U nd wie war dein Tag?«
Sie hatten sich ebenfalls ein Restaurant ausgesucht, in dem Alkohol ausgeschenkt wurde, und beide hatten bereits ihr erstes Glas Wein geleert.

Paulo schlug vor, dass sie das Essen bestellten, bevor er darauf antwortete. Karla war einverstanden. Jetzt, wo sie wahrhaftig eine Frau geworden war, imstande, mit allen Fasern zu lieben, und dafür keinerlei Drogen brauchte, trank sie Wein nur noch, um den Augenblick zu feiern.

Sie wusste bereits, was sie erwartete. Sie wusste es schon, seit sie am Vorabend so wunderbar miteinander geschlafen hatten. Da hätte sie am liebsten geweint, aber sie nahm ihr Schicksal an, als wäre es vorbestimmt. Sie hatte sich ihr Leben lang ein in Liebe entflammtes Herz gewünscht, und der Mann, der in diesem Augenblick in ihr war, hatte ihr dies gegeben. Und als sie ihm am Vorabend schließlich ihre Liebe gestand, hatten seine Augen nicht, wie von ihr erhofft, geleuchtet.

Sie war nicht naiv, dennoch hatte sie erreicht, was sie sich im Leben am meisten gewünscht hatte – sie war nicht verloren in der Wüste, sondern floss wie die Wasser des Bosporus auf einen riesigen Ozean zu, in dem sich alle Flüsse treffen. Sie würde Istanbul, den dünnen Brasilianer und seine

Reden, denen sie nicht immer folgen konnte, nie vergessen. Er hatte ein Wunder bewirkt, doch das brauchte er nicht zu erfahren – weil er es sich sonst aus einem diffusen Schuldgefühl heraus möglicherweise anders überlegen würde.

Sie bestellten eine weitere Flasche Wein. Erst dann begann Paulo zu reden.

»Der Mann ohne Namen war schon im Kulturzentrum, als ich ankam. Ich begrüßte ihn, doch er erwiderte meinen Gruß nicht, sein Blick war wie in Trance starr auf etwas gerichtet. Ich kniete nieder und versuchte, meinen Kopf leerzubekommen und zu meditieren, in Kontakt mit den Seelen zu treten, die dort getanzt, gesungen und das Leben gefeiert haben. Ich wusste, dass der Mann jeden Augenblick aus diesem Zustand heraustreten könnte, und wartete – in Wirklichkeit ›wartete‹ ich nicht im Wortsinn, sondern überließ mich dem Hier und Jetzt, ohne etwas zu erwarten.

Die Lautsprecher riefen die Stadt zum Gebet, der Mann trat aus seiner Trance heraus und führte eines der fünf täglichen Gebete durch. Erst dann bemerkte er mich. Er fragte, warum ich zurückgekommen sei.

Ich erklärte ihm, dass ich die ganze Nacht über unsere Begegnung nachgedacht hätte und dass ich mich mit Leib und Seele dem Sufismus hingeben wollte.

Ich hätte ihm gern erzählt, dass ich zum ersten Mal in meinem Leben Liebe körperlich empfunden habe – denn als wir gestern miteinander schliefen, als ich in dir war, war es wirklich so, als wäre ich aus mir herausgetreten. Das hatte ich noch nie erlebt. Aber ich fand das Thema nicht passend und sagte nichts darüber.

›Lies die Dichter‹, war die Entgegnung des Mannes ohne Namen. ›Das reicht.‹

Mir reichte das nicht, ich brauchte Disziplin, Strenge, einen Ort, an dem ich Gott dienen konnte, um der Welt näher sein zu können. Bevor ich zum ersten Mal dorthin ging, war ich von den Derwischen fasziniert, die tanzten und in eine Art Trance verfielen. Jetzt hatte ich das Bedürfnis, dass meine Seele mit mir tanzte.

Ich sollte tausend und einen Tag darauf warten, dass es passierte? Okay, dann würde ich eben warten. Ich hatte schon viel erlebt – ein Mehrfaches von dem, was meine Schulkameraden erlebt hatten. Ich könnte dem Studium des Sufismus drei Jahre meines Lebens widmen, versuchen, in die vollkommene Trance der tanzenden Derwische zu gelangen.

›Mein lieber Freund, ein Sufi ist jemand, der im gegenwärtigen Augenblick lebt. Das Wort ‚morgen‘ gehört nicht zu unserm Vokabular.‹

Ja, das wusste ich. Eine Frage, die ich mir stellte, war, ob ich zum Islam übertreten müsste, um in die Lehre gehen zu können.

›Nein. Du musst nur ein Gelöbnis abgeben: dich dem Weg Gottes zu überantworten. Sein Gesicht zu sehen, wann immer du ein Glas Wasser trinkst. Seine Stimme zu hören, wann immer du auf der Straße an einem Bettler vorbeikommst. Das predigen alle Religionen, und das ist das einzige Gelöbnis, das du abgeben musst.‹

›Ich besitze dazu noch nicht die nötige Disziplin‹, gestand ich, ›aber mit Ihrer Hilfe könnte ich dorthin gelangen, wo der Himmel der Erde begegnet – im Herzen der Menschen.‹

Der Mann ohne Namen sagte, dass er mir dabei helfen

könne, wenn ich mein ganzes Leben hinter mir ließe und ihm aufs Wort gehorchte. Wenn ich lernte zu betteln, wenn mein Geld zu Ende war, zu fasten, wenn es Zeit dazu war, den Leprakranken zu dienen und ihre Wunden zu waschen. Tage damit zu verbringen, überhaupt nichts zu tun, nur auf einen festen Punkt zu schauen und unablässig dasselbe Mantra, denselben Satz, dasselbe Wort auszusprechen.

›Lege dein ganzes Wissen ab und schaffe Raum in deiner Seele, die vom Absoluten erfüllt werden wird. Denn das Wissen der Menschen ist Wahnsinn vor Gott.‹

In diesem Augenblick zweifelte ich daran, ob ich dazu fähig sein würde – möglicherweise testete er meinen vollkommenen Gehorsam. Aber ich hörte aus seiner Stimme kein Zögern heraus. Ich wusste, dass er es ernst meinte.

Ich wusste auch, dass mein Körper zwar in diesen heruntergekommenen, grüngestrichenen Raum eingetreten war, durch dessen zerbrochene Fensterscheiben wegen eines heraufziehenden Gewitters keine Sonne schien, dass meine Seele aber draußen geblieben war und darauf wartete, zu sehen, wohin das Ganze führen würde. Sie wartete ab, ob sie eines Tages dort eintreten und andere Menschen dabei antreffen würde, wie sie sich um sich selber drehten, und ob ich darin dann nur ein gut choreographiertes Ballett sehen würde und weiter nichts. Ich wusste, dass es nicht das war, wonach ich suchte.

Und ich wusste auch, dass mir die Tür, sollte ich die mir auferlegten Bedingungen nicht annehmen, künftig verschlossen bliebe – ungeachtet dessen, dass mein Körper dort weiterhin ein und aus gehen durfte, wie es beim ersten Mal gewesen war.

Der Mann las in meiner Seele, sah meine Zweifel, sah, dass ich hin- und hergerissen war, blieb aber standhaft – es hieß alles oder nichts. Er sagte, er müsse zu seiner besonderen Meditation zurückkehren, und ich bat ihn, mir wenigstens noch drei weitere Fragen zu beantworten.

›Nehmen Sie mich als Schüler an?‹

›Ich akzeptiere deine Seele als Schüler, weil ich es nicht ablehnen kann – andernfalls wäre mein Leben nutzlos. Ich könnte Gott meine Liebe zeigen, indem ich Tag und Nacht in der Einsamkeit dieses Raumes zu ihm bete, aber das hätte weder für mich noch für ihn irgendeinen Nutzen. Die zweite Art ist, zu singen, zu tanzen und allen durch meine Freude sein Antlitz zu zeigen.‹

›Nehmen Sie mich als Schüler an?‹, fragte ich zum zweiten Mal.

›Ein Vogel kann nicht mit einem Flügel fliegen. Ein Sufimeister ist nichts, wenn er seine Erfahrung nicht an andere weitergibt‹

›Nehmen Sie mich als Schüler an?‹, fragte ich zum dritten und letzten Mal.

›Wenn du morgen über diese Schwelle trittst wie an den vergangenen zwei Tagen, dann nehme ich dich als Schüler an. Aber ich bin mir beinahe sicher, dass du es dir anders überlegen wirst.‹«

*

Karla füllte beide Weingläser noch einmal und stieß mit Paulo an.

»Meine Reise ist hier zu Ende«, sagte er, vielleicht, weil

er nicht genau wusste, ob Karla die Bedeutung dessen, was er gerade gesagt hatte, ganz erfasst hatte. »Ich habe in Nepal nichts verloren.«

Er war auf Weinen, Wut, Verzweiflung, auf emotionale Erpressung, ja auf alles vorbereitet, was eine Frau sagen könnte, die in der Nacht zuvor ›Ich liebe dich‹ gesagt hatte.

Doch zu seiner Überraschung lächelte sie nur.

*

»Ich hätte nie gedacht, dass ich fähig wäre, jemanden so zu lieben, wie ich dich liebe, Paulo«, sagte Karla, nachdem sie beide ihre Gläser geleert und sie sie erneut gefüllt hatte. »Mein Herz war verschlossen. Es ist etwas, das ich nie erklären konnte und auch der Psychiater nicht mit seinen Diagnosen über Depression und Mangel an bestimmten Botenstoffen. Aber plötzlich, wann genau, weiß ich nicht, hat sich mein Herz geöffnet. Und ich werde dich lieben, solange ich lebe. Wenn ich in Nepal bin, werde ich dich lieben. Wenn ich nach Amsterdam zurückkehre, werde ich dich immer noch lieben. Und wenn ich mich am Ende in jemand anderen verliebe, werde ich dich weiter lieben, wenn auch auf andere Art als heute.

So es Gott gibt – und ich bin mir nicht sicher, ob er existiert –, bitte ich ihn, er möge niemals zulassen, dass ich mich damit zufriedengebe, nur mit mir selber zu leben. Dass ich mich nie davor fürchte, jemanden zu brauchen, und keine Angst davor habe, aus Liebe zu leiden, weil es kein schlimmeres Leiden gibt als den grauen, dunklen Raum einer Seele, die den Schmerz nicht hereinlässt.

Und dass diese Liebe, über die so viel gesprochen und geschrieben wird, die so viele miteinander teilen und um derentwillen so viele leiden, dass diese Liebe, die ich nicht kannte und die sich mir jetzt offenbart, mich, wie ein Dichter einmal gesagt hat, in das Land führt, in dem es weder Sonne noch Mond, noch Sterne, noch Erde und auch nicht den Geschmack des Weins in meinem Mund gibt, nur den anderen, denjenigen, dem ich irgendwann begegnen werde, weil du mir den Weg dahin geöffnet hast.

Und dass ich gehen kann, ohne dazu die Beine benutzen zu müssen, sehen, ohne schauen zu müssen, fliegen kann, ohne darum zu bitten, dass mir Flügel wachsen.«

*

Paulo war überrascht und zugleich glücklich. Ausgerechnet in Istanbul, einem Ort, an dem es so viel zu sehen gab, hatten sie sich aufgemacht, ihre Seelen aufzusuchen, diesen anderen Ort voller Schrecken und Herrlichkeiten – und es gab letztlich nichts Besseres und Tröstlicheres.

Paulo stand auf, ging um den Tisch herum und küsste sie, was, wie er wusste, gegen die Landessitten verstieß. Dennoch küssten sie sich voller Liebe, aber ohne Wollust, mit Hingabe und ohne Schuldgefühl, weil sie beide wussten, dass dies der letzte Kuss war, den sie einander geben würden.

*

Er wollte den Zauber des Augenblicks nicht zerstören, doch er musste einfach fragen:

»Hast du das erwartet? Warst du darauf vorbereitet?«

Karla antwortete nicht. Sie lächelte nur, und er würde die Antwort nie erfahren – und das war die wahre Liebe, eine Frage, die keine Antwort brauchte.

E r bestand darauf, sie zum Bus zu begleiten. Er hatte den Fahrern schon gesagt, dass er bleiben werde, weil er hier unbedingt etwas lernen müsse. Er hatte kurz überlegt, Karla zum Abschied den berühmten Satz aus dem Film *Casablanca* »Uns bleibt immer noch Paris« ins Ohr zu flüstern. Aber er wusste, dass das albern war.

Ihre Reisegefährten, die alle schon eingestiegen waren, kümmerten sich nicht weiter um die beiden. Niemand verabschiedete sich von Paulo, denn niemand außer Michael, Rahul und Karla wusste, dass Istanbul die Endstation seiner Reise war.

Karla umarmte ihn wortlos, aber er konnte ihre Liebe geradezu körperlich fühlen, ein Leuchten ging von ihr aus, das immer heller wurde, als ginge die Morgensonne auf und würde erst die Berge, dann die Stadt, dann die Ebenen und schließlich das Meer bescheinen.

Die Tür schloss sich, und der Bus fuhr los. Paulo konnte noch eine Stimme drinnen hören, die »He, der Brasilianer ist noch nicht eingestiegen!« rief. Dann war der Bus auch schon weg.

Eines Tages würde er Karla wiedersehen und erfahren, wie der Rest der Reise verlaufen war.

Epilog

Im Februar 2005, als er bereits ein weltbekannter Autor war, hielt Paulo einen Vortrag in Amsterdam. Am Morgen desselben Tages hatte einer der wichtigsten Fernsehsender der Niederlande ihn in der alten Jugendherberge interviewt, aus der ein teures Nichtraucherhotel mit einem kleinen, aber gut besprochenen Luxusrestaurant geworden war.

Paulo hatte nie wieder etwas von Karla gehört. Aus dem Reiseführer *Europe on Five Dollars a Day* war *Europe on Thirty Dollars a Day* geworden. Das Paradiso war geschlossen worden (es würde ein paar Jahre darauf wiedereröffnet werden und weiter als Konzertsaal und Restaurant dienen), der Dam lag verlassen da, war nur noch ein Platz mit diesem geheimnisvollen Obelisken in der Mitte, dessen Zweck er nie erfahren hatte – und auch weiterhin nicht wissen wollte.

Er war versucht, noch einmal durch die Straßen zu dem Restaurant zu gehen, in dem man gratis essen konnte, doch er war nie allein. Die Person, die den Vortrag organisiert hatte, begleitete ihn ständig. Also ging er zurück ins Hotel, um sich auf seinen Vortrag am Abend vorzubereiten.

Er hatte noch die leise Hoffnung, Karla könnte, falls sie erfahren hatte, dass er in der Stadt war, vielleicht kommen, um ihn zu treffen. Er stellte sich vor, dass sie nicht lange in

Nepal geblieben war, so wie er auch den Plan aufgegeben hatte, ein Sufi zu werden, obwohl er fast ein Jahr durchgehalten und Dinge gelernt hatte, die ihn sein ganzes Leben lang begleiten sollten.

Während des Vortrags erzählte er einen Teil dessen, was in diesem Buch behandelt wird. Irgendwann konnte er sich nicht mehr beherrschen und fragte:

»Karla, bist du da?«

Niemand hob die Hand. Vielleicht war sie ja da, vielleicht aber hatte sie auch gar nicht von seiner Anwesenheit in der Stadt erfahren, oder vielleicht wusste sie davon und hatte vorgezogen, nicht in die Vergangenheit zurückzukehren.

Besser so.

Genf, den 3. Februar 2018

Nachbemerkung und Danksagung

Alle in diesem Buch vorkommenden Personen gibt es wirklich, doch – außer zweien – wurden ihre Namen geändert, um sie unauffindbar zu machen, auch wenn ich nur ihre Vornamen kannte.

Bei der Beschreibung der Verhaftung Paulos in Ponta Grossa habe ich Ereignisse während meiner Verhaftung im Jahr 1968 ebenso verarbeitet wie Details von zwei weiteren Verhaftungen im Mai 1974 durch die Militärdiktatur in Brasilien, wegen der Songtexte, die ich damals schrieb.

Ich danke meinem brasilianischen Verleger, Matinas Suzuki Jr., meiner Agentin und Freundin, Mônica Antunes, und meiner Frau, der bildenden Künstlerin Christina Oiticica (sie hat die Karte der ganzen Route des Magic Bus gezeichnet). Wenn ich ein Buch schreibe, schließe ich mich praktisch ein, rede mit niemandem, und ich mag dann auch nicht über das sprechen, woran ich gerade arbeite. Christina tut so, als wüsste sie es nicht, und ich tue so, als glaubte ich, dass sie es wirklich nicht weiß.

*Bitte beachten Sie
auch die folgenden Seiten*

Paulo Coelho
im Diogenes Verlag

»Paulo Coelho erzählt von elementaren Erfahrungen, und die Leser erkennen sich darin wieder: mit ihren Schwächen und Ängsten ebenso wie mit ihren Sehnsüchten und Träumen.«
Rainer Traub / Der Spiegel, Hamburg

»Jede Gelegenheit, sich zu verändern, ist eine Gelegenheit, die Welt zu verändern.« *Paulo Coelho*

Der Alchimist
Roman. Aus dem Brasilianischen von Cordula Swoboda Herzog
Auch als Diogenes Hörbuch erschienen, gelesen von Christian Brückner

Am Ufer des Rio Piedra saß ich und weinte
Roman. Deutsch von Maralde Meyer-Minnemann
Auch als Diogenes Hörbuch erschienen, gelesen von Ursula Illert

Der Fünfte Berg
Roman. Deutsch von Maralde Meyer-Minnemann

Auf dem Jakobsweg
Tagebuch einer Pilgerreise nach Santiago de Compostela. Deutsch von Maralde Meyer-Minnemann
Auch als Diogenes Hörbuch erschienen, gelesen von Gert Heidenreich

Veronika beschließt zu sterben
Roman. Deutsch von Maralde Meyer-Minnemann
Auch als Diogenes Hörbuch erschienen, gelesen von Ursula Illert

Handbuch des Kriegers des Lichts
Deutsch von Maralde Meyer-Minnemann

Auch als Diogenes Hörbuch erschienen, gelesen von Gert Heidenreich

Der Dämon und Fräulein Prym
Roman. Deutsch von Maralde Meyer-Minnemann
Auch als Diogenes Hörbuch erschienen, gelesen von Markus Hoffmann

Elf Minuten
Roman. Deutsch von Maralde Meyer-Minnemann
Auch als Diogenes Hörbuch erschienen, gelesen von Nadja Schulz-Berlinghoff und Markus Hoffmann

Unterwegs – Der Wanderer
Gesammelte Geschichten. Ausgewählt von Anna von Planta. Deutsch von Maralde Meyer-Minnemann
Eine Auswahl auch als Diogenes Hörbuch erschienen, gelesen von Sven Görtz

Der Zahir
Roman. Deutsch von Maralde Meyer-Minnemann
Auch als Diogenes E-Hörbuch erschienen, gelesen von Christian Brückner

Sei wie ein Fluß, der still die Nacht durchströmt
Geschichten und Gedanken. Deutsch von Maralde Meyer-Minnemann

Ausgewählte Geschichten und Gedanken auch als Diogenes Hörbücher erschienen: *Sei wie ein Fluß, der still die Nacht durchströmt* sowie *Die Tränen der Wüste*, beide gelesen von Gert Heidenreich

Die Hexe von Portobello
Roman. Deutsch von Maralde Meyer-Minnemann
Auch als Diogenes Hörbuch erschienen, gelesen von Gert Heidenreich

Brida
Roman. Deutsch von Maralde Meyer-Minnemann
Auch als Diogenes Hörbuch erschienen, gelesen von Sven Görtz

Der Sieger bleibt allein
Roman. Deutsch von Maralde Meyer-Minnemann
Auch als Diogenes Hörbuch erschienen, gelesen von Sven Görtz

Schutzengel
Roman. Deutsch von Maralde Meyer-Minnemann
Auch als Diogenes Hörbuch erschienen, gelesen von Sven Görtz

Aleph
Roman. Deutsch von Maralde Meyer-Minnemann
Auch als Diogenes Hörbuch erschienen, gelesen von Sven Görtz

Die Schriften von Accra
Roman. Deutsch von Maralde Meyer-Minnemann
Auch als Diogenes Hörbuch erschienen, gelesen von Sven Görtz

Untreue
Roman. Deutsch von Maralde Meyer-Minnemann
Auch als Diogenes Hörbuch erschienen, gelesen von Luise Helm

Die Spionin
Roman. Deutsch von Maralde Meyer-Minnemann
Auch als Diogenes Hörbuch erschienen, gelesen von Luise Helm

Der Weg des Bogens
Mit Zeichnungen von Christoph Niemann. Deutsch von Maralde Meyer-Minnemann
Auch als Diogenes Hörbuch erschienen, gelesen von Sven Görtz

Hippie
Roman. Deutsch von Maralde Meyer-Minnemann
Auch als Diogenes Hörbuch erschienen, gelesen von Sven Görtz

Außerdem erschienen:

Bekenntnisse eines Suchenden
Juan Arias im Gespräch mit Paulo Coelho. Aus dem Spanischen von Maralde Meyer-Minnemann

Leben
Gedanken aus seinen Büchern. Deutsch von Cordula Swoboda Herzog und Maralde Meyer-Minnemann. Illustrationen von Anne Kristin Hagesæther

Liebe
Gedanken aus seinen Büchern. Deutsch von Cordula Swoboda Herzog und Maralde Meyer-Minnemann. Illustrationen von Catalina Estrada

Wege
Buch-Kalender 2019. Deutsch von Cordula Swoboda Herzog und Maralde Meyer-Minnemann. Illustrationen von Catalina Estrada

Das Diogenes Hörbuch zum Buch

Paulo Coelho
Hippie

Ungekürzt gelesen von SVEN GÖRTZ

5 CD, Gesamtspieldauer ca. 385 Min.